情音万里系三农

——农业广播百集精品视听

汪学军　胡永万　主编

中国农业出版社
北　京

一、领导关怀

2014年8月，农业部部长韩长赋（右3）视察中央农广校

2013年9月，农业部副部长、中央农广校校长张桃林（左2）在教师节前期到中央农广校视察慰问

2009年4月，时任中央农广校常务副校长曾一春为《致富早班车》开播10周年寄语

2018年3月，时任农业部农产品质量安全监管局局长广德福做客《三农早报》，录制“‘3·15’农资打假与监管”特别节目

1998年，时任农业部副部长、中央农广校校长路明（右1）视察中央农广校

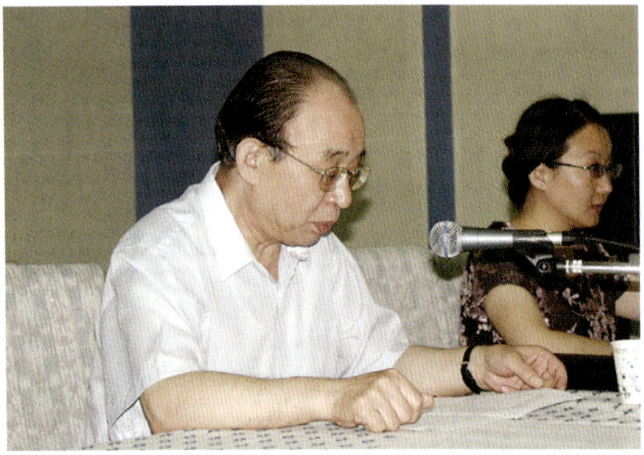

2004年6月，时任中央纪委驻农业部纪检组组长、农业部党组成员夏文义（左）为《致富早班车》“农业行风建设系列讲座”开播寄语

2006年1月，时任农业部副部长危朝安（左1）视察中央农广校媒体教学资源

2013年7月，时任中央纪委驻农业部纪检组组长、农业部党组成员朱保成（左2）视察中央农广校录音棚

2013年8月，时任农业部副部长牛盾（左）视察中央农广校录音棚

2017年3月，时任农业部办公厅主任潘显政（右1）视察中央农广校录音棚

二、交流研讨

2003年，在河北承德召开首届全国农广校广播教育工作研讨会

2009年5月，时任中央农广校领导班子与广播团队一起研究农业广播教育工作

2009年8月，中央农广校广播教育中心赴河北省唐山市进行“大喇叭”村广播站调研

2013年6月，国际教育交流小组参观中央农广校录音棚

2016年12月，时任中央人民广播电台社教节目中心副主任靳雷（右2）一行参观中央农广校录音棚

2017年9月，中央农广校广播团队的年轻人参加“中国乡村之声——大国基础 中国农村发展金秋报告会”

2018年4月，中央农广校召开广播电视重点选题策划会

2018年5月，中央农广校赴山东济南调研，与山东省农广校和山东乡村广播的领导、同仁座谈交流

2018年7月，中央广播电视总台中国乡村之声的领导和中央农广校广播团队座谈

2019年6月，中央农广校召开广播电视“农产品质量安全”“农业生态环境保护”“农村能源综合建设”选题论证会

2018年7月，中国乡村之声记者、主持人张程与中央农广校广播团队座谈交流

2018年7月，广播节目审听专家柳斌礼与广播团队交流业务

三、历程回顾

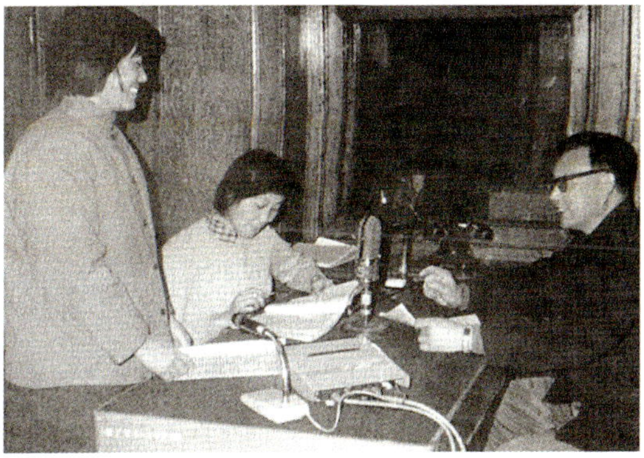

1981年，化学教师陶卫（右1）、陈彦文（左2）在中央人民广播电台录制《空中课堂——农广校中专课程》第一门课“化学基础”

1985年11月，中央农广校教师在上海水产学院录制“淡水养殖”专业课程

1999年4月，中央农广校在中央人民广播电台开设《致富早班车》栏目，为农民讲授最新的农业实用技术

2005年4月，《致富早班车》开设“周末版”，主持人艳红录制“听众回音”

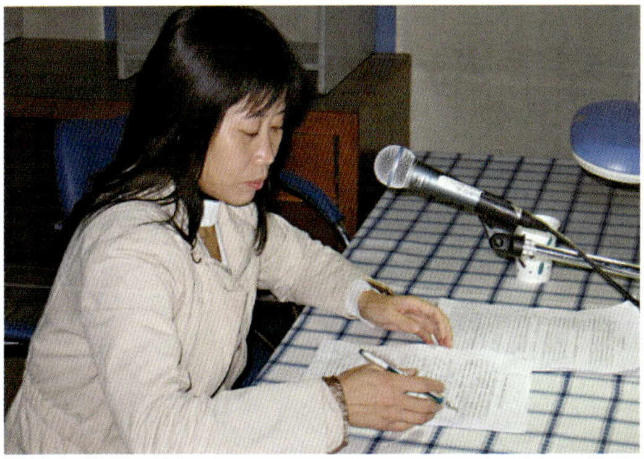

2006年11月，河北省农广校教师田秀娟录制《致富早班车》区域广播节目

2010年1月，时任农业部科技教育司环境资源处处长寇建平（左）做客《致富早班车》，介绍“农作物秸秆综合利用”

2010年3月，时任农业部农村经济研究中心党组书记陈建华做客《致富早班车》，讲解“新型农业社会化服务体系建设”

2012年9月，时任中央农广校副校长郭智奇参加中国乡村之声开播仪式

2014年5月，时任农业部农业生态与资源保护总站生态处处长王飞（右）做客《乡村讲堂》，介绍“我国生物质能源开发利用现状及发展趋势”

2014年5月，中国农科院植物保护研究所研究员梁革梅做客《致富早班车》，讲解“棉花主要虫害综合防治技术”

2014年10月，中国农业科学院植物保护研究所副研究员王秋霞做客《致富早班车》，介绍“控制土壤熏蒸剂散发损失技术”

2015年6月，时任农业部畜牧业司副司长杨振海做客《乡村讲堂》，解读“草原补奖政策”

2015年12月，农业部农业生态与资源保护总站副站长高尚宾（右）做客《乡村讲堂》，介绍“我国农业资源与环境保护现状及对策”

2016年3月，时任农业部畜牧业司饲料处调研员魏宏阳做客《乡村讲堂》，介绍“我国饲料安全状况”

2017年1月，中国农业博物馆研究员柏芸做客《乡村讲堂》，录制“农耕文化系列节目——遇见二十四节气”

2017年3月，时任农业部农产品质量安全监管局副局长程金根做客《乡村讲堂》，介绍“‘3·15’农资打假与监管”

2017年4月，农业部全国农业技术推广服务中心节水处处长杜森做客《乡村讲堂》，讲述“农业节水”的话题

2017年6月，农业部农业生态与资源保护总站环境保护处处长徐志宇做客《乡村讲堂》，介绍“农膜回收行动方案”

2017年6月，农业部副部长、中央农广校校长张桃林（中）为《小康农家》首播寄语

2017年6月，时任中央农广校党委书记、中国农民体协秘书长杭大鹏为《小康农家》录制公益报时

2017年6月，时任农业部草原监理中心副主任宋中山做客《三农早报》，解读“草原防火条例”

2017年8月，《小康农家》节目组赴内蒙古自治区通辽科尔沁草原，采访2016年度“全国十佳农民”、科左中旗养殖大户春梅（左1）

2017年9月，农业部农业生态与资源保护总站生态农业处副处长石祖梁做客《乡村讲堂》，介绍“秸秆肥料化利用技术”

2017年11月，国家卫生健康委员会委派挂职扶贫干部，时任山西省永和县县委常委、副县长程万军做客《小康农家》，讲述他的电商扶贫故事

2017年12月，《小康农家》节目组赴“吕梁山护工北京就业推介会”，现场采访吕梁市委副书记张广勇（中）

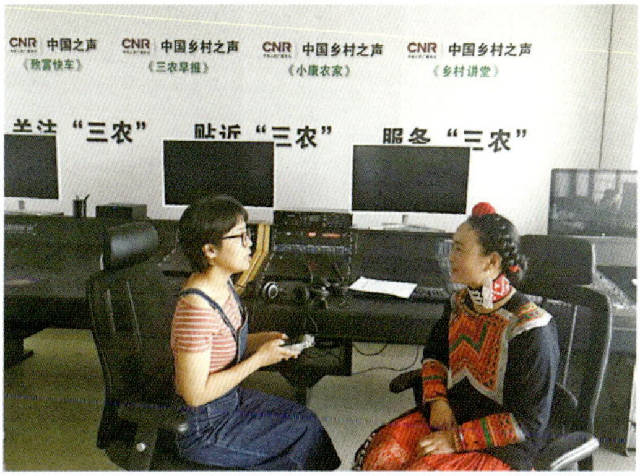

2018年6月，《三农早报》记者采访前来北京参加全国妇联“乡村振兴 巾帼行动”培训活动的四川省凉山州美姑县妇联主席张琼（右）

2018年6月，对外经济贸易大学保险学院风险管理与保险系副教授何小伟做客《乡村讲堂》，录制“农业保险”节目

2018年7月，中央组织部、农业农村部农村实用人才带头人和大学生村官示范培训班培训导师王志勇做客《乡村讲堂》，录制“现代农业创业创新”节目

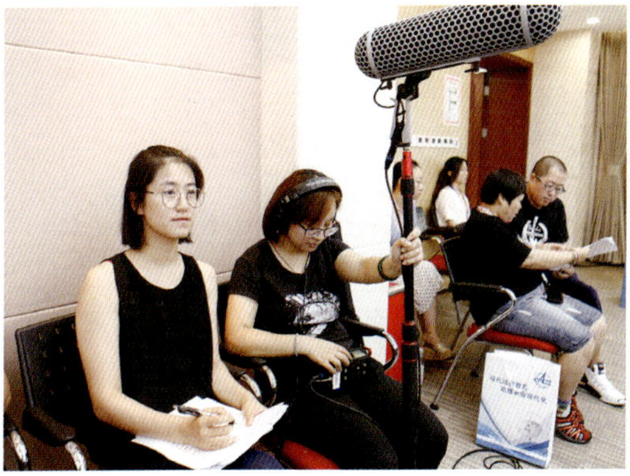

2018年7月，节目组在全国农民手机培训周新闻发布会现场录制节目

2018年8月，《小康农家》节目组赴湖南省岳阳市采访海泰栀子专业合作社理事长、2017年“全国十佳农民”杨莉（右）

2018年9月，安徽省凤阳县小岗村第一书记李锦柱（左）做客《乡村讲堂》，讲述农村改革开放40年来小岗村的变迁

2018年9月，中国农业大学经济管理学院教授朱俊峰做客《致富快车》，话说“生态农业”

2018年10月，首届全国新型职业农民发展论坛直播间基层农广校校长采访专场

2019年1月，《小康农家》节目组赴山西省临汾市隰县采访县委副书记、县长王晓斌（右2），录制该县产业发展奔小康的故事

2019年1月，《小康农家》节目组采访中央民族大学民俗学教授陶立璠（中），录制“陶老的春节记忆”

2019年1月，农业农村部农产品质量安全监管司监督处处长王为民（左）做客《三农早报》，介绍“全国农村假冒伪劣食品专项整治行动”

2019年3月，农业农村部农产品质量安全监管司副司长黄修柱（左2）、时任应急评估处处长方晓华（左1）做客《三农早报》，录制“农资打假‘护航’春耕”特别节目

2019年3月，中国农业科学院农业经济与发展研究所研究员、研究室副主任陈秧分（中）做客《三农早报》，解读“2019年中央一号文件”

2019年4月，时任国家知识产权局知识产权保护司邵源渊（右）做客《三农早报》，介绍“全国农村假冒伪劣食品专项整治行动”

2019年5月，节目组赴山东潍坊“全国放心农资下乡进村宣传周”咨询活动现场，录制“放心农资促提质增效，质量兴农惠万家千村”特别报道

2019年6月，中国农业大学经济管理学院教授、博士生导师臧日宏（右）做客《乡村讲堂》，讲授“打造农产品差异化”

2019年8月，节目组赴河南省夏邑县采访高素质农民

2019年9月，农业农村部科技发展中心主任杨雄年（中）做客《乡村讲堂》，介绍“新中国农业发展70年”

2019年9月，时任农业农村部规划设计研究院副院长赵立欣做客《乡村讲堂》，介绍“秸秆清洁供暖”

2019年9月，农业农村部社会事业发展司社会发展研究处处长杨春华做客《三农早报》，介绍“强农惠农政策”

2019年9月，农业农村部农产品质量安全中心首席专家朱彧做客《乡村讲堂》，讲解“我国农产品质量安全形势与任务”

2019年9月，生物技术高级工程师朱安妮（右）做客《乡村讲堂》，讲解“有机农业”

2019年9月，北京市农业技术推广站名优蔬菜专家曹华（右）做客《致富快车》，介绍“二十四节气与蔬菜生产”

2019年9月，花样游泳世界冠军陈晓君（左4），国家知识产权局中国体育知识产权论坛智库秘书长田帅（左2），做客《乡村讲堂》，介绍“乡村体育”

2019年9月，中国社会科学院政治学研究所政治制度室副主任、研究员徐海燕（中）做客《三农早报》，讲解在“三农”工作中如何让党的创新理论“飞入寻常百姓家”

2019年9月，中国科学院地理所自然与文化遗产研究中心副主任、研究员，农业农村部全球\中国重要农业文化遗产专家委员会副主任委员兼秘书长闵庆文做客《乡村讲堂》，介绍“农业文化遗产的挖掘与动态保护”

2019年10月，中央组织部、农业农村部农村实用人才带头人和大学生村官示范培训班培训导师赵启宪做客《乡村讲堂》，讲解“推进农村三产融合发展 助力乡村振兴”

2019年10月，北京市农业经济研究中心高级工程师张燕（右）做客《乡村讲堂》，介绍农村人居环境治理

2019年10月，第二届全国农民教育培训发展论坛新闻采访间，采访农业农村部科技教育司副司长张晔（左）

2019年10月，中央农广校常务副校长、中国农民体协副秘书长胡永万（左2）做客《三农早报》，介绍“第二届全国农民教育培训发展论坛”的相关情况

2019年12月，农业农村部农业生态与资源保护总站首席专家李景明（右）做客《乡村讲堂》，介绍“我国农村能源建设发展现状及前景”

2019年12月，中国农业科学院沼气科学研究所所长王登山做客《乡村讲堂》，介绍“大中型沼气工程现状与未来趋势”

2019年12月，《小康农家》节目组赴湖北采访武汉轻工大学教授王春维（中），录制“春节故事”

2019年12月，《小康农家》节目组为“春节故事”节目嘉宾肖波老师（左）送春联

2019年12月，北京化工大学国际教育学院院长刘广青做客《乡村讲堂》，讲述“农村地区清洁取暖”的话题

2020年1月，中国人民大学农业与农村发展学院教授仝志辉（左）做客《乡村讲堂》，讲解“如何凝聚乡村百姓激活村内资源”

2020年3月，农业农村部农业机械化管理司监督管理处副处长刘晶（右）做客《乡村讲堂》，介绍“农业机械质量监管与维权”

2020年4月，苏州农业职业技术学院副教授庄诚做客《乡村讲堂》，介绍“农业短视频与直播带货”

2020年4月，农业农村部农村经济研究中心研究员刘年艳（右）做客《乡村讲堂》，讲授“中国茶文化”

2020年5月，北京市农村经济研究中心副研究员冯建国（左）做客《三农早报》，畅谈“垃圾有分类　乡村更美丽”的话题

2020年7月，农业农村部农业生态与资源保护总站可再生能源处处长李惠斌做客《乡村讲堂》，介绍“美丽乡村配套建设 沼气集中供气模式”

2020年8月，中国农业科学院农业经济与发展研究所研究员钟钰（左）做客《三农早报》，畅谈“粮食安全”的话题

2020年8月，中央农广校党委书记、中国农民体协秘书长汪学军为《三农早报》寄语

2020年8月，中央农广校常务副校长、中国农民体协副秘书长胡永万为《乡村讲堂》寄语

四、我们的团队

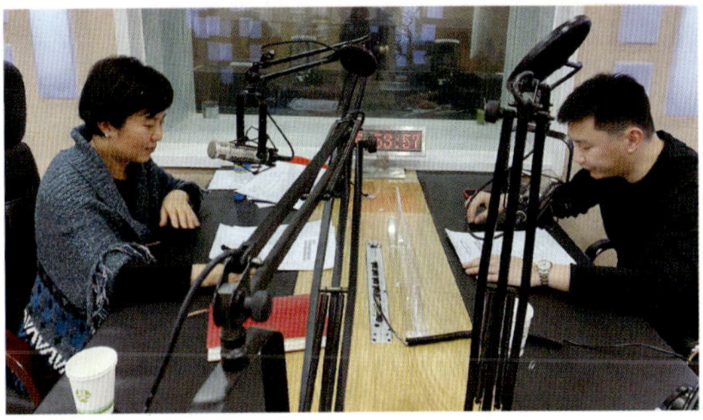

《三农早报》主播录制“农业资讯”

编审和栏目主编交流节目审听意见

责编和录音师监听录制广播节目

录音师录制课堂环境音效

新冠肺炎疫情突发期间广播节目录制现场

广播责编进行日常创作交流

广播团队合影

编委会

序

党的十九大提出实施乡村振兴战略，是以习近平同志为核心的党中央着眼党和国家事业全局，深刻把握现代化建设规律和城乡关系变化特征，顺应亿万农民对美好生活的向往，对“三农”工作作出的重大决策部署，是决胜全面建成小康社会、全面建设社会主义现代化国家的重大历史任务，是新时代做好“三农”工作的总抓手。习近平总书记指出，实施乡村振兴战略，要顺应农民新期盼，立足国情农情，以产业兴旺为重点、生态宜居为关键、乡风文明为保障、治理有效为基础、生活富裕为根本，推动农业全面升级、农村全面进步、农民全面发展。

乡村振兴，农民主体，人才为要。习近平总书记强调，“中国现代化离不开农业农村现代化，农业农村现代化关键在科技、在人才。”“农业农村人才是强农兴农的根本”“要打造一支强大的乡村振兴人才队伍”。《中国共产党农村工作条例》明确要求“培养一支有文化、懂技术、善经营、会管理的高素质农民队伍，造就更多乡土人才。”中央农村工作领导小组办公室主任，农业农村部党组书记、部长韩长赋指出，“农广校是农业职业教育的重要阵地，是为农民服务的重要渠道，希望在农村人才振兴、培养高素质农民中发挥更大作用。”这为农民教育培训指明了方向、提供了遵循。多年来，各级农业农村行政管理部门高度重视农民教育培训工作，充分利用各类教育培训资源，多渠道、多层次、多形式地开展科技培训。作为农民教育培训的主渠道、主阵地，中央农业广播电视学校（简称中央农广校）利用多种远程教育手段和媒体资源，以及覆盖广大农村的远程教育体系，面向广大农民，大力传播科技知识，努力推广科技成果，在农民教育培训工作中发挥了重要作用。

1981年7月13日，中央农广校在中央人民广播电台第一套开播中等专业学历教育广播课程，广播作为一项重要的远程教育手段，以其投资少、覆盖广、传播快、伴随性强等特点，极大激发了广大农民的学习热情。数以百万计的农业广播学校学员注册学习，标志着以广播为主要特征的农业远程教育走进历史舞台。截至1999年4月，共开设22个专业，滚动播出180门专业课程，通过广播节目教育，招生325万人，毕业135万人，成绩斐然。

随着我国改革开放的深入推进，为满足广大农民致富需要，1999年4月21日，中央农广校将中专学历教育课程改版为《致富早班车》栏目，在中央人民广播电台第一套（2004年1月1日改版为中国之声频率）播出。《致富早班车》栏目开播，实现了4个转变：服务功能由学历教育转为普及性实用技术教育；听众对象由农广校学员扩大到广大农村听众；节目形式由单一授课转为专家访谈；节目内容由纯粹教学改为普及农业科学技术。栏目的改版得到了广大听众朋友的赞扬，普遍认为该节目定位准确，内容贴近生产，贴近现实。2016年1月，《致富早班车》栏目改版为《致富快车》。

2000年7月至2003年12月，广播栏目进一步拓展，中央农广校在中央人民广播电台中国之声第二频道开播《西部开发》栏目，积极宣传国家西部开发战略方针、工作部署及科技推广，为服务区域协同发展、支持西部开发作出了积极贡献。

2012年至2017年，又相继推出中国乡村之声频率《三农早报》《乡村讲堂》《小康农家》3档栏目，与中国之声《致富快车》一起，形成了独具特色的农民教育培训广播宣传平台。4档栏目定位各有侧重，《致富快车》传授致富技术，培养致富技能，提高致富能力；《三农早报》播报“三农”信息，关注“三农”热点，解读“三农”政策；《小康农家》讲小康故事，品农家生活，走创富之路；《乡村讲堂》普及农业科技，培训生产技能，倡导健康生活。节目制播充分利用了农业农村部的部委优势、全国农业大专院校联合优势、专家权威优势以及农广体系优势。4档栏目结合农时农事，关注热点，播报信息，解读政策，兼顾信息的深度与广度。

40年来，广播栏目累计制播节目13627小时，积累了大量的优质原创资源，内容涵盖“三农”政策法规、农业信息、种植、养殖、农作物病虫害及重大动物疫病防控、农产品加工、农产品质量安全、农机作业、农业生产经营管理、农业生态与环境保护、农村能源综合建设、乡村振兴、产业扶贫、农产品电子商务、农村金融、美丽乡村建设、农旅结合、特色产业与品牌建设、高素质农民培育、农村实用人才培养、家庭农场、农民专业合作社、农业创业创新、乡村党建、农民体育健身、农耕文化等30多个类别。

为进一步扩大广播媒体的传播范围，增强优质原创内容的影响力和传播力，惠及更多读者，我们精选百期精品广播节目，以精简版文字稿配二维码的形式，编辑出版《情音万里系三农》一书，突出实用性和权威性，展示新时代以广播为代表的传统媒体与新媒体的融合发展，宣传推广脱贫致富新技术、农业农村发展新变化、高素质农民新风貌、小康农家新生活。本书内容力求重点突出，针对性强；语言简明清晰、通俗易懂；形式灵活多样、视听结合。我们衷心希望通过本书的出版，让经验得以传播、让典型得以推广、让精神得以弘扬，对广大农民朋友和“三农”工作者了解农业农村政策、学习农业技术技能有所帮助。

在此，我们对中央人民广播电台、各位节目嘉宾和采访对象，以及参与本书编写的有关同志一并表示衷心感谢！

由于时间仓促，书中难免有所疏漏，欢迎广大读者批评指正！

汪学军　胡永万

2020年8月

目录

序

《空中课堂——农广校中专课程》

（1981.7.13—1999.4.20）

欢迎扫码收听

化学教师张英
讲授《空中课堂——农广校中专课程》
“化学基础”第一课

《致富快车》

（原《致富早班车》）

（1999.4.21—2019.12.31）

栏目主编：张倩

欢迎扫码收听

欢迎扫码收听

时任农业部副部长
中央农业广播电视学校校长　路明
为《致富早班车》开播寄语

时任中央农业广播
电视学校副校长　刘永泉
为《致富早班车》开播致辞

绿色电波架桥梁
——献给《致富早班车》开播10周年

节目嘉宾： 曾一春（时任中央农业广播电视学校常务副校长，农业部农民科技教育培训中心常务副主任）
史敏（时任中央人民广播电台中国之声总监）
策　　划： 孟凡　陈艳红　刘帅男　夏羽　曹娅晶
责任编辑： 陈艳红
采　　访： 陈艳红
主 持 人： 陈艳红　刘帅男（田园）
录音制作： 白立　石涛
播出日期： 2009 年 4 月 21 日

【栏目片头】

这里是中央农业广播电视学校——《致富早班车》

主持人： 在 1999 年 4 月 21 日，我国上空交错的电波中，又多了一声向农民朋友发出的问候——《致富早班车》在中央人民广播电台一套节目中正式开播了。

今天是 2009 年 4 月 21 日，我们一如 10 年中的每一天在清晨向您道一声好，邀请您和我们一起度过 10 周岁的生日。

在我国这样一个农业大国中，农业广播的地位和作用都非比寻常，我们深感责任的重大。农业广播承担了为广大农民朋友传递政策信息、传播科学知识、指导生产实践、丰富文化生活的任务，特别是在重大灾害和突发事件中都发挥了重要的独特作用，是广大农民身边的知心朋友和老师。

3 600 多个日子，每一天的相约都看似那么自然平常，但是每一天我们却都在改变着，为了不断创新在努力着。10 年路程，10 年奋斗，如今驻足回望，每一个脚印都是那么的深刻而清晰。

中央农业广播电视学校常务副校长、农业部农民科技教育培训中心常务副主任曾一春的一番话，为《致富早班车》做了精湛的回顾和展望。

曾一春： 今天是中央农业广播电视学校（简称中央农广校）和中央人民广播电台联合主办的致富早班车栏目开播10周年。首先，我代表中央农业广播电视学校向《致富早班车》栏目的广大听众、全国的农民朋友们表示诚挚的问候！向中央人民广播电台表示衷心的感谢！

《致富早班车》的前身是中央农广校1981年7月13日开始在中央人民广播电台播出的中专学历教育课程。1999年4月21日《致富早班车》栏目开办，实现了原有节目的4个转变——服务功能由学历教育转向为农民开展普及性实用技术教育；听众对象由服务农广校的学员扩大到了服务广大的农村听众；节目的形式由单一的经验传授转为专家的对话访谈；节目的内容由纯粹的教学改为普及农业科学技术。

10年来，《致富早班车》栏目，一直坚持向农民宣传党的农村政策，传播科技知识，传授农业实用技术，传递农业信息，帮助农民提高综合素质和致富能力，为“三农”服务。

10年来，为办好《致富早班车》栏目，我们广泛组织农业院校、科研院所及推广部门的专家制作丰富的节目。

10年来，《致富早班车》栏目还开展了农业广播节目下乡进村试点工作，把广播节目录音带和光盘直接送到试点村，利用农村的“大喇叭”广播，较好地解决了农业科技信息传播“最后一公里”的问题。

10年来，据初步统计，《致富早班车》栏目的听众有800多万人，学校累计共收到听众的来信有4万多封，接到听众的电话有7万人次。据中央人民广播电台进行的一次听众收听情况抽样调查结果显示，《致富早班车》栏目是听众满意率较高的特色栏目。

实践证明，《致富早班车》广播节目投资少，覆盖面广，见效快，教学灵活，可操作性也强，是我国农民远程教育的一种好形式，是普及知识、传播科技、扩散信息的一条好途径。

农业广播使命崇高，责任重大，任务繁重。我们相信，有农业部和中央人民广播电台的关心、支持，有《致富早班车》栏目全体编播制作人员的共同努力，这个栏目会越办越好，真正办成走进农民心中、农民真心欢迎的农业广播特色栏目。

主持人： 在《致富早班车》开播10周年的日子里，中央人民广播电台中国之声总监史敏也送来了中央人民广播电台对《致富早班车》的生日祝福。

史　敏： 值此中央农业广播电视学校《致富早班车》栏目开播10周年之际，我谨代表中央人民广播电台中国之声向这10年来始终热爱、关心、支持《致富早班车》栏目的广大听众朋友和为这个栏目付出辛苦的工作人员，以及支持栏目发展的社会各界的朋友表示衷心的感谢！

中央农业广播电视学校自 1980 年创办至今，在改革中不断调整发展。

《致富早班车》开播 10 年来，本着为“三农”服务的宗旨，利用广播媒体传播迅速、覆盖面广、可听性强、局限性小的优势，围绕我国农业农村工作的重点和农民的需求，制作和播出了农业实用技术专题节目 740 多个，信息服务和思想建设领域的专题节目 60 多个，共计 3 000 多集，1 500 多个小时。这些节目贴近农民生产实际和农村发展，贴近农民的生活，受到各级领导的关注和农民朋友的喜爱，为农业、农村经济社会发展和农民增收，作出了积极贡献。

现在《致富早班车》栏目不仅是教育栏目，更是政府连接农民群众的纽带桥梁。

中央人民广播电台作为我国最重要、最具有影响力的大众传媒之一，始终坚持把党和国家的声音传入千家万户作为己任。我们将一如既往地支持农业广播教育工作，按照“三贴近”的原则，立足服务“三农”，与农业部门一起，共同办好《致富早班车》栏目，切实把为“三农”服务的工作做好、做实。

希望广大听众朋友继续给予这个栏目关心和支持。

让我们共同努力，把《致富早班车》栏目办成广大农民朋友增收致富的好帮手、好朋友！祝《致富早班车》栏目越办越好。

主持人：对农服务的信念是我们一贯秉承坚持的。为了更好地服务于农民听众，《致富早班车》十年如一日地努力着，而听众朋友的信任和支持，让我们的努力有了新的动力和信心。

【现场采访】

被采访人：郭秀，70 岁，来自河北省承德市围场满族蒙古族自治县黄土坎乡海字村 5 组的农民。

采访话题：您听我们这个节目多少年了？
为什么喜欢听这个节目？
您从节目中得到了哪些收益？
除了听技术讲座，对于政策方面的信息是否喜欢听？

郭秀老先生寄语《致富早班车》：这个节目相当好，应该继续办下去。把上面的政策和下面的民心通过你们这个桥梁（栏目），紧紧地捆在一起，农民就更可心，咱们农民致富就更有希望了。这个栏目非常好，我愿《致富早班车》继续办下去，永远办下去！

主持人：节目开播以来，听众的来信、来电不断从祖国的大江南北涌来，他们像面对着亲人一样，诉说着自己需要的技术、生产困难、感受与期望。10 年间，这些诉求在农业广播的岁月中化成了情感的交流，心灵的碰撞。

【听众来信】

（听众来信内容略）

主持人：听众朋友，你们的来信我们都收到了！无论是您的愁事儿还是喜事儿，我们都感同身受；无论是您的批评还是赞扬，我们都不尽感激。感谢你们专注地聆听，催促了《致富早班车》在这10年中不断地成长。正是你们的需要和感受，增强了我们工作的信心，加深了工作的热情，使我们更加忘我地肩负起为“三农”服务的责任与期望。

在《致富早班车》10周岁生日之际，栏目组的全体同仁表达了他们共同的心声——栏目组全体编播人员致辞（孟凡、张博文、马春燕、白瑜、曹娅晶、夏羽、白立、石涛、陈艳红、刘帅男，致辞内容略）。

急农民之所急，想农民之所想，您的事儿就是我们的事儿，您受益，是我们最高兴的！

办好农业广播，真正成为农民朋友增收致富的好帮手，是我们的责任、我们的事业、我们的追求、我们的目标、我们最大的心愿！

10年，在岁月长河中如白驹过隙。未来，我们还会有第二个10年，第三个10年……这是穿越时空未曾间断的声音，这是继往开来没有结尾的故事。新的起点从今天开始，《致富早班车》带着农民朋友致富的心声与希冀，一如既往与您一路同行。

欢迎扫码收听

南方单季稻规模生产技术

节目嘉宾： 方福平（中国水稻研究所研究员，农业农村部水稻专家指导组专家）
责任编辑： 李若男
主 持 人： 王凤婷
录音制作： 石涛
播出日期： 2020 年 1 月 13 日

【栏目片头】

关注“三农” 贴近“三农” 服务“三农”——致富快车

主持人： 我国水稻的区域分布、品种结构等情况如何？

方福平： 我国稻作分布区域辽阔，全国除青海省外，南至热带的海南省三亚市，北至黑龙江省的漠河市；东至台湾省，西至新疆维吾尔自治区；低至东南沿海的潮田，高至海拔 2 700 多米的西南高原，都有水稻种植。

品种结构主要有两种分类。

一是籼稻和粳稻，二是常规稻和杂交稻。杂交水稻是利用杂种优势理论育成的水稻品种，需要每年制种；常规稻是指后代性状一致、稳定的品种，一般不需要每年更换种子。

主持人： 在南方单季稻产业方面有哪些相关政策？

方福平： 一是土地政策；二是补贴政策；三是价格政策。

主持人： 水稻栽培方式是如何分类的？

方福平： 栽培方式的分类主要有三大类。

一是根据育秧移栽方式的不同，水稻栽培可分为直播栽培、手插栽培、机插栽培与抛秧栽培。直播栽培包括旱直播与水直播，机插栽培包括毯苗机插、钵苗摆栽和钵形毯状秧苗机插，抛秧栽培包括人工抛秧和机械抛秧。

二是根据灌溉方式的不同，水稻栽培可分为水稻和旱稻。

三是根据再生情况的不同，水稻栽培可分为单季栽培与再生栽培。

主持人： 水稻抛秧栽培有哪些技术要点？

方福平： 水稻抛秧栽培是指用塑料软盘或常规育秧等方法培育秧龄20～25天、叶龄4～5叶的带土秧苗，用人工或机械把秧苗往空中定向抛撒，利用带土秧苗自身重力落入田间定植的一种水稻秧苗移植方式。

水稻抛秧栽培的优点主要体现在4个方面：一是省工、省力、争季节；二是省种、省水、省秧田；三是可以充分发挥产量形成优势，促进增产增收；四是有利于专业化规模育秧与供秧。

主要技术要点有育苗、抛栽、水分管理、肥料运筹、病虫草害防治5点。

主持人： 水稻机插栽培有哪些技术要点？

方福平： 水稻机插栽培是指用塑料软盘或硬盘等方法培育秧龄15～20天、叶龄3～4叶的带土秧苗，用机械把秧苗定植田间的一种秧苗移植方式。机插对减轻劳动强度、提高劳动生产效率、降低生产成本、改进作业质量、抵御自然灾害、增加产量具有重要意义。

它的主要技术要点表现在以下几点：一是育苗；二是要提高大田整地与机插质量；三是要加强田间管理。

主持人： 水稻直播栽培法有哪些技术要点？

方福平： 水稻直播栽培是指直接将种子播于秧田而省去育秧和移栽环节的种植方式。根据土壤水分状况以及播种前后的灌溉方法，可以分为水直播、湿直播、旱直播和旱种稻4种类型；按播种方式又可分为撒直播、点直播和条直播3种类型；按播种动力可分为手工直播和机械直播等。

它的主要技术要点有以下几点：一是要选用良种；二是全苗技术；三是除草技术；四是要防止倒伏。

主持人： 水稻栽培在耕整地方面需要注意哪些问题？

方福平： 首先来说水稻耕整地的原则。总的原则是田平整，土壤膨软，土肥相融，无杂草残茬，无大土块，有利于插秧和插秧后早生快发。主要有以下几点：

1. 冬炕田。在前作水稻收获后及时翻耕晒田，开春时结合施基肥再耕一次，晒数日后灌水泡田，随泡随耕，使土肥相融，耙平栽秧。

2. 冬水田。在前季水稻收获后及时翻耕，泡水过冬，栽秧前浅耕细耙，耙平栽秧。

3. 烂泥田。由于土壤团聚性差，土粒悬浮，犁耙次数宜少，以免栽秧后造成浮秧，或进行半旱式栽培，防止僵苗。

4. 绿肥田。翻耕时既要考虑插秧季节，又要照顾绿肥产量和肥效。

再来说一说耕整地的方法：

1. 翻耕。使用犁等农具将土垡铲起、松碎并翻转的一种土壤耕作方法。翻耕深度根据作物种类、土壤质地、当地气候、季节等多种因素确定。

2. 旋耕。使用旋耕机具松碎耕层土壤的耕作方法。通过旋耕机刀片的高速旋转，达到切削土壤、平整地面的目的。

3. 少耕。在常规耕作基础上，尽量减少土壤耕作次数或在全田间隔耕种、减少耕作面积的一类耕作方法，介于常规耕作和免耕之间。

欢迎扫码收听

小麦立体匀播栽培技术

节目嘉宾： 赵广才（农业农村部小麦专家指导组成员，中国农业科学院作物科学研究所研究员）
责任编辑： 张倩
主 持 人： 李冉
录音制作： 石涛
播出日期： 2018 年 11 月 7 日

【栏目片头】

关注“三农” 贴近“三农” 服务“三农”——致富快车

主持人： 小麦立体匀播技术有哪些不同之处？

赵广才： 立体匀播是基于小麦生长发育特性，充分发挥小麦个体均匀健壮和群体充足合理的协调机制，关键技术是使小麦株距均匀，改常规条播小麦田间分布的“一维行距”为立体匀播的“二维株距”。使小麦在合理群体范围内，单株独立占有地下和地上相对均匀的营养空间，均衡占有农田土地资源和自然光热资源，使常规条播麦苗集中的一条“线”，变为麦苗相对分布均匀的一个“面”，促使麦苗单株充分健壮发育，在地下形成相对强大的根系，地上形成相对健壮的优势蘖，根多苗壮，从而建立高质量的群体结构，促使形成产量因素的穗、粒重协调发展，实现高产高效。

主持人： 小麦立体匀播这种播种方式产量怎么样？

赵广才： 据田间测定，在相同条件下，立体匀播小麦苗期田间覆盖度比常规条播增加 8%～15%，籽粒灌浆期田间覆盖度提高 3%～5%，成熟期亩穗数比常规条播增加 3 万～5 万。

主持人： 小麦立体匀播技术具体如何实施？

赵广才： 长期以来，条播一直是人们研究最多、应用也最多的一种栽培方法。传统条播的植株集中在播种带上，由于株距较小，根系容易挤在一块儿，因此植株间的营养竞争是比较大的，而播种带以外的垄间，小麦的根系分布相对较少，因此就造成了播种带上竞争营养，而垄间土壤的营养又不能被充分利用的情况。因此，科研人员就想通过匀播栽培的方法，让株距相对比较均匀，减少植株间营养竞争，充分利用田间营养，争取苗匀、苗齐、苗壮，进而增加小麦的产量。

主持人：小麦立体匀播技术是否还需要专业的农机来配合实现？

赵广才：需要使用小麦立体匀播机来实现。小麦立体匀播机自带肥料箱，可根据土壤基础肥力、产量目标确定施肥种类和数量，施肥量可以通过调节器进行调节，施肥后可以通过自带的旋耕器立即旋耕，使肥料与土壤充分混合，均匀分布在土壤耕层的立体空间中；通过排种板在旋耕后的土壤中均匀撒种，再通过镇压滚筒进行镇压，确保种子与土壤紧密结合，并在踏实的同一土层中；然后通过传送系统在种子上面均匀等深精细覆土，覆土后再进行第二次镇压，完成全部工序。

主持人：要做好小麦立体匀播，需要掌握哪些关键技术？

赵广才：第一步是品种选择。北部冬麦区选择适合当地生产并通过国家或省级品种审定委员会审定的抗寒、高产、稳产、多抗、广适的冬性品种；黄淮冬麦区选择适合当地生产并通过国家或省级品种审定委员会审定的高产、稳产、多抗、广适的半冬性品种；新疆冬春麦区的冬小麦种植区选择适合当地生产并通过国家或省级品种审定委员会审定的高产、稳产、多抗、广适的冬性或半冬性品种，春麦种植区选择适合当地生产并通过国家或省级品种审定委员会审定的高产、稳产、多抗、广适的春性品种；北部春麦区、东北春麦区和西北春麦区应分别选择适合当地生产并通过国家或省级品种审定委员会审定的高产、稳产、多抗、广适的春性品种。

主持人：小麦立体匀播的播种时间如何确定？

赵广才：冬小麦当秋季日均温降至17℃左右时播种，或依据历年小麦播后至越冬前日平均气温大于0℃，且活动积温在550～650℃时为适宜播期。春播春小麦一般当春季气温在5～7℃时为适宜播种期。

主持人：小麦立体匀播有哪些技术要点？

赵广才：首先要做到适墒播种。0～20厘米土层内土壤相对含水量在70%～80%时为播种的适宜墒情。

第二要适时灌越冬水（仅限冬小麦）。根据冬前降水情况和土壤墒情确定是否需要灌越冬水。若需要灌越冬水，一般当气温下降到0～3℃，夜冻昼消时灌水，保证麦苗能安全越冬。

第三要重施拔节肥。拔节期及时灌水可以促进优势蘖成穗、减少小花败育，促进后期籽粒灌浆，实现增加穗数、粒数和千粒重的效果。一般中高产田在拔节期结合灌水推荐每亩追施纯氮7～8千克。

主持人：小麦立体匀播在病虫草害方面需要注意哪些？

赵广才：根据不同地区不同地块杂草发生的类型（禾本科杂草、阔叶型杂草、混生杂草），选用合适的除草剂，适时进行机械（或人工）化学除草，或用无人机进行喷药。注意人身防护，防止人员中毒，确保安全用药。

主持人：小麦立体匀播如何科学收获？

赵广才：麦收期间注意躲避烂场雨（连阴雨），防止穗发芽，在籽粒蜡熟末期采用联合收割机及时收获，颗粒归仓，实现丰产丰收。

欢迎扫码收听

小麦穗期重大病虫害科学防控

主讲嘉宾： 康振生（中国工程院院士，国家小麦产业技术体系病虫防控研究室主任，西北农林科技大学教授）

程登发（国家小麦产业技术体系岗位科学家，中国农业科学院植物保护研究所研究员）

周明国（南京农业大学杀菌剂抗性检测及科学使用农业行业科技项目教授、首席专家）

责任编辑： 夏羽

主 持 人： 李庆

录音制作： 石涛

播出日期： 2015 年 4 月 27 日

【栏目片头】

这里是中央农业广播电视学校——《致富早班车》

【宣传语】我叫康振生，是西北农林科技大学植物保护学院的植物病理学教授。目前我国小麦主产区已陆续进入小麦病害防治的关键时期，建议各地要密切关注病害发生动态，落实好农业部病虫害防控会议精神，切实搞好小麦病虫害的“一喷三防”工作，确保我国夏粮的安全生产。

受冬、春季气温偏高、降水偏多等不利因素影响，小麦赤霉病、蚜虫等重大病虫害呈重发态势，防控形势异常严峻。4 月中旬至 5 月中旬是小麦穗期重大病虫发生危害的关键时期，是小麦产量形成的重要时期，也是小麦穗期病虫害防控的最佳时期。农业部要求，各级农业部门及其植保机构要迅速进入临战状态，坚决打赢小麦穗期病虫害防控攻坚战。坚持分类指导、科学防控原则，突出重点区域、重大病虫，以落实小麦“一喷三防”补助政策和重大病虫统防统治专项为抓手，广泛动员发动，加强服务指导，落实关键措施，大力推进专业化统防统治和绿色防控，适时开展应急防治，确保小麦条锈病、赤霉病、蚜虫不大面积暴发成灾，病虫危害损失控制在 5%以内，赤霉病病穗率控制在 5%以内、病粒率控制在1%以内，专业化统防统治率在32%以上。那么，针对小麦穗期重大病虫发生的严峻形势，农民朋友要如何做好病虫防控的准备？需要注意哪些问题呢？我们特别采访了有关专家。

【采访嘉宾】

主持人：我国小麦主产区穗期发生的主要病害都有哪些？

康振生：目前，我国黄淮海等小麦主产区的小麦已陆续进入孕穗、抽穗阶段，这个时期是小麦生长发育和产量形成的关键时期，也是小麦后期各种病虫害盛发和防治的关键时期。由于今年春季小麦产区降水及时，雨量充沛，气候条件适宜，从目前我国各地小麦长势情况来看，生长状况良好，为我国今年小麦丰产丰收打下了一个良好的基础。但是，适宜的气候条件不仅有利于小麦的健康生长，同时也适合于各种小麦病虫害的发生和危害。历史经验证明，小麦的大丰收年，也是小麦各种病虫害大发生的年份。因此，科学准确地开展小麦后期病虫害防治工作，是搞好夏粮生产，夺取夏粮丰产丰收的关键。只有做好病虫害防治，才能夺取小麦的大丰收。

主持人：针对小麦穗期重大病害发生严峻形势，我们应如何进行防控？

康振生：农民朋友应该结合小麦病虫害“一喷三防”工作，及时做好病虫害防治准备工作。在病害发生关键时期，一次施药防治田间多种病虫害。因此，一定要掌握好田间病害发生种类和病害发生防治的关键时期，这样才能达到事半功倍的效果。

对于小麦条锈病狠抓“带药侦查、发现一点、防治一片”打点保面，严防大面积扩展流行。如果条锈病已大面积发生，田间病叶率在0.5%～1.0%时，就应该进行全田防治。防治药剂可选用各类三唑类杀菌剂。白粉病防治与小麦条锈病相同，当田间白粉病病叶率达到10%时，就应该进行全天防治。

对于小麦赤霉病常发区，应该坚持“预防为主、主动出击”的策略。由于赤霉病菌主要从小麦颖片的内侧侵入小麦穗部组织，因而小麦扬花期是赤霉病侵染危害的关键时期。因此，必须把握好小麦抽穗扬花期这一防治关键适期，一定要做到将赤霉病控制在暴发流行前，实施“扬花一块，防治一块，全面用药防治”。当抽穗期为高温天晴，小麦边抽穗边扬花，如天气预报有连续阴雨，应抓住齐穗阶段用药；如抽穗期低温日照少，小麦先抽穗后开花，则在始花期，即5%～10%植株开花时，开展药剂防治。如果用药后遇到连阴雨天气，要隔5～7天再用第二次药，以提高防治效果。我国大部分麦区一般可使用50%多菌灵可湿性粉剂、每亩* 100克，或者使用70%甲基硫菌灵水分散粒剂，每亩施用70～100克进行

* 亩为非法定计量单位，1亩≈666.666 7米^2。——编者注

防治。对于病菌已经产生了抗药性的一些麦区，如江苏、安徽等地，建议使用戊唑醇、咪鲜胺、氰烯菌酯等药剂来进行防治。

主持人：感谢专家接受我们的采访。希望农民朋友可以做好相关的防控准备，适时开展应急防治，确保小麦条锈病、赤霉病、蚜虫不会大面积暴发成灾。

欢迎扫码收听

花大姐的庄稼保卫战

节目嘉宾： 蔡青年（中国农业大学植物保护学院副教授，博士生导师）
策　　划： 陈艳红　田静　张晓华　李若男　夏羽　田若瑾
责任编辑： 李若男　夏羽
主 持 人： 王凤婷
故事播讲： 殷启德
录音制作： 石涛
配乐包装： 王迪
播出日期： 2018 年 12 月 24 日

【栏目片头】

关注“三农”　贴近“三农”　服务“三农”——致富快车

【故事·战争的序幕】 随着春天轻轻地走来，冰消雪融，万物复苏。在广袤的田野里，越冬休眠的冬小麦，正在悄悄地从睡梦中醒来，舒展自己瘦小的身体……这就是冬小麦的返青，也是冬小麦在新的一年圆梦的开始。春天的到来不仅给小麦的复苏和生长带来了福音，惊蛰过后的春雷也唤醒了以小麦为食的蚜虫。

【故事·蚜虫生存策略】 蚜虫带来了小麦黄矮病病毒，如果不对患病小麦采取救治措施，会极大地威胁小麦生产。

【故事·蚜虫与蚂蚁盟友】 蚜虫所排泄的蜜露中含有糖分等营养物质，而蚂蚁天性喜欢吃甜食，还充当了蚜虫们的保镖，不惜与伤害蚜虫的那些天敌们战斗，以保护蚜虫的安全。

【故事·小麦战术】

没过几天，被为害的小麦叶片就开始向背面卷曲，皱缩发黄。严重的时候，放眼望去，原本绿油油的麦田，都变成一片病恹恹的黄。

在感知到自己被大量蚜虫进攻时，小麦会增强抵挡蚜虫的能力。有些小麦品种在漫长的进化历史中，种群的表皮逐渐变厚、变硬，就像一套加厚的盔甲，用来抵挡蚜虫的侵略。另外，小麦遭受虫害危机的时候还能产生一些对蚜虫有害的毒素，或者释放出挥发性的化学物质，那就是红色警报——蚜虫没有意识到，自己释放出的气味，也在帮助小麦召唤自己的天敌，当蚜虫数量达到一定高峰时，蚜虫的气味对天敌来说，就像飘香的陈年老酒，诱惑着这些天敌赶过去尝一尝。

主持人： 刚刚故事里的小麦使用战术，正是植物自我防御的措施，也是自卫的办法。

蔡青年： 植物被害虫危害以后基本上有两种情况，第一种就是植物自身的。比如蚜虫，因为蚜虫危害植物的叶片，危害大了以后，这个植物它就自然而然地向蚜虫多的地方进行卷曲，这就是一种防御的措施，实际上搬救兵就是防御的意思。

另外，植物还可以通过调节自己的一些生理代谢，合成一些有毒的化合物，降低蚜虫对于枝叶的吸取量，影响蚜虫的生长发育，这实际上也是搬救兵的一种方式。

还有第三种方式，一些植物还会预警，招引一些其他的天敌，散发一些挥发性的化合物。这种化合物的气味可以招引天敌过来，这就是我们所常说的植物搬救兵。是一种形象的说法。

蚜虫多了以后，植物的颜色可能发生变化，这也可以认为是一种搬救兵的方式。

主持人： 虫害的大发生与天敌的大量出现，在时间上有的时候不是说完全一致的？

蔡青年： 说到天敌，它一般是晚于害虫的发生。因为刚开始害虫少的时候没有那么多食物。天敌比害虫来得迟，它是要有一定的食物量以后才出现的。我们不要觉得田间在作物生长时期有害虫，它就会有天敌出现。其实植物在遭害虫后，得过一段时间，才有天敌的出现。

【音效】 我这里来虫啦，你们自己小心！

而对蚜虫的天敌而言，那就是可怜巴巴的求救……

【音效】 快点儿来救我呀，我要被蚜虫害死了！

主持人： 面对蚜虫的进攻，小麦终于搬来了救兵，看来这蚜虫吃喝不愁的好日子应该就要到头了。那究竟蚜虫会遭遇些什么呢？

【故事·花大姐战术】

被蚜虫的气味吸引过来的天敌中，最引人注意的就是七星瓢虫。人们还给七星瓢虫起了一个昵称“花大姐”。

越冬的七星瓢虫平均存活率不超过 30%。那些发育不良、或者在上一个秋天进食过晚，或者越冬场地不适宜的花大姐，就再也不能从寒冷的冬天醒过来了。而这些存活下来的花大姐们在想什么呢？饿了一个冬天了，遇到这么多蚜虫，自然是要吃个痛快呀！

这样一只成年花大姐一天能够吃下 130 多头蚜虫，真的是食肉昆虫里的战斗机。

主持人：故事的第三位主人公——花大姐终于闪亮登场啦！那它有哪些特征呢？

蔡青年：有一类鞘翅目的昆虫，它的前翅硬化，有一个硬壳，主要是起到一种保护作用。在硬壳下面它还有一对很薄、很薄的膜翅翅膀。当它在空中飞行的时候，鞘翅就张开，但鞘翅是不能促使昆虫飞行的，真正发挥作用的是下面的那一对膜翅。花大姐就属于这一类昆虫。

【节目片花】

童声 1：我是小麦，我富含营养，但老受欺负！（哭唧唧）

童声 2：我是蚜虫，我爱吃小麦！（吸吸吸）

童声 3：我是花大姐，我爱吃蚜虫！（嚼嚼嚼）

蔡青年：有什么样的害虫，就有什么样的天敌。“以虫治虫”是防治农业害虫的有效办法。

主持人：大自然的生存法则，就是拼个你死我活，蚜虫和花大姐之间又会展开怎样的殊死搏斗呢？故事还在继续。

【故事·花大姐战术】

战争就此打响了第一枪。面对花大姐的进攻，手无缚鸡之力的蚜虫只好请出了自己的盟友——蚂蚁。蚂蚁可是出了名的大力士，一旦它感觉到花大姐的靠近，就张开大钳子一样的嘴巴，三五成群地扑上来厮杀尽忠职守的花大姐。

一只蚂蚁不算啥，花大姐慢吞吞地边吃边想，我有坚硬的鞘翅和外骨骼，我不怕！可是，面对蜂拥而上的蚂蚁大军，花大姐最终还是招架不住了。它就从腿的关节处释放出难闻的黄色液体，这种液体有很强的刺激性，通常情况下，这招可以吓跑敌人。不过，蚂蚁实在是太多了，花大姐没招了，只能把自己圆圆的身体往旁边一个侧翻，骨碌碌地滚了下去……蚂蚁接受蚜虫蜜露的恩惠，也拼死保护蚜虫不受天敌昆虫的威胁，蚂蚁和蚜虫可真是一对好搭档呢！

躺在地上的花大姐把 6 只脚缩在肚子上，一动不动。其实这是花大姐的又一个招数，那就是通过这种假死行为来躲避天敌。毕竟，在打不过敌人的时候，三十六计走为上策。过了一会儿，花大姐发现危机解除了，便轻快地翻过身来，重整旗鼓，循着温暖干燥、蚜虫密集的地方，继续奋战。

主持人：花大姐都有哪些防卫的手段呢？

蔡青年：一般来讲，花大姐的硬壳就是一种防卫手段。昆虫的防卫功能主要是假死性，特别是像花大姐这种甲虫类。只要是外界触及它一下，哪怕是大风稍微把植株晃了一下，它都会认为是外界有威胁，将自己蜷缩在一块，警觉起来，把它的足和触角都收起来，然后就掉到了地上，这是一种逃生的方式。还有一种，就是自身可以释放气味。花大姐可以释放一种黄色的液体，有一股很难闻的气味，主要起趋避敌害的作用。这也是昆虫都有的习性。

欢迎扫码收听

粮食作物水肥一体化技术

节目嘉宾：吴勇（全国农业技术推广服务中心节水农业技术处副处长，高级农艺师）
责任编辑：曹娅晶
主 持 人：李冉
录音制作：石涛
播出日期：2018 年 3 月 9 日

【栏目片头】

关注“三农” 贴近“三农” 服务“三农”——致富快车

主持人：目前我国粮食作物水肥一体化技术发展取得了哪些成效？

吴 勇：主要表现在 4 个方面。

一是促进粮食高产高效。大面积示范表明，在玉米、小麦、马铃薯等粮食作物上应用水肥一体化技术，粮食单产大幅提高，提高率在 20%～50%，有的甚至增产 100%。

二是示范推广成效显著。粮食作物水肥一体化得到各级党委和各级政府的高度重视。国务院办公厅印发《国家农业节水纲要（2012—2020 年）》，强调积极发展水肥一体化。农业部专项支持粮食作物水肥一体化试验示范，印发《水肥一体化技术指导意见》《推进水肥一体化实施方案》，提出了重点在粮食作物上加快水肥一体化技术示范推广。

三是技术模式逐渐成熟。通过不断的试验示范和集成创新，粮食作物水肥一体化技术模式逐渐成熟，形成了冬小麦/夏玉米微喷水肥一体化、春玉米膜下滴灌水肥一体化、春小麦滴灌水肥一体化、马铃薯滴灌/喷灌水肥一体化、小麦玉米地埋伸缩式喷灌水肥一体化等针对不同作物的技术模式。对管道灌溉条件下如何进行灌溉和施肥也进行了大量研究，初步形成水肥一体化的灌溉制度和施肥方案，筛选和优化了一批针对不同作物的水溶肥料配方。

四是投入成本大幅降低。通过集中攻关相关设备，优化粮食作物水肥一体化系统设计，开发灌溉用水溶肥料，基本实现水肥一体化相关设施、设备和产品的国产化，大幅降低了水肥一体化投入成本，设施设备从每亩 2 000～3 000 元大幅降低到每亩 300～800 元。

主持人：推广粮食作物水肥一体化技术有哪些技术要点？

吴　勇：技术要点主要包括 6 个方面。

一是灌溉方法的选择。根据作物、栽培方式等确定适宜的灌溉方法，如小麦是匀播密植作物，适宜用微喷；玉米、马铃薯是行播作物，适宜采用滴灌，在蒸发量大的干旱半干旱地区还要采用膜下滴灌法，马铃薯还适合大型行走式喷灌；在华北平原冬小麦夏玉米一年两季轮作地区，灌溉系统既要满足小麦玉米两种作物灌水需求，还要不影响机播机收等作业，建议采用地埋可伸缩式喷灌。

二是搞好系统设计，要把水源、首部、施肥设备、管道系统、连接器和灌水器等配置到位。这块工作专业灌溉公司会负责做好。需要注意的是，粮食作物水肥一体化系统，往往覆盖面积较大，几百甚至上千亩，一次需要的施肥量很大，宜选用注肥泵，尽量不要用施肥罐、文丘里等施肥设备。

三是制定灌溉制度和施肥方案。根据降雨情况、作物需水规律和土壤条件制定灌溉制度，包括灌水量、灌水时间、灌水周期、灌水次数等。根据作物营养规律、土壤肥力条件等确定施肥方案，包括加肥时间、数量、比例、加肥次数和总量。这块工作专业性比较强，可以借鉴相同气候条件地区相同作物水肥一体化经验，也可向当地的土、肥、水技术推广部门咨询。

四是正确选用肥料。首先是水溶性要好，不但溶解度高还要溶解速度快；其次是大、中、微量养分元素搭配要全面平衡，尤其是硫、锌等中、微量元素；再次是逆境适应性要好，如冬天水温很低会不会溶解度变小，溶解速度变慢，灌溉水矿化度较高会不会沉淀，pH 较高的土壤中会不会固定等问题。

五是正确的使用和维护。水肥一体化系统使用时应先用清水，待压力稳定后再施肥，施肥完成后再用清水灌溉冲洗管道残余肥液。施肥前后使用清水的时间根据系统管道长短、田块大小及系统流量确定，时间范围可在 5～30 分钟。定期对系统进行检查，防止漏水使作物灌水不均匀。作物生育期第一次和最后一次灌溉时应清洗系统。作物生育期结束后进行系统排水，防止冬季结冰爆管，做好易损易盗部件保护。

六是搞好农艺技术配套。水肥一体化对作物水分养分供应能力大大增强，足以支撑高密度的种植，小麦玉米等种植密度可以适度增大，如玉米可以由 3 500 株增加到 4 000～5 000 株，为高产奠定基础。小麦采用微喷水肥一体化，水分养分基本呈面状分布，故应改条播为匀播等，基本原则就是适应新的灌溉方式和施肥特点，其他方面相应作出优化调整。

以上 6 个方面系统设备的配备相对比较简单，根据气候条件、作物、土壤、耕作等进行优化设计，一次配备，多年使用，重点是要设计好。后面灌溉制度、施肥方案、农艺配套等方面才是用好水肥一体化技术的关键，需要在借鉴吸收的基础上，经历摸索、试验、调整和逐步完善的过程，在不断应用的过程中逐渐达到最优效果。

主持人： 在推广粮食作物水肥一体化技术过程中需要注意哪些环节？

吴　勇： 主要有 4 个方面。

一是搞好示范带动。在主要地区主要粮食作物上建立水肥一体化技术示范区，展示技术效果和操作方法，发挥好影响带动作用。

二是搞好培训指导。该项技术相对传统种植难度较大，要做好对农户的培训和技术指导。

三是搞好试验创新。不断试验新模式、新方法、新设备、新肥料，逐渐完善技术模式，在田间试验成熟的基础上再大面积推广应用。

四是积极争取财政补贴支持。推进水肥一体化在粮食作物上的应用，对保障粮食安全、农业绿色发展和建设现代农业意义重大，要积极争取各级财政支持，使其对相关设施设备、水溶肥液体肥、试验示范、培训宣传等予以补贴。

欢迎扫码收听

油菜“一促四防”抗灾技术

节目嘉宾：周广生（时任华中农业大学副教授，农业农村部油料专家指导组成员，油菜现代产业体系岗位科学家）
责任编辑：张倩
主 持 人：杨林
录音制作：石涛
播出日期：2014 年 12 月 17 日

【栏目片头】

这里是中央农业广播电视学校——《致富早班车》

主持人：什么是油菜的“一促四防”技术？

周广生：我国油菜生产普遍存在土壤缺硼、菌核病发生严重、后期高温逼熟等灾害问题，而传统油菜防灾防病技术烦琐低效。根据油菜生产特点，在初花期叶面喷施速效硼、杀菌剂、磷酸二氢钾，可实现油菜“一促四防”，有效促进油菜后期生长发育，防花而不实、防菌核病、防“老鼠尾巴”、防高温逼熟，确保油菜高产稳产。

主持人：“一促四防”技术效果怎么样？

周广生：2012 年春季，在湖北武穴、蕲春以及湖南衡阳等地推广“一促四防”技术试点时发现，当地油菜菌核病明显减轻，结实率提高，千粒重增加，抗倒性增强，单产比对照提高 10%～15%。

主持人：油菜“一促四防”药剂的配方是什么？

周广生：

1. 长江流域油菜产区以降低油菜菌核病和增加千粒重为主，每亩可一次性混配喷施以下几种药剂：40%菌核净可湿性粉剂或咪鲜安（亩用量 100 克）+磷酸二氢钾（亩用量 100 克）+速效硼（有效硼含量>20%，亩用量 50 克）。机动喷雾器亩用药液量 12～15 千克/亩，一般手动喷雾器不少于 30 千克/亩（注：咪鲜安不但抗菌核病能力最强，而且能在叶片形成保护膜，可持久防止菌核病侵染）。

2. 北方春油菜产区在预防菌核病的基础上，应增加防治蚜虫的药剂：40%菌核净可湿性粉剂或咪鲜安（亩用量 100 克）+磷酸二氢钾（亩用量 100 克）+速效硼（有效硼含量>20%，亩用量 50 克）+25%吡蚜酮悬浮剂（亩用量 24 克）。机动喷雾器亩用药液量 12～15 克/亩，一般手动喷雾器不少于 30 千克/亩。

主持人： 油菜“一促四防”药剂的配方可以根据需要进行调整吗？

周广生： 可以根据当地油菜生产的特点进行药剂的调整。比如：

1. 以预防油菜菌核病和增加千粒重为主，每亩可一次性混配喷施多菌灵水分散粒剂、磷酸二氢钾、速效硼。

2. 油菜蚜虫较重的地方，在预防菌核病的基础上，应增加防治蚜虫的药剂。

3. 生育期偏晚的田块，在终花期喷施乙烯利催熟，以加快生育进程，为早稻腾茬争取时间。

主持人： 油菜“一促四防”技术对施用时间有要求吗？

周广生： 有要求。不同时间施用，效果差异较大。

油菜初花期是“一促四防”的关键时期，初花期指从全田油菜开放第一朵花开始至全田有 25%植株开花的时期。喷施时间最好选在晴天无风上午 10 点以后和下午 5 点前无露水时喷施。要注意喷洒均匀，尤其是要注意喷到下部叶片。应留意气象预报，避免喷施后 24 小时内下雨，导致油菜“一促四防”效果降低。

主持人： 油菜除了“一促四防”技术，还有哪些农艺措施可以达到“一促四防”的目的？

周广生： 除了在初花期采用“一促四防”药剂进行喷雾以外，还有一些农艺措施也可达到“一促四防”的目的。比如：

1. 清沟排渍，降低田间湿度。长江流域立春后雨水增多，不利于油菜正常生长发育，油菜田要开好厢沟、中沟、围沟，使“三沟”配套，达到明水能排，暗水能滤，雨停田干。营造一个有利于油菜生长发育、增加产量、提高品质以及不利于病菌滋生的农田生态环境。

2. 适时适度浅耕，清除田间病老黄叶。长江油菜产区 3 月上旬要对油菜进行适度浅耕，增强土壤通透性和保温能力。通过浅锄铲除田间子囊盘，清除田间病老黄叶，减少油菜菌核病菌原基数。

欢迎扫码收听

春播花生标准化种植技术

节目嘉宾：雷永（中国农业科学院油料作物研究所花生研究室主任）
责任编辑：张倩
主 持 人：杨林
录音制作：石涛
播出日期：2013 年 10 月 27 日

【栏目片头】

这里是中央农业广播电视学校——《致富早班车》

主持人：什么是花生的标准化生产技术？

雷　永：花生标准化生产是以花生为对象的标准化生产活动，即以花生科学研究成果和生产实践经验为基础，运用“统一、简化、协调、选优”的原则，通过对花生生产过程的有关方面和环节制定标准、实施标准，同时对标准的实施进行有效监督，把花生产前、产中、产后各个环节纳入标准化生产和标准化管理的轨道。告诉农民在花生生产过程中，用什么品种、何时下种、何时施肥、施多少肥、何时收获、收获物按何种规格和标准进行分级、分类等。

主持人：我国花生生产的模式主要有哪些？

雷　永：根据我国各地的地理条件、气候因素、耕作栽培制度、品种类型的分布特点，我国的花生生产模式主要有春播、夏播、秋播和麦套 4 种种植模式，其中春播在全国范围内均有种植，夏播花生主要集中在黄淮流域，秋播花生主要集中在华南花生产区的春、秋两熟制地区，主要用于繁种。麦田套种花生以黄淮流域为主。

主持人：春花生在进行标准化种植前应该做哪些准备工作？

雷　永：首先我们要对土壤进行选择。花生对土壤的要求不太严格，除特别黏重的土壤和盐碱地外，均可种植花生。但由于花生是地上开花、地下结果的作物，从花生根系伸展、根瘤菌固氮、荚果发育所需要的条件看，要想获得优质、高产，花生适宜的土壤条件是耕作层疏松、活土层深厚、pH 中性偏酸、排水和肥力特性良好的壤土或沙壤土。上层土壤的通气透水性良好，昼夜温差大；下层土壤的蓄水保肥能力强，热容量高，使土壤中的水、肥、气、热得到协调统一，有利于花生的生长和荚果的发育。10厘米左右的结果层土质疏松、通透性好。

主持人：适宜花生生长发育的土壤特征都有哪些？

雷　永：

1. 土层深厚。全土层50厘米以上，耕作层30厘米左右。10厘米左右的结果层土质疏松、通透性好。

2. 土壤物理性好。泥沙比例为6∶4，容重1.35克/厘米^3，总空隙度40%以上，毛管空隙度上层小、下层大，非毛管空隙度上层大下层小。

3. 土壤肥力高。耕层有机质含量10克/千克以上，全氮0.5克/千克以上，速效磷25毫克/千克以上，速效钾30毫克/千克以上。

4. 土坡酸碱性适宜。土壤为pH 6～7。

主持人：春播花生技术中南北方对于整地的要求是一样的吗？

雷　永：北方花生产区由于春季空气干燥，土壤容易丧失水分，播种前通过耕耙结合整地保墒。在灌溉条件差或平原沙地，可采用平作整地方式，在灌溉条件好或进行高产栽培时宜采用垄作整地，在低洼地种植则采用垄作或高畦整地。

花生整地的另一方面是结合耕地施足基肥，全部的钾磷肥、有机肥和1/2～2/3的氮肥可结合冬耕或早春耕地时混入土壤。

主持人：春播花生如何施肥？

雷　永：施足基肥，适当追肥。基肥足则幼苗壮，花生生长稳健，为高产、优质、多抗奠定坚实的基础。增加基肥中氮、钾肥施用比重可满足花生幼苗“生根发棵”的需要。氮肥追施比重过高易引起徒长、倒伏和病虫害的发生；钾肥追施比重过高易引起烂果，且肥料报酬递减。肥效迟缓、利用率低的有机肥、磷肥更应以基施为主。因此在花生生产上如能一次施好、施足基肥，一般可以少追肥或不追肥。特别是在地膜覆盖种植花生的地块，或在蓄水保肥能力好的地块露地栽培以及大面积机械化种植时，应做到一次性施足；在漏水漏肥的砾质粗沙地块，为避免一次性施用过多速效化肥造成烧苗和肥料损失，可留一部分速效肥用来追肥。追肥时要掌握“壮苗轻施，弱苗重施，肥地少施，瘦地多施”的原则。

主持人：春花生在什么时候播种比较适宜？

雷　永：春花生的播种适期主要根据不同品种类型对温度、土壤含水量的要求确定。已经通过休眠期的花生种子，必须在一定的温度条件下才能发芽，不同类型的品种其发芽最低温度有一定差异。珍珠豆型和多粒型品种地温稳定在12℃以上才能发芽，普通型和龙生型品种则需要在15℃以上才能发芽。花生种子发芽的最适温度为25～37℃。另一方面，花生种子发芽出苗需要充足的水分，土壤水分以土壤最大持水量的60%～70%为宜。

主持人：不同地区的春花生播种时间一样吗？

雷　永：根据花生发芽对为温度和水分的要求，华南地区春播花生可在 2 月中下旬播种，长江流域可在 4 月中旬播种，黄淮流域可在 5 月上旬播种，东北地区花生产区可在 5 月中旬播种。如果采用地膜覆盖，可以比露地栽培提前 1 周左右播种。

欢迎扫码收听

棉花主要虫害综合防治技术

节目嘉宾： 梁革梅（中国农业科学院植物保护研究所研究员）
责任编辑： 曹娅晶
主 持 人： 殷启德
录音制作： 石涛
播出日期： 2014 年 6 月 14 日

【栏目片头】

这里是中央农业广播电视学校——《致富早班车》

主持人： 常见的棉花虫害有哪些？

梁革梅： 昆虫由于食性和取食方式不同，口器也不相同，主要有咀嚼式口器害虫和刺吸式口器害虫。咀嚼式口器害虫，如甲虫、蝗虫及蛾蝶类幼虫等。它们都取食固体食物，危害根、茎、叶、花、果实等器官，造成机械性损伤，如缺刻、孔洞、折断、钻蛀茎秆、切断根部等。刺吸式口器害虫，如蚜虫、椿象、叶蝉和螨类，它们是以针状口器刺入植物组织吸食食料，使植物呈现萎缩、皱叶、卷叶、枯死斑、生长点脱落、虫瘿（受唾液刺激而形成）等症状。

主持人： 棉花虫害在生产中有哪些常用核心防治技术？

梁革梅： 棉花病虫害的综合防治技术主要有农业防治、物理防治、生物防治和化学防治。本集节目主要介绍农业防治和物理防治措施。

农业防治主要有利用抗虫品种、实行合理间套作与轮作、种植诱集植物、科学农事操作和铲除虫源地等措施。

利用作物抗性是最有效、最经济的治理手段，抗虫棉花的商业化种植就是一个典型的例子。但目前生产中存在着抗虫棉品种杂、部分品种抗虫性差等问题，因此，建议在生产上选用通过审定的转基因抗虫棉花品种。

棉花与小麦、油菜、蔬菜等作物间套作，可以控制棉花苗期蚜害。目前，种植面积最大，控制蚜害效果最好的是棉花与小麦间作。由于小麦的屏障作用和早春小麦上存在的丰富天敌资源，这类棉田棉蚜发生时间晚，为害轻，在麦收前后，小麦上的大量天敌向棉花上转移，可控制棉蚜为害，常年麦、棉间作田在棉花苗期可不用喷药治蚜。棉花与洋葱等蔬菜类作物间作，虽然对棉蚜的控制效果没有麦、棉间作效果好，但它不影响前期棉苗的生长，棉农且可获得较高的经济收入，在人多地少的高肥水棉区，可充分利用棉田土地，以获得较高的经济效益。棉花与油菜间作有较好的控制苗蚜作用，但在 6 月上旬前要及时铲除油菜，以免影响棉苗生长。

棉花与禾本科等作物实行 3 年以上轮作，或实行棉稻轮作，可有效减轻土传病害如枯萎病、黄萎病的发生与危害，同时，也能减轻部分虫害的发生及危害程度。

种植诱集作物，能较明显减少棉铃虫在棉花上的落卵量，控制棉铃虫对棉花的为害。依据河北邯郸棉区的经验，在棉田点种高粱，即高粱诱集带，其方法是每隔 6 行棉花，在宽行垄沟中点种高粱，株距 2 米，对减轻三、四代棉铃虫的卵量和伏蚜的为害效果显著。有的棉区在棉田种植玉米诱集带，种植方式同高粱诱集带。棉田种植高粱或玉米诱集带，其密度均不能过大，以免影响棉花的通风透光。在棉田四周种植绿豆或蓖麻诱集带，结合在诱集带上定期施药，能有效地诱杀绿盲蝽成虫，减轻其在棉田的发生危害。在棉田田埂播种苘麻诱集带，能减少烟粉虱与棉大卷叶螟在棉田的发生为害。

利用农事操作可直接减轻虫口密度，在棉苗期进行间苗、定苗时，将拔除的棉苗带出田外，可防止被拔除棉苗上的蚜虫、棉叶螨重新转移到其他棉苗为害。结合棉花整枝、打杈，进行棉铃虫、斜纹夜蛾、棉大卷叶螟、棉盲蝽等卵、幼（若）虫以及烂铃的人工摘除。清除田边地头杂草并集中处理，以降低虫害的发生程度。

有的地区冬耕冬灌，在棉花拔棉秆后（多在 12 月）应及时进行翻耕棉田或冬灌。这一措施，一方面可破坏越冬棉铃虫的蛹室，杀死棉铃虫的越冬蛹，压低棉铃虫越冬虫口基数，另一方面还可降低棉叶螨的虫口数量。冬季清除棉田残枝落叶和田埂枯死杂草、对棉田进行深耕细耙能降低棉盲蝽越冬卵基数。早春铲除田边的杂草，可减轻早春棉盲蝽、棉叶螨和棉蚜数量，清除棉虫早期在棉田外的繁殖、生存基地。

物理防治常见措施有：

1. 灯光诱蛾。频振式杀虫灯是利用害虫的趋光、趋波、趋色等特性，选用对害虫有极强诱杀作用的光源与波长、波段引诱害虫，并通过频振高压电网杀死害虫的一种先进实用工具，可诱杀棉铃虫、小地老虎、斜纹夜蛾、金龟子、棉盲蝽、金刚钻等害虫。频振式杀虫灯，每隔 2.00～3.33 公顷设置 1 盏。在田间放置黄板，可诱杀蚜虫、烟粉虱等害虫。

2. 枝把诱蛾。利用棉铃虫、地老虎成虫对半枯萎杨树枝有趋性的习性，在棉田插杨树枝把进行诱集。方法是把杨树枝把剪成70厘米长，每把10枝，傍晚插在棉田，位置高于棉株，每亩10把，在翌日凌晨查收杨树枝把并消灭害虫。

3. 食料诱杀。糖醋液（糖：醋：酒：水为6：3：1：10）可诱杀地老虎成虫。地老虎的幼虫对桐树叶具有一定的趋性，可取较老的桐树叶，用水浸湿后于傍晚放在田间，每亩放置120～150片叶，翌日清晨揭开桐树叶捕捉幼虫。也可将杨树枝条绑成小把，于傍晚插于棉田诱杀成虫，效果较好。在傍晚撒菜叶于棉田边作诱饵，于翌晨揭开菜叶捕杀蛞蝓。

4. 人工捕捉。利用金龟子假死性，可对它进行人工捕捉。对于地老虎等，可在每天早晨进行人工捕捉，当发现新截断的被害植株时，就近挖土捕捉，可收到一定的效果。另外，犁地时也可拣杀蛴螬等地下害虫。

5. 物理隔离。在沟边、苗床或作物间于傍晚撒石灰带，每亩用生石灰7.0～7.5千克，阻止蛞蝓为害棉花叶片。

欢迎扫码收听

舌尖上跳动的北京“老口味”蔬菜

节目嘉宾： 曹华（北京市农业技术推广站高级农艺师）
责任编辑： 夏羽
主 持 人： 殷启德
录音制作： 石涛
播出日期： 2018 年 11 月 12 日

【栏目片头】

关注“三农”　贴近“三农”　服务“三农”——致富快车

从“有啥吃啥”到“想啥吃啥”，老品种在转型中“迷失”

63 岁的推广站高级农艺师曹华从祖辈便一直种菜，说起北京蔬菜的历史他如数家珍。

曹　华： 新中国成立前主要集中在二环到四环路的四季青、南苑、小红门等 11 个乡，为皇宫贵族供应的叫“细菜”，老百姓吃不到；北京人讲究，过节送两条黄瓜要修理整齐，用油纸包好，明、清时大白菜也是名贵菜，每棵要用红绳捆好。

1932 年出生的农民技术员王振林就生在因种菜得名的菜户营，相传乾隆巡访路过，见四周全是围挡菜田的篱笆，便御赐命名。二环路建成前这里一直以种菜为业，王振林种菜 60 多年，到现在每天不下田还浑身不舒服。

新中国成立后，北京主抓粮菜，蔬菜面积从不到 10 万亩迅速增加到 20 世纪 50 年代末的 20 万亩，区域扩到丰台、海淀、朝阳、石景山等地。忆起当年的老味道，王振林用“吃什么有什么味”来形容，“那时我在村里种菜，没虫子也不打药，有点蚜虫就用湿面粘，施肥去天宁寺拉粪干，摘了菜在身上蹭蹭就吃。”

改革开放前后，全市人口迅速增加，加上计划经济购销体系，供应紧缺，市民全部凭本买菜。曹华记得 1978 年结婚，他跑遍四大菜市场只买到白菜、萝卜、土豆，最后托人从四季青弄了 12 条黄瓜，宝贝得像金子一样用小被子裹起来。如何让老百姓吃饱成为当时主要的社会问题。

80年代中期开始，情况完全变了。施行“双轨制”农副产品放开，开展“菜篮子工程”主攻单产，商品化育种水平不断提升，放开购销大量外埠蔬菜进京……过程中，“老口味”品种由于产量低、不抗病，很快就被产量高、抗病性强的杂交种所替代。

到90年代中期，蔬菜产量已比改革开放初增加了1.4倍，老百姓吃饱了，全市人均日供蔬菜1斤*左右，可以说想啥吃啥，可一批深受市民喜爱的“老口味”却濒临绝种了。

从“想啥吃啥”到“啥好吃啥”，科技助力老口味“回归”

直到近几年，北京长年菜田保有量稳定在60万亩，大多从近郊转移在远郊区，加上外埠的“进京菜”，全市鲜菜年上市量稳定在800万吨以上，按人算，日均消费蔬菜2斤左右，老百姓不再想啥吃啥，转而更加关注吃得健康、吃得安全。

2007年，推广站参加北京特色农产品资源的调研与搜集，从此开始了恢复土生土长北京“老口味”蔬菜的努力。

曹　华：这里的“老口味”一定是过去和现在都受市民喜爱，品质好、风味浓的品种。其中大部分是世代相传的农家品种，也有早期由育种单位引进和培育的名特品种。

首要难点是恢复种质资源。许多老品种都要到农业科学院资源库中去寻找，但由于纯度不足等原因恢复起来难度很大。这时，包括王振林在内的一批老农业技术员将收藏多年的种子无偿贡献出来。

最早在生产队当统计员负责筹集农资的王振林，发现哪个品种好，就留秧打种，最早没有冰箱、冰柜，就打籽晾干，放进小纸袋并仔细做好标记；有了冰柜，就将种子冻起来，放个十七八年不变质，“苹果青”番茄就是这样冰封了30年后被“唤醒”的。

种子解决了，但生产环境变化了，栽培技术也要有新突破。经过几年摸索，推广站率先在4个品种上形成了成熟的技术规程。针对有机肥减少这一问题，他们通过生物菌腐熟有机肥或直接将生物菌肥施到地里，再配以麻渣、豆饼，能有效减少随水冲施有机肥带来的细菌感染；针对病虫增多的变化，他们采取农业措施轮作倒茬，配以黑光灯、糖醋盆、防虫网等物理措施，再加上辣根素、除虫菊、引入“天敌”等生物措施集中防控。

从“啥好吃啥”到追求风味，“六老”助老口味焕发青春

面对新时期的新情况、新需求，曹华提出“六老”的理念。

---

* 斤为非法定计量单位，1斤=500克。——编者注

曹　华：“六老”，一是老品种，突出不仅市民喜欢吃，还要菜农喜欢种，比较效益要明显高于大路菜；二是老时间，选择最适合种植、采收、上市的节点，比如番茄 4—6 月上市口感最佳；三是老地块，选择土壤类似的栽种地点，比如以往丰台陈留适合种植心里美，现在选在土质相似的丰台王佐栽种；四是老把式，请王振林等具有多年种植经验的老菜农传授技艺；五是老传统，发挥北京历史上精耕细作的优势；六是老方法，主要是整修和储藏，比如用传统土窖在 1～20℃、85％湿度下储藏大白菜口感最好。

所有的“老”准确抓住了本质，从而打通了“新”的道路。从 2011 年开始，推广站陆续在北京 7 个区（县）的 16 个基地推广“老口味”蔬菜。

欢迎扫码收听

如何种好自己的小菜园

节目嘉宾： 姜素芹（山东潍坊职业学院教授）
责任编辑： 张倩
主 持 人： 王凤婷
录音制作： 石涛
播出日期： 2019 年 1 月 14 日

【栏目片头】

关注“三农”　贴近“三农”　服务“三农”——致富快车

主持人： 作为消费者如何选择小菜园来种菜？

姜素芹： 我们在租地种菜时，要注意以下几点：必须要选择土质好、无污染、交通便利的地块，离居所不能太远，以免路途浪费大量时间。菜地要有水浇条件，每 100 米^2 左右要安装 1 个水龙头，便于浇水灌溉。还要排水顺畅，防止雨季涝害。另外，租地方要有专人看管菜园，防止菜品丢失。

主持人： 租地种菜一般是自己打理还是别人代种？

姜素芹： 租地种菜可以有多种管理方式，可以自己打理，也可以是“半托”或“全托”的方式，要根据自己的情况和租地方协商，确定管理方式。如果委托别人代种，会出现不知道这菜到底有没有打药，可能没有办法吃到放心菜的问题，我的观点是有条件的最好租地自己打理。一方面，自己想吃什么就种什么；另一方面，亲自打理小菜园，可以起到锻炼身体，陶冶情操的作用。有条件的可以选择安装视频监控系统，在网络上就可以看到植物的生长情况。

主持人： 一般小菜园多大面积比较合适？

姜素芹： 小菜园的面积可大可小，根据自己的需求而定。一般来说，规划合理、蔬菜生长良好的情况下，100 米^2 左右即可满足 5～6 口人日常食用蔬菜的数量。种植面积太大会造成管理困难，一次收获的蔬菜过多，吃不了浪费；种植面积太小不能满足多品种种植的需要。

主持人： 租到菜地后如何来规划小菜园？

姜素芹： 为便于耕种，小菜园要整成长方形的菜畦，一般畦面宽 80 厘米左右，畦背宽 30 厘米左右，菜畦长 4～5 米。长地块可从中间断开做成几个短畦。每畦种植 1 个蔬菜品种，便于浇水、施肥等管理。从我的种植经验来看，要有 10 个以上菜畦，才能满足多样化种植的要求。考虑到蔬菜高矮差异大，菜畦最好规划为南北方向，防止高矮不同的作物相互影响接受阳光的程度。

主持人： 从春季说起，何时种植何种蔬菜比较科学合理？

姜素芹： 以华东地区四季分明的气候条件为例，清明前后气温地温开始上升，各类蔬菜陆续进入种植期，有句与种菜有关的谚语：清明前后种瓜点豆。虽然适合种植的蔬菜品种很多，考虑到小菜园的种植数量是有限的，此时可选择种植 3～4 种短期能收获的叶菜，如茼蒿、油麦、菠菜、油菜、生菜等，这类蔬菜 30 天左右即可收获食用。春季风大，气温、地温又比较低，容易出现发芽慢、发芽率低的问题，可以播种后用地膜覆盖，待发芽后再去掉地膜，能够保证发芽率，提早发芽、提早收获。其他的菜畦可种植生长期稍长，能多次收获的蔬菜，如韭菜、空心菜、茴香等，特别是韭菜，种植一次可以连续采收 2～3 年。另外可种植 3～4 种果菜，如黄瓜、辣椒、西红柿、茄子、芸豆、豆角、丝瓜、西葫芦等，果菜从播种到结果时间长，一般要 60 天左右。另外，还可以种植一些根茎菜，如土豆、大姜、山药等。这样的种植方式可以很快采收叶菜，后陆续有果菜可采收，同时多次收获的叶菜可再次收获，根茎菜中，春季种植的土豆一般 3 个月成熟可最先收获。

主持人： 适合夏季种植的蔬菜品种有哪些？小菜园管理中应注意哪些问题？

姜素芹： 夏季高温多湿，适合种植的叶菜品种较少。春末夏初可种植第二批、第三批的黄瓜、芸豆等果菜，以防止前期早批种植的蔬菜采收期结束早，后期没有菜可采收。以黄瓜为例，3、4 月育苗移栽，大约 5 月中下旬开始采收，采收期可持续 2 个月，也就是到 7 月末采收结束。要想后期吃到黄瓜，可以在 5、6 月选择适宜的时间再次播种。黄瓜的产量比较高，每一批的播种量不用很多，一般每批 10 棵左右可满足一个家庭的日常食用量。夏季高温多湿，菜和草都长得快，且病虫害容易发生，要注意锄草和防病虫害工作，并做好大雨后的排水和高温晴朗干旱时的浇水工作。

主持人： 到了秋冬季小菜园的种植上又有哪些特点？

姜素芹： 夏末秋初开始种植一些秋冬季收获的蔬菜，有种菜谚语“头伏萝卜二伏白菜”，但近几年秋季气温高冬季降温迟，萝卜、白菜的种植时间要适当延迟，在 8 月中下旬播种，收成更好。此时除了播种萝卜、白菜外，菜花、西蓝花、甘蓝等也要开始育苗，2～3 周后移栽。进入 9 月，气温逐渐凉爽，秋季叶菜要陆续播种，如菠菜、油菜、油麦菜、茼蒿、生菜、香菜等，此时圆葱要开始育苗。从近几年的种植经验看，秋季叶菜比春季叶菜长势更好。9 月末至 10 月初是种植越冬蔬菜的最好时机，如苔菜、菠菜、大蒜等，此时莴苣、大葱要开始育苗。10 月末至 11 月初可对莴苣、洋葱等越冬蔬菜进行移栽。除了在秋季种植菠菜春节前收获外，种植萝卜、白菜的菜地可以在收获萝卜、白菜后，施肥整地播种菠菜，此时播种的菠菜不一定接着发芽，但春节过后气温回升生长迅速，能在早春收获食用。

主持人：对越冬的蔬菜应如何管理?

姜素芹：有些蔬菜如大葱、大蒜、莴苣、苔菜、菠菜、韭菜等，抗低温能力强，管理适当是能自然越冬的。对抗低温能力比较强的越冬蔬菜，首先是在生长期要保证肥水充足，使植株健壮增强对低温的抵抗力；其次，在土壤上冻前浇足水，防止冬季干旱致死。另外，也可覆盖一些碎树叶、干菜叶等，能起到一定的保温作用。

欢迎扫码收听

果树春季管理

节目嘉宾：冯秀果（河北省三河市技工学校农林专业高级教师）
责任编辑：张栋
主 持 人：张栋
录音制作：石涛
播出日期：2020年3月9日

【栏目片头】

关注“三农”　贴近“三农”　服务“三农”——致富快车

主持人：果农在春季应该做好哪些工作？

冯秀果：这一时期果树春季管理的时间紧、任务重。

第一是进行冬季的修剪扫尾工作，第二是花前复剪，第三是肥水管理工作，第四是病虫害防治和拉枝开角，大概就这么几项工作。

这一时期的管理能不能够做到科学到位，直接关系到后边的长枝长叶、开花坐果，乃至丰产增收。

在我们果园的行当里还有两句话，叫做“一剪子定三年”“春管若不到，整年都白闹”。这些都是在说明我们果树进行科学管理的重要性，尤其是春季管理的重要性。

主持人：花前复剪的作用是什么？有哪些技术要点？

冯秀果：在果树发芽以后，就要大量的开花，可是树体的营养有限，因此保留的优质果品的量也就有限，所以花前复剪既是冬剪的补充，又是保证后期高坐果率的一个非常重要的手段。

修剪期主要在果树发芽以后，能够判断出很明显的花芽和叶芽的时候进行。也就是说在果树发芽后至开花之前做一次细致修剪。主要手法就是剪除那些细弱枝、过密枝。通过这些手法，实际上是为了留好花，去除劣质花，把树体的营养集中供养给留下的好花，提高坐果率和优质果率，减少后期疏花疏果的工作量，克服果树大小年的现象。

主持人：在果树春季管理过程中，果农如何做好水肥管理？

冯秀果：不管是南方的果树还是北方的果树，实际上它们都有一个共同点，就是这一阶段主要的生长中心是长枝长叶和开花坐果，这一时期果树对于矿物质元素的需求与氮肥的需求最多，其次是磷肥，还有钾肥。根据这些特点，在生产上应该多使用高氮、中高磷、中钾配比的肥料，再配合施用一些中微量元素肥。

尤其对于那些根系浅、早果类或者果实生长期比较短的树种，比如说樱桃、葡萄、蓝莓、草莓等，我们可以选择一些速溶性、肥效比较快的肥料，比如说硝硫基肥和水溶肥，当然这个时候我们也应该以高氮肥为主。

对于果实生长期比较长的树种，如苹果、梨、柑橘等果树，可以施用一些普通的长效复合肥。各地根据当地的土壤状况，测土配方施肥。对于没有秋施基肥的地块，还要补充浅施腐熟的有机肥或者腐熟的饼肥，改良土壤的酸碱度。

主持人：如何防范各种果树病虫害的危害？

冯秀果：可以通过刮树皮来防范，因为在粗老翘皮的裂缝处有很多病菌、害虫如红蜘蛛、梨星毛虫等害虫，及溃疡病、腐烂病等病害。通过细致的清除工作，待老翘皮露白以后，把那些病皮碎屑进行收集销毁的工作，这样可以大大的减轻在树干上越冬的病菌、害虫的数量。

在药剂选择上，仍然采用石硫合剂。

在这里我强调一下喷淋，也可以称为淋洗。做到全树无死角往下嘀嗒水滴。在这种稳、准、狠的清洗的过程当中，这些滴落的药液进入树冠下的土壤和行间土壤中，这其实也对土面进行了消毒，相当于一种全园消毒，能够杀死在土壤表面越冬的害虫或者病菌，做到全园、细致、不留死角。

主持人：石硫合剂如何熬制？

冯秀果：熬制石硫合剂的过程很简单，因为原材料很常见，价格也比较便宜。主要用生石灰、硫黄和水，按照 1∶2∶10 的比例，悬一口生铁的大锅，来熬制。在原材料的选择上，生石灰要选择块儿大、色白的，硫黄粉要细腻。熬制的时候，要用急火，也叫作大火，并且不断搅拌，通过这个过程促进生石灰和硫黄粉在短时间之内充分发生化学反应，最后得到的药剂的主要成分为多硫化钙，熬制的时间大约 45 分钟。成品的颜色应该为老酱油色，也就是深红棕色，熬制出的渣滓是黄绿色，原液的度数一般在 28 波美度以上。

在这里还要强调一点，石硫合剂是一种强碱性的药剂，因此我们在配置以后，要封罐保存，保存的时候尽量用塑料桶，或者瓦罐来保存，禁止使用金属的容器，以免发生反应。要做到现配现用，而且用多少配多少。

主持人：在果树管理中如何控制好通风透光？

冯秀果：果树的生长，一部分是地下的生长，作为果农，要调理土壤、根系，调配肥料。第二个部分是树上，也就是地上部分的生长，地上部分的生长我们前面已经讲了，同时，通过果树的冬剪来塑造树型。

在此还要提起一种农事操作，那就是拉枝开角。

具体怎么进行，要根据实际需求，对普通果树的树型进行合理科学的撑、拉、拽。人为的改变骨干枝或者枝条的生长方向，对角度进行开张。

这个时期很短，正可谓是机不可失，失不再来，拉枝开角直接决定了果树后半季的生长。对于果农而言，可根据自己的工作的需要和安排进行灵活调整。

春雨贵如油，景为春时短。衷心祝愿您抢抓农时，妥善地安排好各项农事活动。

欢迎扫码收听

梨树模式的推广与应用

节目嘉宾： 王贵满（吉林省四平市梨树县农业技术推广总站站长）
责任编辑： 李若男
主 持 人： 王凤婷
录音制作： 石涛
播出日期： 2019 年 1 月 21 日

【栏目片头】

关注“三农”　贴近“三农”　服务“三农”——致富快车

主持人： 全世界黑土地的分布状况如何？

王贵满： 从世界来看，相对比较集中的有三大黑土区，分别是北美洲密西西比河域、欧洲乌克兰大平原以及亚洲的东北平原，从面积的分布来看，乌克兰的平原面积相对比较大，达到 190 万千米^2，第二就是北美洲的 120 万千米^2，中国的基本在 103 万千米^2。黑土地某种意义上代表了整个粮仓。

主持人： 什么是梨树模式？

王贵满： 首先，梨树模式是中国科学院和中国农业大学的专家们在梨树上花了十几年的时间研究出来的。其次，它与免耕机是配套的，包括农业机器的收获、秸秆覆盖、免耕播种与施肥、土壤疏松和病虫害防治的。

梨树模式另一个突出的变化是耕作方式的变化，原来东北地区是垄作，现在改用的梨树模式是一种平作方式，为什么要采用平作的方式？第一，东北地区，原来制约粮食产业的核心技术是温度，现在制约粮食产量的第一要素是水分。整个技术体系要如何保持水分，如何发挥水分的作用率就成为第一要素。此外，从播种方式来看，包括整地开沟播种镇压在内，用梨树模式可一次性全部完成，就是将一个很复杂的活动，通过简单的免耕播种机一次性完成。梨树模式有 3 个特点：第一，原来是精耕细作，现在秸秆越多越好；第二由垄作改为平作；第三是将复杂的农事活动，变成了一个简单的生产活动。

主持人： 梨树模式有哪些栽培形式？

王贵满：大致分为 3 种方式。第一种方式称为宽窄行，现在的生产方式主要是家庭联产承包责任制，由于地块面积不是很大，我们便提出采用宽窄行的方式，将 2 垄，或者 3 垄合并成 2 垄，分为宽行、窄行，隔年交替种植，秸秆条件覆盖，以种植区域和非种植区区分，非种植区进行秸秆覆盖。这样看，一方面是边行优势明显，方便机器作业，另一方面非种植区处于休耕状态，达到休耕的效果。目前这种方式农民比较容易接受。从宽窄行的方式来看，又细分为大宽窄行和小宽窄行，小宽窄行在窄行距播种，窄行距 40 厘米，宽行距 80～90 厘米。大宽窄行，窄行距也是 40～50 厘米，宽行距有的能达到 1.3～1.4 米，类似东北地区的“二比空”方式，也是一种宽窄行的方式。

第二种方式是均匀行平作方式，这个方式和北美洲地区使用的方式应该是一样的。如果，从未来的发展趋势来看，如果大面积种植，这个可能是未来常用的一种方式。在均匀垄上一般隔年种植，行距基本在 70 厘米左右，均匀行这个方式覆盖均匀，抗旱效果比较好，但它突出的问题是温度控制相对没有宽窄行方式好。

第三种方式是均匀行垄作，适合原有的小地块，垄作就是原垄种植，把垄上的进行灭茬，之后中耕培土。这个方式可保持原有的行距，或改行距为 60 厘米、65 厘米。这种方式把秸秆集中覆盖在垄沟，垄上增温，垅下保墒，比较适合分散的农户，农民也容易接受。我认为现在梨树模式还处于初级阶段，初级阶段的几种实行手段，一是均匀垄垄作，二是宽窄行，三是均匀行平作，这是未来大面积推广的一种趋势。这些就是我的观点。

主持人：梨树模式有哪些优势？

王贵满：第一个优势，它有蓄水保墒效果，是增产的最大因素，也是改变区域生态环境的最有效办法，保证了粮食产量。

第二是有机质含量增加，有利于保护和利用黑土地。

第三个是避免了土壤的侵蚀，主要是风蚀和水蚀两方面，从覆盖的过程来看，黑土地的面积会得到相应的保护。

第四个方面，从秸秆综合利用来看，相对于环境的导向，减少了碳排放，整个区域的环境会得到相应的改善。最终对于农民来说，这是节本增效的好措施。

欢迎扫码收听

牡丹皮绿色栽培技术

节目嘉宾： 张秀新（中国农业科学院蔬菜花卉研究所研究员）
责任编辑： 李若男
主 持 人： 殷启德
录音制作： 石涛
播出日期： 2019年7月2日

【栏目片头】

关注“三农” 贴近“三农” 服务“三农”——致富快车

牡丹是我国传统名花，被世人誉称为“国色天香”“花中之王”，象征着美好、幸福、吉祥、富贵。自古以来牡丹的根皮可入药，称“丹皮”，牡丹花颜色鲜艳，具有很好的观赏价值，而且牡丹种子富含多种营养物质，可以说全身是宝，贯穿了中药材产业、旅游业、种植业以及加工行业等几大产业，具有很高的经济价值和文化价值。

今天的节目，我们请中国农业科学院蔬菜花卉研究所研究员张秀新老师来介绍牡丹皮绿色栽培技术。

主持人： 什么是牡丹皮绿色栽培技术？

张秀新： 牡丹皮的绿色栽培技术，其实最大的原则就是用牡丹皮作药材使用，药材是食用的，所以绿色栽培主要是避免化肥和农药的施用，也就是整个栽培过程中尽量避免化肥和农药的使用，才能达到绿色栽培的这个目的。

主持人： 牡丹皮绿色栽培技术有哪些操作要点？

张秀新： 在避免使用化肥和农药的前提下，牡丹皮在栽培过程中，在栽培地块的选择、种植方式、田间管理、病害防治以及肥料使用这几个过程当中，都应该注重绿色栽培的总体原则。

主持人： 牡丹皮绿色栽培如何选择栽培地块？

张秀新： 牡丹属于肉质根，肉质根含水量比较高，因此对牡丹的栽培地有严格的要求。总体来讲，牡丹喜欢温暖湿润的气候，比较喜欢地势高燥的环境，而且比较耐寒、耐旱，但怕涝、怕积水、怕高温，也不喜欢强光。因此在这些条件限制下，我们选择地块的时候，一定要选择疏松、肥沃、透气、排水良好的沙质壤土。另外，盐碱地、低洼地、质地黏重的地块和重茬的地块，我们不建议栽培。如果栽培，需要进行土壤改良。总体来讲，牡丹对 pH 要求为中性偏碱，也就是 6.5～7.8，最重要的，希望环境、大气、水体、土壤没有污染，这样在后期就会尽可能地少用肥料和农药。

主持人：牡丹皮绿色栽培在种植方式上有哪些要求？

张秀新：第一点，想讲一下牡丹的栽培。大家都说牡丹播种很难，成活率很低，其实主要是没有掌握播种时间。总体来讲，像北方地区比如北京，播种一般要在 9 月中下旬之前完成；到南方比如安徽，天气相对热一点，播种期相对就要晚一点，可以到 10 月下旬之前，一般白天的温度在 25℃以上，夜间的温度在 15℃以上，比较利于种子的发芽。

第二点，在播种前应该对种子进行处理。用 50℃的温水浸泡3～5 天，使种子发芽。然后在选好的地面上施足基肥，将土壤深翻、耙平，在栽培之前，先不用浇水，这跟其他的种子播种是不一样的。

主持人：牡丹皮绿色栽培还有哪些技术要点？

张秀新：牡丹皮的栽培是播种繁殖，重点是第一年的适时播种，和中耕除草。

另外一种，作为观赏种植的牡丹花，就不能用种子来繁殖了，只能通过分株或嫁接的形式，进行栽培。这种方式叫做无性繁殖。无性繁殖，就要控制好栽培密度。一般根据土地的实际情况，如果做生产性的苗圃，要选择 40 厘米×50 厘米，甚至是 50 厘米×60 厘米的栽培密度。希望每亩地种植量在 2 000～3 000 棵。如果在园林当中栽培，就根据具体情况特殊处理。

主持人：牡丹皮绿色栽培田间管理如何操作？

张秀新：首先每个月应该中耕除草 1～2 次，尤其是在幼苗期，中耕一浅，全年松土 7～10 次，春秋各追施土杂肥 2 500～3 000 千克，或者是饼肥 150～250 千克。北方地区还需要防寒越冬，比如说 10 月下旬在植株四周要进行培土或者是盖草。

另外一个是整形修剪，因为牡丹是多年生作物，需要整形修剪，整形修剪的时间也非常重要。牡丹在整形修剪的时候主要原则是减除老弱病残枝。还有一点，如果不经常修剪，很多细弱的枝条会吸收主芽的营养，所以说一两年不做修剪，植株就越难开花，或者是根系的营养就会受到了影响。

主持人：牡丹皮绿色栽培如何做好病害防治？

张秀新：要严禁使用高毒、剧毒、高残留或具有三致毒性（致癌、致畸、致突变）的农药，如果必须要使用，作业人员操作时一定要戴口罩，戴乳胶手套，穿工作服和袜子，作业过程中严禁吃东西、吸烟，严禁孕乳期的妇女工作，农药和药具要单独存放，并且存放要有专人管理。

主持人：牡丹皮绿色栽培如何选择肥料？

张秀新：牡丹为多年生木本植物，肥料建议使用有长效力的有机肥，不推荐使用速效性的化肥或者复合肥。施肥以饼肥、芝麻肥、菜籽肥、牛羊粪等圈肥为主。有一点一定要保证，上述肥料在施用前应该采用高温发酵，充分腐熟，尤其是在牡丹栽培过程中，避免使用鸡粪。因为采用鸡粪以后如果不能充分发酵，会引起蛴螬等病虫害的发生，在施用的时候，建议使用环状施肥，花前施肥以腐熟、腐烂的有机肥为主，花后可以适当补充一点复合肥，冬季主要以豆饼、油渣肥为主。

欢迎扫码收听

控制土壤熏蒸剂散发损失技术

节目嘉宾： 王秋霞（中国农业科学院植物保护研究所副研究员）
责任编辑： 曹娅晶
主 持 人： 蒋龙
录音制作： 石涛
播出日期： 2016年1月25日

【栏目片头】

关注“三农” 贴近“三农” 服务“三农”——致富快车

主持人： 熏蒸剂散发到环境中有危害吗？

王秋霞： 有。熏蒸剂饱和蒸汽压低，常温下容易气化，气化的气体扩散速度快，容易逃离土壤，散发到大气中。近期田间试验数据表明，土壤熏蒸剂的散发占施用总量的20%～90%。这些逃逸的熏蒸剂气体具有刺激性气味，使用不方便，使用过程中会直接影响施药人员和周围居民的身体健康。

主持人： 如何控制熏蒸剂向大气散发？

王秋霞： 控制熏蒸剂散发的方法有物理方法和化学方法。

主持人： 控制熏蒸剂散发的物理方法有哪些？

王秋霞： 一是在土壤表面覆盖塑料薄膜。采用塑料薄膜覆盖熏蒸后的土壤可以使熏蒸剂在土壤里存留更长时间，防治土传病虫害效果更好，同时降低熏蒸剂向大气中的散发量。但这种塑料薄膜必须为原生膜，再生膜对熏蒸剂没有阻隔性。常用的原生塑料薄膜有聚乙烯膜、高密度聚乙烯膜、不透膜及完全不透膜。薄膜的物理、化学特性不同及环境因素都影响它的阻隔性，所以选择合适的塑料薄膜非常关键。

二是调节土壤含水量。调节土壤含水量可以降低熏蒸剂散发的原理有两个，其一是因为多数熏蒸剂在水中的溶解度很低，施药后在土壤表面浇水形成含水量饱和的土层后，熏蒸剂无法穿透这样的土层，从而降低大气散发量。其二是熏蒸剂在土壤气相中的扩散速率比土壤液相中的速率快10～100倍，增加土壤含水量后可降低土壤孔隙度中气体含量而降低熏蒸剂向大气中的散发。调节土壤含水量控制熏蒸剂大气散发时，浇水时间、浇水间隔、浇水量及土壤质地是降低熏蒸剂散发的关键因素。

三是增加施药深度或者提高土壤容重。一般来说，注射施入的熏蒸剂深度越深，扩散到土壤表面的熏蒸剂浓度越小，当然，熏蒸剂深施也可能导致防治效果的降低和地下水的污染。

四是采用滴灌施药方式。使用膜下滴灌技术施用土壤熏蒸剂，控制土传病虫草害效果明显，可以在装有滴灌系统的田间大面积推广应用。采用的灌溉系统为膜下系统，主要由首部枢纽、管路和滴头 3 个部分组成。通过滴灌施用土壤熏蒸剂的优点是可以让药剂以液体的形态更加均匀地扩散分布，经济且环境友好，可以减少作业人员的接触和施用量。一般滴灌带铺于塑料薄膜之下，可有效防止熏蒸剂挥发。

五是应用新剂型。将熏蒸剂包裹在明胶当中制成体积为 1 毫升或者 2 毫升的胶囊，以打孔或者开沟的方式将胶囊施用到土壤中 10～15 厘米处，当胶囊遇到具有一定的湿度的土壤，明胶吸水膨胀变薄，熏蒸剂透过明胶皮缓慢释放到土壤中，能持久有效控制土壤中的土传病虫害。新剂型胶囊不仅解决了高挥发性农药使用麻烦的问题，还能显著降低熏蒸剂散发。原因在于熏蒸剂是缓慢释放到土壤中的，相对传统注射施药技术熏蒸剂浓度低，扩散范围小，从而散发量也小。

主持人：控制熏蒸剂散发的化学方法有哪些？

王秋霞：一是施用化学肥料。作为肥料的一种，硫代硫酸盐可以给作物生长提供氮素和硫素营养。而在土壤熏蒸时施用硫代硫酸盐，还可以显著降低土壤熏蒸剂的散失。

二是添加有机肥。添加有机肥同样可以降低熏蒸剂的散发。有机肥通常被用来改良土壤理化性质和提供作物生长所需的营养元素。随着有机物料施用量的增加，土壤熏蒸剂降解速率也增加，减少熏蒸剂散发的效果也随之增加。

三是添加生物碳。添加生物碳可提高土壤对营养元素的截留作用，促使有益微生物的生长和改善土壤持水性，促进农作物的生长。利用生物碳的多孔特性来吸附欲散发到大气中的熏蒸剂，在土壤表层形成散发阻隔带以降低环境污染。

主持人：控制熏蒸剂散发的物理手段和化学手段同时应用效果怎样？

王秋霞：单纯采用物理和化学方法都可降低熏蒸剂的散发损失。不过，如果把两种方式结合施用，效果会更好一些。例如，土壤熏蒸时结合施用硫代硫酸铵和滴灌，可以更好地加速 1，3-二氯丙烯和氯化苦的降解从而减少其散失损失。同样使用有机肥后再覆盖塑料薄膜或者施用有机肥后再进行灌溉均可以更有效的减少 1，3-二氯丙烯和氯化苦的散失量。

欢迎扫码收听

“阻击”草地贪夜蛾

节目嘉宾： 王振营（中国农业科学院植物保护研究所研究员、博士生导师，国家玉米产业技术体系病虫草害防控研究室主任）
责任编辑： 夏羽
主 持 人： 蒋昕臻
录音制作： 石涛
播出日期： 2019 年 1 月 23 日

【栏目片头】

关注“三农” 贴近“三农” 服务“三农”——致富快车

民以食为天，粮食安全事关国家稳定，习近平总书记多次强调确保国家粮食安全的极端重要性。农作物病虫害始终是粮食安全的大敌，始终在与人类进行着抢夺粮食的“人虫大战”。2016 年以来，一种名叫草地贪夜蛾的“超级害虫”在美洲、非洲、亚洲迅速扩散。2019 年 1 月，我国云南省也首次发现草地贪夜蛾入侵。那么这个被联合国粮农组织全球预警的重大害虫——草地贪夜蛾到底是什么？今天的节目我们来一探究竟。

【采访嘉宾】

主持人： 草地贪夜蛾被称之为超级害虫，它的危害性到底有多大?

王振营： 草地贪夜蛾原产于美洲的热带和亚热带地区，它主要危害的作物就是玉米，草地贪夜蛾本身是繁殖能力比较强的一种害虫，单头的雌蛾最多可以产 2 000 粒卵。它孵化率很高，孵化出来就是 2 000 头幼虫。在田间一块卵，孵化以后就是向四周扩散，可以扩散到十几株至二十几株的玉米上。第二就是草地贪夜蛾本身迁飞能力特别强，所以它能够从一个地方迅速地扩散在另一个地方，它是暴食性的，特别是到 6 龄以后，它的取食量特别大，所以对玉米的危害也比较大。

进入 6 龄以后，它一晚上可以吃很大一片，就是叶片内的很大一段都能给吃光。这个虫还对多种化学农药有耐药性，像美洲的预警报道中提到，其对一些有机磷、聚酯类或者是氨基甲酸酯类的化学农药也产生了抗性，因此在化学防治上，有些农药对它效果就不明显了。还有一点，这虫子是一个外来入侵物种，到一个新的地方以后，没有天敌的制约，所以繁殖起来也比较快。从这几个特征来讲，它是一个比较具有危险性的害虫。

主持人：草地贪夜蛾会对哪些农作物产生危害？

王振营：根据最新的文献报道，在美洲，草地贪夜蛾的寄主植物有 76 科 353 种，包括玉米、大麦、荞麦、棉花、谷子、水稻、花生、高粱、甜菜等农作物。但是草地贪夜蛾它本身是有两个生物型的，一个是玉米型，一个是水稻型。这两种生物型从外形上是区分不出来的，但是它在性信息素的组分上、一些交配行为和基础范围上是可以区分开来的。

主持人：草地贪夜蛾长什么样儿？该如何识别？

王振营：这种蛾子它是鳞翅目夜蛾科的一种虫，和我们平时看到的成虫，与一般说的蛾子相似，农民朋友可能不容易去区分。其实也没必要去认识这些蛾子的区别，但是必要认识它的幼虫，因为幼虫是唯一有危害的阶段，它在幼虫期才能危害作物。

这是像夜蛾科的昆虫，它在一生中有 4 个发育阶段，从卵孵化成幼虫，幼虫生长是危害阶段，再成化成蛹，蛹羽化成蛾子，蛾子再产卵，所以这是 1 个周期，草地贪夜蛾的幼虫有 6 个龄期。所以它 1、2 龄比较小，这个时间不太容易区分开。

3 龄以后比较容易看出来。这个幼虫它的头部有 1 个倒 Y 字形的黄色或浅白色一个纹。

它的体表还有很多的棕色的条纹，有个黄色的背纵线，在它后背部幼虫最典型的就是在它的腹末节的背面有 4 个黑色毛片，就是黑斑，呈正方形排列，这是它幼虫的典型特征。其他在玉米上危害的幼虫没有这个特征。农民朋友们看到这样的害虫就知道了，这就是草地贪夜蛾。

主持人：面对入侵的草地贪夜蛾，我们应该怎么样去应对？

王振营：首先，我们要加强对草地贪夜蛾的系统监测和田间普查，做到监测到位，及时发现。

其次，就是及时防治。特别是在它新入侵的地区，发现草地贪夜蛾危害时，我们及时地进行防治，有效地把它防控下去。

再一个，毕竟它是一个外来的害虫，很多的发生规律我们不是特别清楚，对它的有效监测防控技术还需要进一步的研究和完善。通过研究，我们能够做到及时的、准确地监测和预防，确保虽然发生危害，但不至于成灾。另一方面，要加强技术培训和科普宣传，通过一些技术培训，或者是通过网站、广播、电视，还有微信这些传播媒体，广泛宣传如何识别草地贪夜蛾以及它的危害、习性，让基层的农技人员和一些农民了解草地贪夜蛾的危害，及时发现防控。

同时，因为我们国家的虫源是从南亚和东南亚国家过来的，草地贪夜蛾可以在那些国家周年繁殖，所以虫源会源源不断地随西南季风向国内输送。所以我们要和这些国家进行信息交流，加强地区间的联控，如果境外虫源减少了，我们国内虫源就会少，所以需各方努力，共同做好草地贪夜蛾的防控工作。

欢迎扫码收听

蝗灾防治

节目嘉宾：张泽华（中国农业科学院植物保护研究所研究员）
责任编辑：张栋
主 持 人：张栋
录音制作：石涛
播出日期：2020 年 3 月 20 日

【栏目片头】

关注“三农”　贴近“三农”　服务“三农”——致富快车

近日以来，肆虐多国的蝗灾引发全球关注。根据联合国粮农组织预测，如果不加以遏制，蝗虫数量将大幅上涨。

“蝗虫大军”会不会跨越千山万水席卷而来，危害到我们国家的农业生产呢？蝗灾防治，我们又该如何去做呢？今天的节目，我们来聊聊蝗灾防治的话题。

主持人：在我国历史上受过哪些蝗灾危害？

张泽华：我们国家是蝗灾发生比较严重的国家之一，历史上飞蝗是我们国家最为严重的蝗虫的灾害。除了飞蝗以外，还有几十种其他的蝗虫，也会形成不同程度的危害。在中国有记载的 3 000 年的历史当中，曾经发生蝗灾有 1 200 多次，也就是说 2～3 年有 1 次小的发生，3～5 年有 1 次大的发生。

主持人：我国农业生产受到蝗灾的影响有多大？

张泽华：新中国成立以后，采取了很多种措施，其中最著名的、从根本上能够控制蝗灾的就是孳生地的改造，改造了它的生存环境，使得这个蝗虫的原初的发生地就被控制了，它的发生地就会大大减少。另外还有其他的一些防治措施，比如说相关的研究单位，研究了它的发生规律、成灾规律，在这个规律研究基础上，形成了监测预警的技术和手段，又形成了防控蝗虫的技术和办法。另外在蝗虫的药剂上，药剂的筛选、生物农药的研制等，都做了很多的工作。所以我们现在有一整套对付蝗虫灾害的办法。

主持人：蝗灾对农业生产有哪些危害？

张泽华：一个是直接的危害、直接的损失，它在原生地深入到农田危害，就会导致粮食的直接减产。

另外，发生在不同区域的蝗虫的危害是不一样的。我们国家可以分为两大区域，一个是有关粮食生产的，一个是有关生态保护和建设的。

对于农田粮食生产方面，它的威胁始终存在，我们每一年都要监测它，面对蝗虫要不断地想尽各种办法去控制它，所以每年依然要投入很多的人力、财力、物力，来防治蝗虫，避免它形成灾害。

还有就是草原上的蝗虫灾害。一旦形成危害以后，它就会对我们的草原生态建设成果造成非常大的危害和损失。蝗虫发生比较严重的时候，多年的生态建设成果甚至可能毁于一旦。

主持人：目前我国治理蝗灾都有哪些办法？

张泽华：万般无奈的一个办法就是用化学农药来快速地压低蝗虫的种群，使灾害的损失降到最低。

现在我们也在研究多种的措施，来控制蝗虫。比如说，现在有筛选天敌、保护天敌的方法。还有就是生物农药的方法。

主持人：我国在蝗灾治理方面出台了哪些方针政策？

张泽华：首先我们的指导方针，就是预防为主，综合防控。在蝗虫的防治方面也有一些，比如做到飞蝗不起飞危害，其他的蝗虫不扩散危害，境外的迁入到国内的蝗虫不形成二次的危害，这是防蝗的一些原则。另外，在草原生态系统中应用的时候，我们还要有一个原则，就是经济与生态并重，生态优先的决策方案。还有就是综合措施里，一方面管控化学农药，就是筛选和评价高效、低毒的化学农药时，首先要考虑生态因素，另一方面是对生物农药这些方面的研究、研制和生产，对于持续防控蝗虫而言，它是更好的办法。

主持人：对于蝗灾的防控有哪些主要做法？

张泽华：主要分两个方面，一方面是农田的蝗虫，不能让它形成灾害。我们要力保粮食安全，因为蝗虫的灾害一旦形成损失就非常严重。所以我们第一个方面是必须做好粮食安全的保卫战，要时刻监控，不能让蝗虫形成灾害，这是有关农田蝗虫防控的一个国家层面的基本原则。

另外一方面就是对草原蝗虫的防治。既要考虑到保护的草原生态系统当中的其他生物，又要能够对准靶标来进行防治。所以我们采取的防治方法就是应用生物的精准防控。比如说应用一些专一性的生物农药，直接针对蝗虫来进行防治，这样就能够在系统当中形成持续的防控。

主持人：您的团队在蝗灾防治方面开展了哪些研究工作？

张泽华：首先研究灾变规律。我们根据蝗虫危害的特点，研究什么样的蝗虫，在什么时间进行危害。

还有一些涉及国与国之间关系的问题。我们也在积极地与蒙古国、哈萨克斯坦、印度、巴基斯坦进行合作，争取把灾害控制于国门之外，这是最理想的一个状态。

另外从国际方面来讲，国际合作是非常必要的，它既能够控制我们的蝗灾危害，又能够对国际社会作出一些贡献。在全球的防灾防治过程当中，应该更关注一些国际合作，把我们多年的研究成果和防蝗灾经验与他分享，若能够对其他的国家有用，也是我们对全球的灾害控制的一个贡献。

欢迎扫码收听

走进槟榔产业

节目嘉宾： 黄丽云（中国热带农业科学院椰子研究所槟榔研究中心副研究员）
责任编辑： 张倩
主 持 人： 杨林
录音制作： 石涛
播出日期： 2015 年 7 月 17 日

【栏目片头】

这里是中央农业广播电视学校——《致富早班车》

主持人： 目前我国槟榔种植情况如何？

黄丽云： 我国槟榔主产区在海南，占中国大陆产量的 99%，槟榔是海南最重要的经济作物之一。目前，海南槟榔栽培区域逐步向优势区集中，主要分布在东部、中部和南部山区一带，岛内槟榔种植集中在万宁、琼海、琼中、屯昌、陵水、定安、三亚、乐东、保亭等市（县）的山区，其中海南农垦系统在槟榔生产中占据非常重要的地位。截至 2012 年，海南槟榔种植面积为 130 万亩，收获槟榔果面积 72 万亩，年产鲜果 60 多万吨，年产值达 50 亿元，已成为海南省东部、中部和南部 200 多万农民增加收入、脱贫致富的重要途径。中国槟榔加工业主要集中在湖南和海南两省。据统计，全世界现约有 6 亿人在咀嚼槟榔，该群体还有不断壮大的趋势，槟榔果作为咀嚼嗜好品的市场需求前景极为广阔。

主持人： 为什么湖南和海南地区的人会对槟榔情有独钟？

黄丽云： 槟榔与海南人民的生活息息相关，海南少数民族地区的同胞对槟榔特别喜爱。海南人爱吃槟榔，早在北宋时期就形成了嚼食槟榔的习俗。海南人吃槟榔是很讲究的，首先把槟榔切成片，然后蘸上佐料（用贝壳粉调制成的膏状物）卷上老叶，再放进口里细咀慢嚼。初时味涩，并有绿水，待吐完绿水又生丹津，吃后脸红耳赤，头晕目眩如醉酒一般。

湖南人对槟榔也非常钟爱。传说在清朝顺治年间，湖南瘟疫流行，很多人身染疾患，吐泻而亡，而当时在湖南的一些海南商人却安然无恙。人们注意观察，发现这些海南人平素爱吃槟榔，于是关于槟榔可以祛邪治病的传说便传开了。久而久之，吃槟榔在湖南便形成习俗。

主持人：槟榔有哪些药用效果？

黄丽云：槟榔除具有食用价值外，还具有很高的药用价值，是历代医家治病的药果。槟榔种仁被称为榔玉、仁频、槟门、槟榔子、橄榄子、青仔、洗瘴丹等，位居中国四大南药（槟榔、砂仁、益智、巴戟）之首。现代医学证明，槟榔不仅在驱虫、保护胃肠上有很好的疗效，槟榔中所有酚类化合物均有较强的抗氧化活性，对胃癌、肝癌的肿瘤细胞具有较强的生长抑制活性。

主持人：目前我国槟榔加工业的现状如何呢？

黄丽云：目前，海南 90%的槟榔鲜果由农户完成干燥过程，干燥后的槟榔主要供应海南或湖南槟榔加工企业。海南现有槟榔干果加工厂约有上万家，大多集中在主产槟榔的万宁、琼海、屯昌、定安和琼中等市、县。传统的初加工技术和模式仍在海南广泛应用，在农村形成了较稳定的产业。其中，有“中国槟榔之乡”称号的万宁市现有槟榔干果加工厂 3 000 多家；琼海 2 500 多家，屯昌 1 000 多家，定安近 1 000 家等。加工方式以家庭作坊式为主，小的加工厂 2～3 人，一般有 10～30 个烘干炉灶，年加工槟榔鲜果几十吨；大的加工厂约有 200 人，年加工槟榔鲜果几千吨。

湖南槟榔加工业主要集中在湘潭地区，湘潭虽然不能种植槟榔，但却是中国槟榔的主要加工基地。如今，湖南湘潭地区的槟榔加工企业以精选槟榔干果为主要原料，配以特制卤水，饴糖，食用香精、香料等配料，经过选料、清洗、发酵（泡发）、干燥、分切、点料等多道工序加工而成，槟榔产品的品种逐年增加，市面上出现了多种口味的新潮槟榔，满足了不同人群的口味需求。

据统计，近年湖南槟榔加工业的产值以年均 20%的速度增长。2008 年年底湖南正规槟榔加工企业 1 000 多家，直接和间接从业人员 30 万人，实现工业产值达 50 亿元。湖南槟榔产品不仅风靡湖南各地，还打进上海、武汉、广州、深圳等地，甚至返销海南。湖南槟榔业，在近十多年的时间里，通过收购海南的槟榔原料，从事槟榔产品加工、包装、销售，迅速发展成为一个拥有相当规模的新兴产业，培育出“口味王”“小龙王”“宾之郎”“皇爷”等品牌，年产值超过亿元，通过一系列国际质量认证的一批龙头企业。湖南槟榔产业的兴起发展极大地带动了上游槟榔种植业的发展，并带动了添加剂、包装、运输物流等其他相关产业的发展，成为湖南颇具特色的朝阳产业。

欢迎扫码收听

奶牛标准化规模养殖技术

节目嘉宾：王云洲（山东畜牧兽医职业学院动物科技系副教授）
责任编辑：曹娅晶
主 持 人：殷启德
录音制作：石涛
播出日期：2016年5月11日

【栏目片头】

关注“三农”　贴近“三农”　服务“三农”——致富快车

【节目片花】

奶牛规模化标准养殖是奶业发展的必经之路，也是我国奶牛养殖业发展到一定阶段的必然要求。

主持人：什么是奶牛标准化规模养殖？

王云洲：奶牛标准化养殖，是在场址布局、栏舍建设、生产设施配备、良种选择、投入品使用、卫生防疫、粪污处理等方面严格执行法律法规和相关标准的规定，并按程序组织生产的过程，达到“六化”，即品种良种化、养殖设施化、生产规范化、防疫制度化、粪污处理无害化、监管常态化的养殖模式。

主持人：什么是奶牛标准化生产的“品种良种化”？

王云洲：奶牛标准化生产的品种良种化，主要体现在3个方面。

首先是奶牛品种要优秀，品种来源清楚，检疫合格。要因地制宜，根据生产目标和对牛奶品质的要求，选用适宜的奶牛品种。目前，世界上优秀奶牛的品种主要有：荷斯坦牛、娟姗牛、德系西门塔尔牛等，荷斯坦牛产奶量和产奶效率最高，娟姗牛以乳脂率高而著称于世，德系西门塔尔牛则为乳肉兼用型品种，相比其他两个品种而言，德系西门塔尔牛的淘汰牛具有更高的肉用价值。但不管选择饲养哪个奶牛品种，其个体产奶量都要理想，都要达到最低目标产量。

第二，要求奶牛群的个体生产性能接近、体型一致，乳房、乳头发育良好，结构规整。生产性能一致，便于统一调配饲料，统一管理；乳房发育良好，乳头大小、位置、分布等标准一致，便于机械化挤奶。

第三，要实现奶牛群的品种良种化，还要有严格、规范的育种计划。要在奶牛群体实施长期、系统地科学选育技术，才能使奶牛群得到整体的遗传改良。

主持人：什么是奶牛标准化生产的“养殖设施化”？

王云洲：养殖设施化就是养殖场选址布局科学合理，奶牛圈舍、饲养和环境控制等生产设施设备齐全，满足标准化生产需要。

主持人：如何实现奶牛“生产规范化”？

王云洲：所谓“生产规范化”，就是制定并实施科学规范的奶牛饲养管理规程，配备与饲养规模相适应的畜牧兽医技术人员，严格遵守饲料、饲料添加剂和兽药使用有关规定，生产过程实行信息化动态管理。

主持人：奶牛场如何实现“防疫制度化”？

王云洲：防疫制度化，就是要求养殖防疫设施完善，防疫制度健全，科学实施畜禽疫病综合防控措施，对病死畜禽实行无害化处理。

防疫制度化，严格落实“防重于治、预防为主”的方针，根据奶牛重大、主要疫病的发生规律和特点，有计划有组织地制定门卫管理制度、牧场消毒制度，传染病免疫、防疫程序，寄生虫病预防程序，做好奶牛乳房、肢蹄等日常保健等工作，切实保障好牛的健康，做到防患于未然。

主持人：奶牛养殖场的粪污如何进行无害化处理？

王云洲：所谓“粪污无害化”，就是畜禽粪污处理方法得当，设施齐全且运转正常，实现粪污资源化利用或达到相关排放标准。

1. 奶牛粪便的处理：应尽量采用干清粪工艺，节约水资源，减少污染物排放量；粪便要日产日清，并将收集的粪便及时运送到贮存或处理场所。粪便收集过程中必须采取防扬散、防流失、防渗透等工艺。干清粪工艺主要采用刮板刮粪，有自动刮粪装置，也有拖拉机牵引刮粪模式。

2. 奶牛尿及牛场污水的处理：奶牛尿液及冲刷牛床等产生的污水不能直接排放，以免造成环境污染。奶牛尿及牛场污水的净化处理通常采用物理沉降法。经过物理处理的污水可用于冲刷牛床等循环利用，也可以用于灌溉农田。

3. 奶牛场粪污科学利用：主要有 4 种途径，即用作肥料、用作沼气发酵、用作再生饲料、用作培养料生产双孢菇。其中，用作生产沼气是奶牛粪污综合治理的纽带工程。

主持人：奶牛标准化生产中如何实施“监管常态化”？

王云洲：“监管常态化”，是在生产经营者加强自律的基础上，主管部门及社会加以监督管理，切实保证奶牛养殖的规范化、标准化，切实保证奶牛产品的安全，保障人民生命健康。如国家标准化示范养殖场的创建活动，是由畜牧业司会同全国畜牧总站组织专家开展督导调研，省级畜牧兽医部门设立监督举报电话，接受社会监督，确保活动开展公开、公平、公正。建立健全创建活动考核机制，按照农业农村部《畜禽标准化示范场管理办法》的要求，加强对本省份已挂牌的畜禽养殖标准化示范场的日常监管。各省份要按照示范场管理办法的有关规定，组织开展挂牌示范场复检工作。

欢迎扫码收听

水产养殖业锁定“绿色”目标

节目嘉宾： 么宗利（中国水产科学研究院东海水产研究所研究员）
责任编辑： 曹娅晶
主 持 人： 王凤婷
录音制作： 石涛
播出日期： 2019年11月13日

【栏目片头】

关注“三农”　贴近“三农”　服务“三农”——致富快车

【节目片花】

2019年1月，农业农村部会同生态环境部、自然资源部等10部委联合印发了《关于加快推进水产养殖业绿色发展的若干意见》，这是新中国成立以来第一个经国务院同意、专门针对水产养殖业的指导性文件，是当前和今后一个时期指导我国水产养殖业绿色发展的纲领性文件，对水产养殖业的转型升级、绿色高质量发展都具有重大而深远的意义。意见从水、种、饵、模、防、管6个方面提出具体整改措施，希望为养殖企业和养殖户开展水产养殖提供决策依据。

主持人： 在改善水的养殖环境方面，《关于加快推进水产养殖业绿色发展的若干意见》提出了哪些措施？

么宗利： 一是要发挥水产养殖生态修复功能。鼓励在湖泊水库发展不投饵滤食性、草食性鱼类等增养殖，实现以渔控草、以渔抑藻、以渔净水。

二是要科学布设网箱、网围。推进养殖网箱、网围布局科学化、合理化，加快推进网箱粪污残饵收集等环保设施设备升级改造。

三是推进养殖尾水治理。

四是要加强养殖废弃物治理。

主持人： 水产养殖品种的审定将对水产养殖业有什么影响？

么宗利： 严格新品种审定，将会加强新品种知识产权保护，激发各类主体品种创新的积极性。有利于建立商业化育种体系。大力推进“育繁推一体化”，支持重大育种创新联合攻关。

完善水产苗种生产许可管理，严肃查处无证生产，会切实维护公平竞争的市场秩序。完善种业服务保障体系，加强水产种质资源库和保护区建设，有利于保护我国特有及地方性种质资源。间接地对水产苗种进口风险评估和检疫和水生外来物种养殖管理也产生影响。

主持人：投入品管理体系对水产养殖饲料、兽药的控制和处罚做了哪些规定？

么宗利：严格落实饲料生产许可制度和兽药生产经营许可制度，强化水产养殖用饲料、兽药等投入品质量监管，严厉打击制售假劣水产养殖用饲料、兽药的行为。将水环境改良剂等制品依法纳入管理。依法建立健全水产养殖投入品使用记录制度，加强水产养殖用药指导，严格落实兽药安全使用管理规定、兽用处方药管理制度以及饲料使用管理制度，加强对水产养殖投入品使用的执法检查，严厉打击违法用药和违法使用其他投入品等行为。

主持人：《关于加快推进水产养殖业绿色发展的若干意见》提出了哪些养殖模式？

么宗利：提出了稻渔综合种养模式、池塘工程化循环水养殖模式（俗称跑道鱼模式）、集装箱式养殖模式、工厂化循环水养殖模式、鱼菜共生模式、盐碱地渔农综合利用模式、多营养层次养殖模式、多级人工湿地养殖尾水处理这几种模式。

主持人：《关于加快推进水产养殖业绿色发展的若干意见》在疫病防控环节提出了哪些措施？

么宗利：落实全国动植物保护能力提升工程，健全水生动物疫病防控体系，加强监测预警和风险评估，强化水生动物疫病净化和突发疫情处置，提高重大疫病防控和应急处置能力。完善渔业官方兽医队伍，全面实施水产苗种产地检疫和监督执法，推进无规定疫病水产苗种场建设。加强渔业乡村兽医备案和指导，壮大渔业执业兽医队伍。科学规范水产养殖用疫苗审批流程，支持水产养殖用疫苗推广。实施病死养殖水生动物无害化处理。

各省份都建有水生动物疫病病原监测区域中心。加强重大水生动物疫病监测预警。江苏等 24 个省份启动水产苗种产地检疫试点，开展渔业官方兽医资格认定，重大水生动物疫病防控和应急处置能力不断提高。

主持人：《关于加快推进水产养殖业绿色发展的若干意见》在水产养殖管理方面提出了哪些措施？

么宗利：提高养殖设施和装备水平。大力实施池塘标准化改造，完善循环水和进排水处理设施，支持生态沟渠、生态塘、潜流湿地等尾水处理设施升级改造，探索建立养殖池塘维护和改造长效机制。加强质量安全监管。强化农产品质量安全属地监管职责，落实生产经营者质量安全主体责任。

鼓励渔业互保机构开展水产养殖台风防治保险、养殖设施保险、产品质量保险等业务，提高水产养殖业的风险防控能力。

欢迎扫码收听

稻田立体综合种养技术

——稻虾共作

节目嘉宾： 杨宝林（江苏农林职业技术学院教授）
责任编辑： 张倩
主 持 人： 李冉
录音制作： 武志吉
播出日期： 2018 年 7 月 25 日

【栏目片头】

关注“三农” 贴近“三农” 服务“三农”——致富快车

主持人： 什么是稻田立体种养技术？

杨宝林： 稻田立体综合种养，是指以水稻为主（或改种其他经济作物），利用稻田湿地资源开展适当的水禽和水产养殖，或以其他作物轮作（绿肥或饲草等），以区域化、良种化、标准化、规模化和品牌化为特征，实现以稻促牧（渔）、以牧（渔）保稻、一水两用、一田双收、一举多得、粮渔共赢。

主持人： 稻虾连作模式的特点是什么？

杨宝林： 稻虾连作模式是指一茬稻一茬虾（小龙虾）接连生产，在水稻收获后灌水放养虾种，至翌年水稻栽插前收获成虾，种稻时不养虾。

稻虾连作模式的优点：

1. 该种养模式一年收获“一季虾，一季稻”，小龙虾上市早，3 月下旬开始捕捞，价格高。

2. 稻田管理方便，水稻产量有保障。

3. 无需稻田挖沟等田间工程，具有不占用农田的优势。

稻虾连作模式的缺点：

1. 该模式 5 月底小龙虾捕捞结束，市场供应期短。

2. 头年 9 月在稻田虾沟中投放的亲虾所繁殖大量的虾苗，在 4—6 月生长快，5 月底前捕捞结束，浪费 6 月上中旬生长最快的时段，许多小龙虾未成熟，影响养殖产量。

主持人：稻虾共作模式具体应如何操作？

杨宝林：稻虾共作模式是指在稻田中完成稻虾连作后，在水稻种植期继续养殖小龙虾，虾和稻共生在同一块稻田，种稻时养虾。这种模式已被湖北、江苏、安徽、浙江、江西、湖南等省列为重点推广模式，养殖规模逐年扩大，成为小龙虾的主要生产方式。

主持人：稻虾共作模式如何选择稻田？

杨宝林：在稻田中养殖小龙虾，周边要求无化工、养殖等污染源，水源有保障，旱能灌、涝能排，并有独立的灌溉水系，以防非种养区喷洒农药造成污染。最好选择地势低洼的圩区、沿湖或水库下游等水稻生产区域。

主持人：稻虾共作模式对水稻品种有要求吗？

杨宝林：稻虾共作的水稻品种要求能在6月下旬至7月初移栽，11月上旬收获；要提高经济效益，优质是前提；在稻虾共作条件下，由于水稻长期淹水，烤田时间短，所以要选用抗倒性强的品种；为保证小龙虾有一定的活动空间，水稻宜稀植，为提高产量宜选用穗型较大的品种。

主持人：稻虾共作模式水稻的栽插密度如何确定？

杨宝林：为了便于小龙虾在稻田中觅食活动，同时兼顾水稻产量，粳稻手工插秧行株距宜选用30厘米×16厘米，钵苗机插株行距宜选用33厘米×14厘米，抛秧可采用人工精确点抛，每亩密度宜保持在1.4万穴左右；杂交稻行株距宜选用33厘米×18厘米，每亩栽植1.1万穴为宜。

主持人：稻虾共作如何做好田间管理？

杨宝林：6月底前，第一季小龙虾捕捞结束后，将部分规格小的小龙虾通过降低水位引导到田边预先开好的虾沟中，大田施入基肥，耕翻，耙平，沉降1～2天后栽秧。

施肥方面：一般每亩基施商品有机肥500千克左右、45%复合肥10～15千克，在水稻栽后5～7天追施尿素7.5～10.0千克。有机肥要腐熟，禁用碳酸氢铵。

水分管理方面：水稻栽后10天内，保持田间湿润至薄水层，促进水稻扎根活棵，期间用开沟机每隔5米开1条小水槽，宽30厘米，深7～10厘米，兼作丰产沟和水稻烤田时小龙虾的栖息地，10天后即可将虾苗从虾沟中转入大田中。水稻中期灌水5～10厘米，以利小龙虾入田活动觅食。分蘖末期排水搁田2～7天，以轻搁为主，保持小水槽中有水，防止小龙虾失水死亡；或采用夜排日灌的方式进行晾田，使土壤凝聚变硬。10月中旬水稻进入黄熟期及时落水干田，使田块干硬，便于机械入田收割。

水稻收获后高留茬20厘米，进入下一轮稻虾共作种养周期。

主持人：稻虾共作具体怎么开挖虾沟呢?

杨宝林：在稻田四周开挖环形沟、L形沟或侧沟，用于繁育虾苗，暂养亲虾或虾苗。如开挖环形沟，四周的环沟中需预埋水泥涵管供农机出入；如开L形沟和侧沟，工程量小，省投资，便于农机出入，占用稻田的面积也较小。一般沟宽为1.5～2.0米，深0.5～0.8米，坡比1∶2.5，挖出的泥土在稻田边垒1条高0.3米的小土埂。

主持人：稻虾共作模式挖好了虾沟就要开始注水了，这个环节应该如何操作?

杨宝林：水稻收割后，稻田中留有较多的稻茬和秸秆，向虾沟及田中注水，可加快秸秆分解，水位保持在20～30厘米。

主持人：稻虾共作如何种植水草?

杨宝林：“虾多少，看水草”。水草不仅是小龙虾不可缺少的植物性饵料，也是小龙虾栖息、蜕壳、躲避敌害的重要屏障和场所。同时，水草还有调节水质、保持水质清新、改善水体溶氧的重大作用。主要以苦草、轮叶黑藻、伊乐藻为主。一般采用伊乐藻与苦草混种的方式，比例为8∶2。伊乐藻种植期为11月至翌年2月，虾沟中的伊乐藻每间隔2米种植1簇，大田中每间隔3～4米栽种1行，每亩种植量为20～30千克；2—3月播撒苦草种子，每亩用种量为50～15克。

主持人：稻虾共作如何捕捞小龙虾?

杨宝林：稻虾共作种养模式每年可分两批捕捞小龙虾。第一批虾是在4月初至水稻插秧前的6月下旬之间陆续捕捞，该批虾的产量占全年总产量的60%～70%。第二批虾是大田中的虾苗放养30～40天后开始捕捞，即7—8月可起捕部分成虾出售，8月下旬结束，余下的成虾投放到虾沟中用于虾苗繁殖，为翌年养殖储备苗种。

欢迎扫码收听

畜禽粪便能源化利用模式

节目嘉宾：李惠斌（农业农村部生态与资源保护总站可再生能源处处长、高级工程师）
责任编辑：张倩
主 持 人：殷启德
录音制作：武志吉
播出日期：2020 年 1 月 7 日

【栏目片头】

关注“三农” 贴近“三农” 服务“三农”——致富快车

主持人：畜禽粪便一直作为农家肥得到广泛应用，为什么现在成为影响畜牧业发展的难题了？

李惠斌：在中国的历史上，畜禽粪污一直是作为农家肥来使用的，因为过去是分散养殖，发展到今天，规模化养殖越来越集中了，这样大量的畜禽粪便、污水就造成了一种污染，蚊蝇孳生，处理不好的话，就成了一个重要的污染源。

主持人：解决畜牧粪污的问题为什么要选择沼气？

李惠斌：畜禽粪污的资源化利用，其实技术的途径有很多，但是相比之下，从国际上应用的案例来讲，通过加入厌氧菌来生产沼气，用以处理粪便的污染问题，是非常重要的一个工程手段。它的好处很多，由于是在厌氧的环境下，全密闭的、封闭的情况下进行沼气生产，和堆肥相比，臭气的排放问题就解决了。

主持人：目前我国大中型沼气的发展状况如何？

李惠斌：全国现在沼气工程的拥有量大概是 10 万处，但是普遍存在一个问题，盈利能力比较差。这里有几个方面的原因，较为突出的一点就是在盈利模式方面，包括运营管理机制方面，人们掌握的还不够。

主持人：国外大中型沼气及生物天然气工程情况如何？

李惠斌：国外发展沼气工程和养殖业、种植业紧密结合，做得非常好的。比如德国的工程大概有 9 000 座，沼气主要用来发电上网，从工艺上来讲，和我们国内的差别不太大，但是国内因为受到产品出路的制约，很多工程没有实现发电上网，无法享受发电的补贴。德国的工程在这一点上，从它建成开始运行那天起，和政府签合同，每年要向电网提供多少度电，合同一签就是 20 年，政策非常稳定，如果发的电量比合同额多，比合同规定的量大，企业还可自己消纳，这样就保证了这个工程的正常运转。

主持人：目前我们国家的大中型沼气工程有哪些方面需要向德国学习？

李惠斌：我们的很多沼气工程，受政策制约比较大，有的工程本身的发展思路也不明确。我们需要向德国借鉴的有几个方面：在工艺上，我们现在要向人家学习，比如德国现在典型的一个工艺就是干发酵（我们国家现在主要是湿发酵）。干发酵最大的好处在于减少了用水量和液体的排放。沼液本身作为水肥一体化的一部分，效果是不错的，但是当沼液大量产生的时候，真正应用起来就比较困难了。

装备方面，我们和德国有差距，比如说德国搞的最典型的车库式，就像我们用的车库一样，把干发酵的肥料用铲车铲进去，密封好了发酵，发酵到一定程度再换料，整个装置密封性好，这是需要我们改进的，再比如说粉碎，在秸秆的粉碎机、粉碎设备方面，我们还有一定差距。再一个就是沼气的发电设备，我们的发电机和国际上好的发电机相比还有一定的差距。这些都制约着国内沼气的发展，因此在工程装备上应该多借鉴一些国外的成功先进经验，抓紧推进我国装备水平的提升。

主持人：肥料湿发酵和干发酵之间存在哪些差异？

李惠斌：两者分别适用于不同的原料，如果说原料本身的含水量比较高，基本上就采用湿法发酵的方式，但是我建议，要尽可能采用高浓度或者干发酵的方式，解决沼液量特别大，处理不好形成二次污染的问题。

欢迎扫码收听

家庭农场社会化服务

节目嘉宾：丁鸿（江苏农林职业技术学院经济管理系主任，教授）
责任编辑：张倩
主 持 人：王凤婷
录音制作：石涛
播出日期：2018 年 8 月 31 日

【栏目片头】

关注“三农” 贴近“三农” 服务“三农”——致富快车

主持人：家庭农场在开展社会化服务过程中有哪些需要注意的地方？

丁 鸿：家庭农场在从事生产经营过程中离不开社会化服务。

首先，社会化服务可以解决一些农业生产技术问题。现代农业的发展使得新品种、新技术不断涌现，虽然各地都加大了对家庭农场主以及经营者的技术培训，但许多家庭农场仅靠自身仍难以解决生产过程中的技术问题，需要专业组织和技术人员提供服务。如育秧育苗育种、病虫害防治和疫病防治等。

其次，社会化服务可以降低成本，取得规模效益。专业化的社会化服务不仅生产作业水平高，而且作业成本低，家庭农场可以根据自身的实际情况，在一些生产环节采用社会化服务的方式。举个例子，家庭农场规模化生产后必须采用先进的农机设施和设备，农机设施和设备的投入首先要考虑成本问题，必须靠经营的规模来确保投入效益，提高投入产出比。大型拖拉机、播种机、联合收割机这样先进的农机设备，每个家庭农场都配备，必然提高成本，且易造成农机装备的低效、闲置和浪费。而发展农机专业服务组织，就能比较好地解决这个矛盾。

主持人：目前家庭农场社会化服务的内容主要有哪些？

丁 鸿：农业社会化服务包括为新型农业经营主体提供产前、产中和产后的全过程的综合配套服务，主要包括以下几个方面内容。

1. 生产资料供应服务。主要是化肥、种子、农药的供应，资金的供应，农机配件和农电供应，以及农业生产中的其他买难问题。

2. 农产品销售服务。统一标准、统一品牌、统一流通配送、统一加工，解决卖难问题。

3. 生产、加工服务。生产过程中的作业环节服务，如委托育秧服务，畜禽饲料加工，农产品的初级加工、保鲜加工等。

4. 科技服务。包括水利、农机、畜牧兽医、作物栽培、良种繁育、植物保护，以及发展乡镇工业所需要的技术指导，重点是技术培训、技术咨询、技术承包等。

5. 信息服务。主要是生产经营中所需的产品供求信息、价格信息等。如政府建立从中央到省、市、县、镇、村等多层级的农业信息网络服务平台，发布最及时的、最准确的农业信息，为家庭农场等提供农场经营、销售等各种信息。

6. 政策法律服务。主要是政策法律咨询、契约公证、合同仲裁和提供诉讼方便，保证农业经营者的合法权益。

主持人：家庭农场取得社会化服务有哪些创新模式？

丁　鸿："合作社＋家庭农场"的经营模式是一种以合作社为依托，农业生产类型相同或类似的家庭农场在自愿基础上组成利益共同体，通过市场信息资源共享，农技农机统一安排使用，在农产品的产、加、销各个阶段，为各个家庭农场成员提供包括资金、技术、生产资料及统一加工、储存、销售等在内的社会化服务，在很大程度上实现农业产业化经营。这种模式是目前比较适应家庭农场发展的被普遍采用的经营模式，既进一步实现了经营的规模化、专业化、标准化、商品化等现代农业发展要求，又解决了家庭农场社会化服务的需求，从根本上实现了农民集体的共同利益。

主持人：家庭农场还有哪些创新的社会化服务模式？

丁　鸿：还有一种模式是"龙头企业＋合作社＋家庭农场"模式。这种模式是以家庭农场为基础，农业企业做龙头，农民专业合作社当纽带，三大经营主体优势互补、合作共赢。这种新型合作经营方式解决了家庭农场在生产、管理、产品销售中的劣势，如龙头企业有市场优势和经营管理优势，因此种子（种苗）、有机肥等农资和生产技术标准由龙头企业统一提供，收获的农产品也由龙头企业按一定的保护价收购、销售；专业合作社有农业生产专业化和技术优势，生产经营过程中所需农机、植保等配套服务，则由各类专业合作社提供；家庭农场按照龙头企业和合作社的统一标准、技术要求和管理规范进行生产。

主持人：健全农业社会化服务体系建设主要解决哪些问题？

丁　鸿：首先，提升社会化服务组织服务的积极性。由于资金短缺、投资风险大、投资回收期长、有效需求不足等因素，抑制了农业社会化服务主体的发展。各级政府要因地制宜地规划、培育、扶持农业社会化服务主体，通过培训提升服务能力，通过财政、市场机制等途径提升服务效益，从而提升社会化服务组织服务的积极性。

其次，补齐生产服务中的短板，关注重点服务需求。围绕“急需、迫切”的原则，重点关注生产中的短板，选择农民需求大、市场化机制还没有形成的生产关键环节开展社会化服务，如农业信息收集和发布、农业金融和保险服务等。

最后，做好农业生产全程社会化服务试点工作。农业生产社会化服务是引领小农户开展适度规模经营、发展现代农业的重要途径。近些年来，中央财政持续支持农业生产社会化服务发展，在一些省份开展了农业生产全程社会化服务试点，形成了农业生产托管等直接服务农户和农业生产的多种有效形式，在推进服务带动型规模经营、解决“谁来种地”“怎样种地”等问题中发挥了重要作用。

欢迎扫码收听

农民专业合作社的源起与内涵

节目嘉宾： 李瑞芬（北京农学院经济管理学院教授）
责任编辑： 张倩
主 持 人： 殷启德
录音制作： 石涛
播出日期： 2020 年 2 月 6 日

【栏目片头】

关注“三农” 贴近“三农” 服务“三农”——致富快车

主持人： 什么是农民专业合作社？我国合作经济是从什么时候出现的？

李瑞芬： 农民专业合作社是指在农村家庭承包经营基础上，农产品的生产经营者或者农业生产经营服务的提供者、利用者，自愿联合、民主管理的互助性经济组织。

20 世纪 80 年代是中国农业合作组织的起步阶段，进入 90 年代，各类农村合作组织开始蓬勃发展。2006 年 10 月 31 日，《中华人民共和国农民专业合作社法》由第十届全国人民代表大会常务委员会第二十四次会议审议通过并于 2007 年 7 月 1 日起施行。该法是全国性的规范，从立法上确立了合作社法人地位，是农民专业合作社发展史上的里程碑，标志着农民专业合作社进入了依法发展的新阶段。

主持人： 农民专业合作社法经历了哪些调整过程？

李瑞芬： 党中央相继在 2013 年、2015 年的中央一号文件中明确要求抓紧研究、适时修改农民专业合作社法。修改农民专业合作社法列入调整后的十二届全国人大常委会立法规划和 2017 年立法工作计划。全国人大农业与农村委员会于 2015 年着手牵头农民专业合作社法的修改工作，新版《中华人民共和国农民专业合作社法》于 2017 年 12 月 27 日修订通过并予以公布。修订后的新合作社法自 2018 年 7 月 1 日起施行。

主持人： 新版《中华人民共和国农民专业合作社法》有哪些调整？

李瑞芬：新版《中华人民共和国农民专业合作社法》坚持大稳定与小调整相结合、顶层设计与基层实践相结合、合作社基本原则与尊重农民自主权相结合的原则，扩大法律调整范围，明确“农民”资格，确定土地经营权作价出资，明确合作社的成员资格、注册登记、组织机构、治理结构、盈余分配及其他相关问题，明确在生产经营合作基础上，农民专业合作社内部可以开展信用合作。此外，新版《中华人民共和国农民专业合作社法》还就农民专业合作社的营业执照吊销、成员新入社和除名、盈余分配以及法律责任等内容的有关条款和文字做了修改完善。

主持人：农民合作社比其他的经营主体有哪些优势？

李瑞芬：当前，我国农村正处于传统农业加速向现代农业跨越的转折期，发生着深刻的变化，传统的“小农户”经营模式面对“大市场”，遇到了前所未有的挑战。农村土地家庭承包经济责任制，有效地密切了农民与土地的关系，调动了广大农户积极性和主动性，为农民提供了最基本的生活保障，但是农户家庭经营的局限性也逐渐暴露出来：一家一户小生产与国内外大市场的矛盾，土地经营面积小与提高农业规模效益的矛盾，科技水平低与发展集约化、生态化现代农业要求高的矛盾，投入能力不足与确保农业稳定持续发展的矛盾越来越突出。农业经营主体必须向“集约化、专业化、组织化、社会化”转变，才有可能适应农业市场经济发展的要求，增强农业农村发展活力、破解“三农”难题。因此，多年的中央一号文件中都明确提出“构建新型农业经营体系，扶持发展新型农业经营主体”，并鼓励和支持承包土地向农民合作社等流转，发展多种形式的适度规模经营。

农民专业合作社将弱势小农组织起来，解决分散的小生产、小经营信息不灵，势单力薄，缺乏竞争力，难以应付多变市场的缺陷，实现农民之间的横向联合，成员联合进入市场，以群体的力量参与生产经营，形成规模较大的市场交易单位，有效整合农民资源，形成聚合的规模经济，节省交易费用，增强市场竞争力，提高经济效益，以实现农业生产的进一步发展和农民的进一步增收。

主持人：农民合作社的内涵是什么？

李瑞芬：我们需要了解农民专业合作社的特征。主要有以下 5 个特点。

1. 合作社是社员管理的，自治、自助的组织。合作社独立于政府部门和任何其他组织。合作社要与其他组织合作时，包括与政府达成协议或从外部筹集资金，必须以确保社员的民主管理和维护合作社自主权的方式进行。

2. 合作社是“人的联合”。合作社是建立在“平等”的“人”的基础上的，与强调“资合”的公司企业不同，其强调的是“人的联合”。

3. 合作社是自愿和开放的。合作社是自愿的组织，对所有能利用其服务和愿意承担社员义务的人开放，无性别、社会、种族、政治和宗教信仰的限制。社员根据自己生产经营活动的需要，自愿入社，自由退社，不受约束和限制。

4. 合作社实施民主管理和经济参与。合作社是由社员管理的民主的组织，合作社的方针和重大事项由社员积极参与决定。在合作社，社员享有平等的投票权（一人一票），社员按照自愿互利、自主决策、民主管理的原则，依据共同利益制定章程，做到风险共担、利益共享。

5. 合作社以满足社员共同的经济和社会需求为目的。合作社由社员组织而成，并着眼于社员，合作社是以“满足社员共同的经济和社会需求”为存在目的的。合作社通过与地方的、全国的、区域的以及世界的合作社合作，有效地服务于社员和促进合作社发展。而且合作社在满足社员需求的同时，也要推动所在社区的可持续发展。

欢迎扫码收听

“秸秆农用十大模式”系列节目

为贯彻落实中央绿色发展要求，打好农业面源污染防治攻坚战，促进农作物秸秆综合利用，农业农村部组织遴选了秸秆农用十大模式，予以推介发布。为此特别制作了系列节目——“秸秆农用十大模式”，按区域、农作物品类分别推荐了相应的秸秆农用模式，不仅介绍了模式的内涵和特点，还给出了流程和案例。内容包括：华南地区秸秆快腐还田模式、东北高寒区玉米秸秆深翻养地模式、黄淮海地区麦秸覆盖玉米秸旋耕还田模式、黄土高原区少免耕秸秆覆盖还田模式、长江流域稻麦秸秆粉碎旋耕还田模式、西北干旱区棉秆深翻还田模式、秸一炭一肥还田改土模式、秸一饲一肥种养结合模式、秸一沼一肥能源生态模式、秸一菌一肥基质利用模式。

华南地区秸秆快腐还田模式

节目嘉宾： 石祖梁（农业农村部农业生态与资源保护总站生态农业处副处长 副研究员）
田宜水（农业农村部规划设计研究院高级工程师）
常志州（江苏省农业委员会与江苏省农业科学院秸秆综合利用技术体系首席专家）
王亚静（中国农业科学院资源与农业区划研究所副研究员）
王红彦（中国农业科学院资源与农业区划研究所博士后）
责任编辑： 夏羽
主 持 人： 张志强　李冉
录音制作： 石涛
播出日期： 2018 年 5 月 31 日

【栏目片头】

关注"三农"　贴近"三农"　服务"三农"——致富快车

主持人： 说起小麦、棉花、水稻……这些农作物的秸秆怎么用？不同地区最适合的方法是什么？大家可能都不是很清楚。现在农业农村部给出了权威建议！农业农村部办公厅印发了《关于推介发布秸秆农用十大模式的通知》，按区域、农作物品类分别推荐了相应的秸秆农用模式，不仅介绍了模式的内涵和特点，还给出了流程和案例。朋友们可以根据地区对号入座，看看你们那里可以用哪种模式处理秸秆。今天我们主要介绍秸秆农用十大模式中的华南地区秸秆快腐还田模式。我们采访了农业农村部农业生态与资源保护总站生态农业处的石祖梁老师。

主持人： 什么是华南地区秸秆快腐还田模式？

石祖梁： 顾名思义，秸秆快腐还田模式，就是基于不同地区的种植制度，在前茬作物收获后，通过施用化学腐熟剂或生物腐熟剂，实现秸秆在短期内快速腐熟还田，从而不影响下茬作物的种植或栽插，并有利于提高土壤的有机质含量，改善土壤理化性质的一种模式。比如华南地区的早稻—晚稻—马铃薯的轮作制度，就是在早稻收割后，将秸秆就地粉碎，并保持一定的水层，通过化学腐熟剂、生物腐熟剂的双重作用，实现秸秆在 2 周内快速腐熟，从而不影响晚稻插秧。这种模式已经成为农作物秸秆还田的重要方式之一。

主持人：华南地区秸秆快腐还田模式的主要特点是什么？

石祖梁：归纳起来，华南地区秸秆快腐还田模式主要有以下 3 个特点。

一是技术使用方便。这种技术模式在于使用快捷方便，用工少，只需要在作物收割以后、灌水泡田之前，将腐熟剂撒于农作物秸秆表面，不需要增加太多的作业环节。

二是秸秆转化快。秸秆快速腐熟所采用的菌剂是高效生物制剂，含有大量有益的高温高湿型微生物群体，它可以产生活性很强的各种酶，具有很强的发酵能力，能够迅速催化分解秸秆的粗纤维，使秸秆能在 7～10 天腐熟，这样，旋耕犁耙的时候不会缠绕在机械上而影响机械作业。

三是综合效益好。按照每亩还田 500 千克秸秆需要施用的腐熟剂计算，每亩成本只需 10～20 元，同时增产效果显著，还避免了焚烧秸秆带来的污染环境问题，具有良好的经济效益和生态效益。

主持人：华南地区秸秆快腐还田模式的技术要点有哪些？

石祖梁：华南地区秸秆快腐还田模式的技术环节主要包括作物收获、秸秆粉碎抛洒、施用腐熟剂、施用底肥、旋耕埋草、作物栽种与田间管理等几个步骤。

一是作物收获。在早稻收割的时候，利用收割机自带的粉碎功能，将秸秆切碎成 10 厘米左右。同时，要注意的是，收获时早稻割茬高度也要控制在 10 厘米以下。粉碎后的秸秆要均匀抛洒覆盖在地表。

二是撒施腐熟剂。秸秆粉碎后，放水泡田，淹水 7～10 厘米；将化学腐熟剂均匀撒在田中，施用量约占秸秆量的 3%即可；1～2 天之后，再将生物腐熟剂均匀撒入田中，生物腐熟剂的施用量也是大约占到秸秆量的 3%；7～10 天后就可以进行犁耙耕田，这个时候秸秆已经腐烂变黑，不影响耕作。土壤黏重、保水性强的田块这段时期要注意排除湿害。

三是调控碳氮比。一般秸秆直接还田以后，适宜秸秆腐解的碳氮比例在（20～30）：1，需要通过尿素等氮肥的施用来调节碳氮比，碳氮比值小的秸秆相对容易分解，而且前期分解的启动比较快。秸秆全量还田的时候，要在原来常规施肥量基础上，每亩地额外增加 3～5 千克尿素，或者将追肥的施氮量适当调整，前移到基肥施用。

四是机械作业。采取旋耕或翻耕的形式进行一遍机械作业，作业深度在 15～20 厘米。

五是作物种植和田间管理。采用常规方法进行作物的播种或移栽，值得注意的是播种量较常规栽培法要增加约10%，在肥料施用上钾肥可以少施10%～20%。

主持人： 华南地区秸秆快腐还田模式主要适宜我国哪些区域应用？

石祖梁： 华南地区秸秆快腐还田模式适用于全国大多数区域，特别适宜有水源保障的双季稻轮作区、稻麦轮作区，或者水稻—油菜轮作区等。这种模式对于作物秸秆产生量大、茬口紧张的两熟制及两熟制以上区域秸秆还田利用有着非常重要的意义。但是不太适合干旱、土壤墒情较差的西北地区以及北方寒冷地区，这主要是由于腐熟剂要发挥作用与温度和水分有很大关系。

欢迎扫码收听

《西部开发——农业科技教育广播讲座》

(2000.7—2003.12)

欢迎扫码收听

时任农业部副部长
中央农业广播电视学校校长　张宝文
为《西部开发——农业科技
教育广播讲座》开播寄语

欢迎扫码收听

时任中央农业广播电视
学校常务副校长　曾一春
为《西部开发——农业科技
教育广播讲座》开播致辞

《三农早报》

（2012.9.26 至今）

栏目主编：祝巍

欢迎扫码收听

中央农业广播电视学校党委书记
中国农民体育协会秘书长　汪学军
寄语《三农早报》

农业资讯+每日关注：
党的创新理论如何“飞入寻常百姓家”

农业资讯

责任编辑：祝巍

主 持 人：蒋龙　蒋昕臻

录音制作：王迪

每日关注

节目嘉宾：徐海燕（中国社会科学院政治学研究所研究员）

责任编辑：蒋昕臻　祝巍

主 持 人：蒋昕臻

录音制作：王迪

播出日期：2019 年 9 月 30 日

【栏目片头】

掌握农情，政策解析，开阔视野，传递心声——三农早报

【农业资讯】

国务院办公厅印发《关于深化农村公路管理养护体制改革的意见》

2019 年度“全国十佳农民”在京揭晓

2019 年新时代乡村阅读季启动

广东省已创建 184 个现代农业产业园

黑龙江省肇东套种西瓜效益好

安徽阜阳开展对种粮大户的培训工作

（新中国成立 70 周年片花集锦）

【版块片花】

知农情、说农事、暖农心，服务“三农”——每日关注

【每日关注】

党的创新理论如何“飞入寻常百娃家”

主持人：让党的创新理论“飞入寻常百姓家”这个宣传思想的提出有着怎样的背景？

徐海燕：这要追溯到2015年12月11日，在全国党校工作会议上，习近平总书记的讲话就指出：落后就要挨打，贫穷就要挨饿，失语就要挨骂。确切地说，我们党带领人民一直在解决挨打、挨饿、挨骂的三大问题，经过几代人的不懈努力，前两个问题已基本得到解决，但挨骂问题还没有得到根本解决。因此，做好思想工作的宣传是我们必须解决好的一个重大问题。

从党的十八大以来，中国共产党就把宣传工作摆在全局的重要位置，作出了一系列重大决策，实施了一系列重大举措。在党的十九大的战略目标中，为了夺取中国特色社会主义新胜利，就更加需要我们坚定自信、鼓舞斗志，更加需要我们同心同德、团结奋斗。这是全党，特别是宣传思想战线必须担负起的一个战略任务。

主持人：农村与这种宣传思想有着怎样的关系？

徐海燕：中国共产党在第一次国共合作后，在农村地区，党的宣传工作围绕着土地政策的宣传和革命信念的教育，取得了巨大的成效，极大地鼓舞了军民坚持斗争的信心。正是因为有了细致而有效的宣传，使我们党无论在烽火连天的革命岁月，还是在热火朝天的社会主义建设时期，党的思想宣传工作都赢得了千百万农民群众的支持。

当前，与以往的社会主义建设相比，面临的形势更复杂、任务更艰巨、做好意识形态工作的意义更为重大。根据世界银行的统计数据，2018年，我国农村地区的人口占比达到41%。这是一个庞大的社会群体，做好农村地区的宣传工作，对于把握意识形态工作的领导权、管理权、话语权，维护农村和谐稳定、实现乡村全面振兴，带领农民群众坚定不移听党话、跟党走，其意义尤为重要。

主持人：可以通过哪些方式来进行理论与实践的融合？

徐海燕：在农村地区践行党的创新理论“飞入寻常百姓家”，大体可以分为3个方面。一是办好中国的事情，关键在党；二是要以人民群众喜闻乐见的形式和方法来传播党的创新理论；三是要结合时代特点，营造风清气正的网络空间，注重中国文化的传承。

首先，办好中国的事情，关键在党。农村基层党委是农村地区意识形态的引领者和坚守者，对此，农村基层党委应该牢牢把握意识形态工作的领导权、压紧压实基层党委、党组主体责任、要牢牢守住守好各类意识形态阵地。正如习近平总书记指出的：“宣传思想阵地，我们不去占领，人家就会去占领。”实际上，越到基层、越到农村，认识真理、坚定信念的任务就越重。从这个意义上说，“办好中国的事情，关键在党”。基层党组作为农村地区推广党的创新理论的坚强堡垒，是“党执政兴国的‘一线指挥部’”，要加强自身的修为，要时刻以共产党人的身份要求自己，要做到“心中有党、心中有民、心中有责、心中有戒”。

其次，要采取多种形式进行理论工作的推广。通过理论达人讲理论、致富能手谈经验、帮扶干部宣传政策、涉农专家传技术、文史学家说文化以及文明大师扬家风等方式对村民进行面对面宣讲，丰富村民精神生活，还可以在村镇的微信公众号创立“新时代的理论宣讲”平台，并对理论实践的先进经验进行实时报道。

另外就是，党的理论工作还必须与解决实际问题相结合。在广大农村地区，抓住农民关切的利益问题，抓住这一问题就相当于抓住了创新理论推进工作的关键。以关心农民群众物质、精神生活为基调，同时，设立网上惠民服务站和线下值班室，以群众提交相关“订单”、政府配送“清单”、志愿服务“买单”的方式，回应村民对精神文化的诉求，将理论传播的工作做到实处。只有这样，才能真正推进党的创新理论“飞入寻常百姓家”。

欢迎扫码收听

农业资讯+每日关注：

2019年中央一号文件解读
——农业农村优先发展

农业资讯

责任编辑：祝巍
主 持 人：蒋龙　蒋昕臻
录音制作：王迪

每日关注

节目嘉宾：陈秧分（中国农业科学院农业经济与发展研究所研究员、博士生导师研究室副主任）
责任编辑：蒋昕臻　祝巍
主 持 人：蒋昕臻
录音制作：王迪
播出日期：2019年3月19日

【栏目片头】

掌握农情，政策解析，开阔视野，传递心声——三农早报

【农业资讯】

四部门打击制售假劣肥料行为
农业银行借力互联网打造亮眼数字乡村
辽宁查处农资产品虚假广告等行为
河北省召开冬小麦春季管理技术培训交流会
青海海东市15万贫困群众共享脱贫攻坚成果

（片花集锦）

【版块片花】

知农情、说农事、暖农心，服务“三农”——每日关注

【每日关注】

2019 年中央一号文件解读——农业农村优先发展

2019 年是新中国成立 70 周年，是决胜全面建成小康社会第一个百年目标的关键之年，也是打赢脱贫攻坚战和实施乡村振兴战略的重要历史交汇期。今年的中央一号文件以习近平新时代中国特色社会主义思想为指导，全面贯彻党的十九大和十九届二中、三中全会以及中央经济工作会议精神，以实施乡村振兴战略为总抓手，对标全面建成小康社会“三农”工作必须完成的硬任务，适应国内外复杂形势变化对农村改革发展提出的新要求，抓重点、补短板、强基础，对做好“三农”工作进行了全面部署。在今天的《每日关注》中，让我们共同聚焦 2019 年中央一号文件，看看释放了哪些红利信号。

主持人：2019 年中央一号文件以坚持农业农村优先发展做好“三农”工作为主题，特别提到要坚持农业农村优先发展，那怎么来理解这个“优先”呢？

陈秧分：将农业农村优先发展作为今年主题，主要有 3 个方面的考量：

第一，农业农村仍是经济社会发展全局的主要短板，需要优先发展。改革开放 40 多年来，我国农业农村发生了翻天覆地的变化，无论是农村道路、水利、医疗、养老等基础设施与公共服务，还是农民人均纯收入、主要农产品产量等统计指标，都得到了大幅的改善，但是，我们也要注意，人民日益增长的美好生活需要和不平衡、不充分的发展之间的矛盾已经成为我国社会的主要矛盾，其中，城乡之间的不平衡是最大的发展不平衡，农业农村发展的不充分，是最大的发展不充分。2018 年，我国城乡居民收入差距仍达到 2.69∶1，城乡基础设施和公共服务的差距仍在拉大。农业供给侧结构性矛盾突出，农业综合效益不高、竞争力不强的现象仍较为突出。今、明两年是全面建成小康社会的决胜时期，农村则是全面建成小康社会的短板，农业是“四化同步”的短腿，“三农”领域还有不少必须完成的硬任务硬指标，包括打赢脱贫攻坚战，完成农村人居环境整治 3 年行动任务，实现农民人均可支配收入比 2010 年翻一番，确保农民生活达到小康水平等任务，这些任务繁重，且都需要通过农业农村的优先发展来解决。

第二，农业农村发展可以支撑带动全局发展，值得优先发展。习近平总书记强调，中国要强，农业必须强；中国要美，农村必须美；中国要富，农民必须富。习近平总书记也指出，农业基础稳固，农村和谐稳定，农民安居乐业，整个大局就有保障，各项工作都会比较主动。近几年来，国际、国内形势复杂，经济下行压力加大。在此背景下，我国农业农村经济形势持续向好，粮食产量连续稳定在6亿吨以上，重要农产品供应充裕，农村居民人均收入连续多年高于城市居民。农业发展稳中有进，农民获得感显著提高，农村活力持续增强，乡村内需不断扩大，农村社会和谐稳定。农业农村发展取得重大成就，发挥了转岗就业“蓄水池”、市场物价“稳定器”、经济发展“压舱石”等关键作用，为破解经济下行压力、应对复杂国内外环境赢得了主动。因此，必须坚持把解决好“三农”问题作为全党工作重中之重不动摇，巩固发展农业农村好形势，发挥好“三农”压舱石作用，为有效应对各种风险挑战赢得主动，为确保经济持续健康发展和社会大局稳定、如期实现第一个百年奋斗目标奠定基础，值得优先发展。

第三，农业农村仅靠市场机制难以保障全面发展，需要放到优先地位。相比城市与非农产业，农业具有弱质性，农村工作具有复杂性。如果仅依靠市场机制，农业与乡村要素仍将快速流向城市与非农产业，加剧乡村衰落，因此，需要政府加大调控，将其放到优先地位。

主持人：随着社会经济发展，农业农村地位会发生什么变化？

陈秧分：随着社会经济发展，农村人口、产业、就业这几个指标都会减少。农村人口指标减少，是指随着城镇化率的增加，更多的农村人变成了城里人，农村人口占总人口的比例在下降。我国的城镇化率已经上升到了59.58%，每年增加约1个百分点。农村产业指标减少，主要是指第一产业增加值占国内生产总值（GDP）的比例会趋于减少，改革开放初期，我国第一产业增加值占GDP的比例达到27.7%，至2018年，该项占比只有7.2%。农村就业指标减少，是指在第一产业工作的人口比例在下降，改革开放初期，第一产业就业比例达到了70.5%，目前已不足30%。

不过，即便农村人口、产业、就业的比例都在下降，但农业农村的地位仍非常显著。我国目前还有5.64亿人在农村生活，哪怕到了2050年，依然将有4亿左右的人口生活在农村。

虽然农业在国民经济中的比例呈减少的趋势，但是农产品加工业、乡村旅游、休闲农业等涉农产业产值和就业人口会显著增加，城乡居民对农业农村承载的生态、环境、文化等方面的需求会不断增加。

通常讲，国以民为本，农业仍是广大农民安居乐业、增收致富的固本产业；民以食为天，农业仍是14亿人口吃得饱、吃得好的民生产业；业以民为基，农业仍是“接二连三”、支撑发展的基础产业。因此，在当前及今后较长一段时期，农业农村仍需要得到高度关注，正如中央所强调的：“三农”工作始终都是全局的重中之重。

因此，我们需要强调农业农村的基础地位，落实好“三农”硬任务，稳定好“三农”基本盘，为全国发展大局注入强劲动力与坚实保障。

欢迎扫码收听

周末话题：

2020年中央一号文件解读
——讲好扶贫故事　助力全面小康

节目嘉宾： 徐海燕（中国社会科学院政治学研究所研究员）
责任编辑： 张栋
主 持 人： 张栋　蒋龙
录音制作： 石涛
播出日期： 2020年3月22日

【栏目片头】

掌握农情，政策解析，开阔视野，传递心声——三农早报

2020年中央一号文件指出，坚决打赢脱贫攻坚战，做好考核验收和宣传工作，全面展现新时代扶贫脱贫壮阔实践，全面宣传扶贫事业历史性成就，深刻揭示脱贫攻坚伟大成就背后的制度优势，向世界讲好中国减贫生动故事。今天节目来聊一聊“讲好扶贫故事，助力全面小康”的话题。

主持人：“扎实做好脱贫攻坚宣传工作，讲好中国减贫生动故事”要求提出的背景是什么？

徐海燕： 2020年是打赢脱贫攻坚战全面建成小康社会、实现第一个百年奋斗目标的收官之年。脱贫工作是全面建成小康社会的底线任务。

2020年，农村地区的脱贫攻坚进入到最后的冲刺阶段，将在今年接受考核，向全国人民交上答卷。在这样一个关键时期，中央在一号文件中提出，做好包括外宣在内的工作既是脱贫工作的重要内容，也是推进全国人民增强政治认同感的重要手段，还是促进世界各国理解中国的有效途径。

主持人： 目前我国扶贫事业宣传报道的现状是怎样的？

徐海燕： 党的十八大以来，在宣传传媒工作者的辛勤努力下，对扶贫攻坚动态进行了大量的跟踪性报道，突出显示了扶贫工作前后的样态风貌，政府在组织领导、实施精准扶贫方略、资金投入以及实施社会动员方面的担当与作为，基层

干部勇于奉献的事迹以及脱贫获益后群众的获得感、幸福感和安全感等方面的内容。当然，在对扶贫工作内在持续性机制的探讨，培育贫困群众依靠自力更生的意识，培养生产和务工经商的技能以及调动贫困户的积极性、主动性、能动性案例方面，还有改进的空间。

主持人：如何做好扶贫宣传？

徐海燕：2020年中央一号文件中有一个非常有意思的提法叫做“小康不小康，关键看老乡”。这一表述不应仅是小康社会的外在体现，同时应在脱贫攻坚宣传工作中体现出来。应当说，公信力是媒体品质的基本价值，是媒体在激烈竞争中制胜的关键。而老百姓是媒体公信力的评价主体，新闻节目不仅要积极探索深度报道的新思路、新模式，而且要通过报道回应社会关切、解疑释惑、凝聚共识。在宣传工作中体现“以人为本”，就应该避免出现教条化、数字化、形式主义的现象，立足于“以人为本”，体现普通老百姓的现实风貌、精神力量，展示引导人、激励人、鼓舞人的实际做法等。这就是公信力的表现。

主持人：巩固脱贫成果防止返贫，深化扶志扶智，激发贫困人口内生动力。做好这方面的宣传重点应该怎样把握？

徐海燕：大众传媒在扶贫报道中，应加大“扶智、治愚”的报道比重，在精神层面以社会主义核心价值观为引领，在心理层面以自尊自信积极向上的社会心态为指导，在生活层面以能人榜样、文明乡风等传统美德为内容，树立荣辱意识，改正不良思想，鼓励自力更生、不甘贫困的精神，在阐释精神扶贫工作方式上下功夫，在展示贫困户从“要我富”到“我要富”的心路历程上下功夫，充分发挥正面案例引导人、塑造人、鼓舞人的作用，焕发扶贫工作内在的正能量，形成良好的示范效应。

主持人：在扶贫事业宣传报道中，如何避免过度精英化宣传？

徐海燕：精英化宣传是指报道使用的语言过于理论化、抽象化，听起来是阳春白雪，但实际上不符合普通老百姓的“口味”，显得不接地气。

实践创新固然需要理论总结，但理论还需要被人民群众所认知。扶贫报道的受众是广大的农村普通群众，如果不能用人民群众听得懂的语言来阐释相关内容，就不能取得相应的效果。例如，中央一号文件指出：脱贫攻坚任务完成后，我国贫困状况将发生重大变化，扶贫工作重心转向解决相对贫困。如果新闻媒体不能用浅显易懂的语言讲清“绝对贫困”和“相对贫困”之间的关系，只是一味地卖弄所谓“高级”的专业术语，就无法真正达到宣传的效果。面对广大的农村普通群众，如果不能把握农村地区对大众传媒的认知感受，就不能取得相应的效果。除此之外，数字化、表面化以及不接地气的宣传报道，往往会给受众带来“信息疲劳”感，也会丧失对扶贫攻坚宣传的关注度和认可度。

主持人：在扶贫事业宣传报道中应注意哪些问题？

徐海燕：扶贫宣传工作做得好不好，最终的试金石是“报道效果”。内容同质化、同一性质化、报道形式单一、时效性差，是大众媒体缺乏引导力、吸引力的主要原因。而媒体要吸引受众群众，就必须从单纯地发布新闻向解释和解析新闻转变。

大众传媒在进行扶贫报道时，第一是展示“真扶贫”工作的内在动力和机制，第二是增加“扶智、治愚”的报道比重。

主持人：为了做好扶贫宣传，讲好减贫故事，具体如何做?

徐海燕：在内容上，大众传媒要知道说哪些、怎么说，更要说的对、说的准、说的透。在“说的对”方面，媒体应在报道之前，群策群力充分探讨，建立以关键词为主的调研报道制度。如在扶贫工作中，围绕“精神脱贫”关键词做好报道。

扶贫工作的多样化要求大众传媒在阐释过程中加强透过现象看本质的能力，将“帮眼前”和“扶长远”结合起来，焦聚“报道效果”，让人民群众在“听”扶贫事迹，“讲”惠民政策，“录”身边事例的过程中，了解正面典型。展示脱贫群众焕然一新的精神面貌，既可为党和政府的扶贫政策理论提供支撑，又可以为世界各国的扶贫问题提供更多的“中国方案”。

欢迎扫码收听

周末话题：

《民法典》与“三农”问题治理

节目嘉宾： 窦海阳（中国社会科学院法学研究所副研究员，中国社会科学院民法典编纂小组成员，中国社会科学院法学研究所私法研究中心秘书长）

责任编辑： 张栋

主 持 人： 张栋　蒋龙

录音制作： 王迪

播出日期： 2020 年 6 月 21 日

【栏目片头】

掌握农情，政策解析，开阔视野，传递心声——三农早报

《中华人民共和国民法典》（简称《民法典》）被称为“社会生活的百科全书”，是新中国成立以来第一部以法典命名的法律，在法律体系中居于基础性地位，也是市场经济的基本法。随着我国步入“民法典时代”，《民法典》走进了我们的生活，在经济社会的方方面面发挥着基础性和全局性作用。

《民法典》规定了哪些“三农”领域的内容，又将对“三农”事业发展产生什么样的影响呢？走进今天的周末话题——《民法典》与“三农”问题治理。

主持人：《民法典》在“三农”领域作出了哪些规定？

窦海阳： 我们要非常深刻地意识到民法典的一个基础性作用是，它使得我们的权利有了系统化的规定，让我们老百姓明明确确地知道我们的权利有哪些，这些权利能够对抗哪些来自公权力的不法侵害，对营造一个完善的、自治的、和谐稳定的乡村社会，能够起到一个非常大的基础性作用。而这种基础性作用是部委出台的规章，或者一些单行性条例所不能够达到的。

就“三农”问题而言，《民法典》回应了广大群众所关心的问题，对相关领域做了全面而系统的规定。这对贯彻中央的“三农”政策，进一步完善“三农”问题的治理都非常重要。

其中，主要包括了对“三农”的主体资格的确认和保护、对“三农”的土地权利的完善和保护、对“三农”的生产经营的促进和保护等方面。

主持人：《民法典》是怎样对“三农”主体的资格进行确认和保护的？

窦海阳：《民法典》作为民事领域的基本法，对涉及“三农”的民事主体也做了全方位多层次的规定。首先，对于农村承包经营户，《民法典》明确赋予了农村承包经营户的民事主体资格，有了资格，他们就可以取得土地承包经营权，从事家庭的承包经营活动。其次，对农村集体经济组织而言，《民法典》把它们规定为特别法人，取得了法人资格。有了法人资格之后，可以参加市场的交易，这样就有效地拓展了农村集体经济的发展路径，也改变了很多情况下由村委会代行村集体经济组织职能的一些现状。

主持人：《民法典》是如何保护农民土地权利的？

窦海阳：《民法典》明确了农民集体所有的资产归农民集体所有，对于关系到农民切身利益的一些重大事项，需要依照法律规定的程序，经过本村农民集体决定才能够实施。在实践中，对于集体所有的土地、森林、草原等资产究竟由谁来行使所有权，往往会产生各种争议，对此《民法典》也做了一些细化的规定。比如说属于村集体所有的资产，那么就由村集体经济组织来代表行使所有权，属于乡（镇）集体所有的资产，由乡（镇）集体经济组织代表行使。为了保证集体财产状况的公开化，有利于农民的监管，《民法典》还规定了农村集体经济组织村委会或者村民小组，应当向本村的农民公布集体财产的状况，本村农民有权利查看和复制这些资料。

主持人：《民法典》在推进农村土地制度改革，完善农村基本经营制度方面，作出了哪些规定？

窦海阳：对于农民在土地上面权利的确认，《民法典》专门规定了土地承包经营权，明确了土地承包经营权人，也就是我们广大的农民群众有权在他们承包的耕地、草地上种地放牧，所获得的收成归自己所有。而且《民法典》还明确规定了承包期的具体年限，耕地 30 年，草地 30～50 年，林地 30～70 年。

关于进一步推进农地经营制度这个问题，《民法典》将土地所有权、承包权和经营权三权分置。也就是说土地所有权归村集体所有，承包权归农民；在土地的承包期内，农民可以自己决定如何使用土地，既可将承包地上面的经营权出租出去，也可拿它来入股，这就是三权分置。实际上，这个规定已经正式写入之前修订过的《中华人民共和国农村土地承包法》中，《民法典》的物权编对此做了进一步的明确。

主持人：《民法典》对农村宅基地的所有权、使用权是如何规定的？

窦海阳：宅基地使用权人就是指农民群众对村里面的土地享有占有使用的权利，也就是说农民群众可以在这块土地上面建房子住，如果发生了某种自然灾害，导致他们所有的宅基地被毁损了，那么失去宅基地的村民还可以重新分到宅基地。

主持人：《民法典》物权编中，删去了《中华人民共和国物权法》中“抵押权”一章中关于耕地不得抵押的规定，为何会有这一修改？

窦海阳：按照2007年《中华人民共和国物权法》中对于抵押权的规定，耕地是不能够用于抵押的，但是在新形势下，我们未来的发展方向是推动全国土地流转市场的健全完善，那么只有允许耕地可以进行抵押，才能适应土地经营权入市的需要。因此《民法典》物权编删除了耕地不得抵押的规定，这将对我国农村土地金融的发展起到巨大的推动作用。

欢迎扫码收听

农业资讯+每日关注：
专家谈我国粮食安全

农业资讯

责任编辑： 祝巍
主 持 人： 蒋昕臻　蒋龙
录音制作： 王迪

每日关注

节目嘉宾： 钟钰（中国农业科学院农业经济与发展研究所研究员、产业经济研究室主任、博士生导师）
责任编辑： 蒋昕臻　田静
主 持 人： 蒋昕臻
录音制作： 王迪
播出日期： 2019 年 10 月 3 日

【栏目片头】

掌握农情，政策解析，开阔视野，传递心声——三农早报

【农业资讯】

我国土地产权制度在 70 年中发生的多重变迁

（片花集锦）

【版块片花】

知农情、说农事、暖农心，服务“三农”——每日关注

【每日关注】

专家谈我国粮食安全

主持人：为了更好地补齐粮食“不愁吃”保障机制的短板，响应习近平总书记的号召，2019 年下半年（“中国粮食发展研究”课题组），对云南、贵州两省 6 县（市）的粮食产销情况进行了调研，为何调研选在云南、贵州两省？

钟　钰：2018 年秋，我们在黑龙江和吉林调研时，发现西南地区对东北地区粮食需求迅速增加，进而推测可能存在粮食产需转折、区域布局发生重大变化等问题。黑龙江和吉林两省大米除了大部分销往东南沿海传统主销区以外，云南、贵州、四川等西南片区的销量也在逐渐增加。据有些企业反映，近 3 年来他们在西南片区不断与新客户建立合作关系，发货量年均增长 50%。从优质米销售情况来看，前郭县七家子村华信合作社 60%的优质大米销往云南、贵州、四川地区，销售绝对量一直在增加，近年来更是供不应求。当地大米加工企业普遍对西南片区市场非常看好，未来销量将持续稳定增加。云南、贵州是产销平衡区，企业敏锐捕捉到的供求变动迹象可能反映出全国稻谷供求格局变化的新动向。

所以 2019 年 7 月下旬，“中国粮食发展研究”课题组奔赴云南、贵州两省调研粮食生产经营，云南、贵州是我国粮食产销平衡区的典型代表，其远离内地且相邻省份粮食偏紧，粮食供应以自给为主。调研其粮食发展状况对研究贫困地区和产销平衡区的粮食安全保障，具有典型性、代表性和借鉴意义。

主持人：这次调研选择了云南、贵州两省的哪 6 个县（市）？为什么选择它们呢？

钟　钰：我们选择调研县（市）的时候也是有多种考量的。调研的县（市）既有云南当地粮食大县（宜良县、宣威市、富源县），也有贵州粮食主销县（普定县、水城县、织金县），可以说基本反映了云南、贵州两省粮食产销特征。

主持人：这次的调研方法有哪些？具体的调研对象是哪些？

钟　钰：我们深入田间一线，进村入户、下田进库，体验生产，与普通农户、新型经营主体和地方同志聊粮情、议困惑、谋出路、话发展，实地调研涵盖 10 家粮食加工企业、饲料企业，3 家种业公司，4 家粮油商铺，5 家粮食和经济作物合作社，10 个种粮农户，2 个粮食科技示范园（中心），4 个地方粮食储备库，直接接受调研人数合计 173 人。与当地县（市）的党委和政府、农业粮食财政等部门负责同志一起，召开了 6 次座谈会，并和两省农业科学院领导专家交换了意见。可以说，白天下乡调研访谈，晚上集中讨论，以求吃透下情、洞彻事理。

主持人：本次调研的结果如何？

钟　钰：通过对云南、贵州两省 6 个县（市）的调研发现，近年来云南、贵州两省认真落实中央一号文件精神，确保粮食产量稳定。但两省从产销平衡区滑向销区的势头不可逆转，产量增长赶不上消费增长、粮食外调依赖程度增加、长距离大规模的流通保障机制不畅等问题成为影响粮食安全保障的因素。

主持人：云南、贵州两省粮食生产的格局在发生变化，该如何应对这种粮食生产格局的变化?

钟　钰：在我国粮食生产格局不断演变的背景下，要全面贯彻落实习近平总书记的重要讲话精神，进一步提升粮食产销平衡区的自我平衡能力，密切与主产区的产销合作关系，夯实“不愁吃”的基础，为脱贫攻坚提供长效的内在动力和外在保障。

主持人：针对这种变化，云南、贵州两省的相关地区采取了哪些应对措施?

钟　钰：从成绩来看，近年来，云南、贵州两省通过采取划定粮食生产功能区、对粮食功能区签订管护责任状的方式，力保粮食产量稳定。通过调整粮食种植结构，大力推广马铃薯、魔芋、青贮玉米等特色粮食种植和深加工，丰富了粮食市场供应。

主持人：这次调研的成果弥足珍贵，为更好地发展粮食生产提供了思路。

欢迎扫码收听

农业资讯十每日关注：

2020 年春玉米科学灌溉技术指导意见

农业资讯

责任编辑： 祝巍

主 持 人： 蒋龙　田静

录音制作： 王迪

每日关注

节目嘉宾： 杜森（全国农业技术推广服务中心节水农业处处长推广研究员）

责任编辑： 祝巍

主 持 人： 张栋

录音制作： 王迪

播出日期： 2020 年 5 月 13 日

【栏目片头】

掌握农情，政策解析，开阔视野，传递心声——三农早报

【农业资讯】

第二届“寻找最美农技员”活动启动

银保监会发布通知要求做好“三农”领域重点工作

“亮剑 2020”海洋伏季休渔专项执法行动启动

安徽省所有贫困县脱贫摘帽

广西 186 万建档立卡贫困人口纳入低保

广东多措并举促进农村消费

四川省多措并举确保粮食丰收

（片花集锦）

【版块片花】

知农情、说农事、暖农心，服务“三农”——每日关注

【每日关注】

2020年春玉米科学灌溉技术指导意见

主持人：根据全国农业技术推广服务中心墒情监测，目前我国北方春玉米种植区的墒情总体情况是怎样的？

杜　森：目前我国北方春玉米种植区的墒情总体适宜。北方春玉米正处在播种关键时期，应适墒扩大玉米播种面积，农民朋友们要掌握科学高效灌溉技术，搞好关键生育期水分管理。

主持人：我国北方地区春玉米的种植范围广，具体到不同的区域土壤墒情也各有特点。具体如何根据不同区域来划分，以利因地制宜地采取有针对性的灌溉节水措施？

杜　森：北方可分为东北西部丘陵漫岗区、辽河流域平原灌区、燕山沿麓丘陵区、西北春玉米种植区，不同的区域墒情不同，灌溉及节水措施也有所差别。

主持人：东北西部丘陵漫岗区的土壤墒情如何？有哪些灌溉节水措施？

杜　森：东北西部丘陵漫岗区主要有以下几方面需要注意。

1. 基本情况。本区域包括内蒙古大兴安岭东南麓丘陵区、黑龙江西部、吉林西北部。去年封冻前土壤底墒普遍不足，2月中下旬以来多次出现大范围降水，利于土壤增墒补墒。目前土壤化冻10～20厘米，干土层1～4厘米。

2. 灌溉建议。东北西部丘陵漫岗区水资源紧缺，属春旱多发地带。春播应立足土壤墒情，以造墒、保墒为核心，大力推广抗旱坐水种，配套保水剂、长效肥混匀底施，播后及时镇压保墒，促进抗旱保苗。

密切关注天气变化，抓住近期土壤墒情较好的有利时机及时整地，当耕层5厘米处地温连续5天稳定在12℃以上时，抢墒播种。春旱多发、墒情较差地区，应及时镇压保墒，减少土壤扰动。土壤相对含水量低于60％时，应积极采用抗旱坐水种。播种后及时采用镇压措施，防止跑墒。

田间基础设施较好、有灌溉条件的农田，墒情不足时应及时灌溉。春玉米拔节到抽穗期土壤相对含水量低于65％、抽穗期至灌浆期土壤相对含水量低于70％时应进行补灌。

3. 节灌措施。东北西部丘陵漫岗区可采取以下节水补灌措施：一是种植抗旱坐水种。播种时，利用拖拉机带动抗旱水箱进行补水，根据耕层土壤含水量状况，一般每穴灌水1.5～2.4升，亩灌水量2～6米^3。二是浅埋滴灌。每次灌水

15～20 米^3/亩，可少量多次补灌。三是软管（小白龙）输水补灌。可顺着玉米垄沟进行补灌，一次灌溉 3～5 垄，每次灌水 30～50 米^3/亩。

主持人： 辽河流域平原灌区都包括哪些区域？土壤墒情如何？有哪些灌溉节水措施？

杜　森： 辽河流域平原灌区需注意以下几点。

1. 基本情况。本区域包括内蒙古西辽河灌区、辽宁中部、吉林中南部。封冻前土壤底墒较好，去年冬季与今年春季降水较多，目前大部分地区土壤已化冻，墒情适宜。

2. 灌溉建议。本区域水资源匮乏，是地下水超采区。玉米是主要的耗水作物，应立足较好墒情，以高效节灌为核心，取消传统春播前淹灌，通过管灌、垄沟灌、浅埋滴灌等高效灌溉方式，配套水肥一体化技术，实现节水、减肥与稳产、丰产的双重目标。

墒情较好的地块播前应及时整地；秋整地块应及时镇压保墒；地势低洼和春涝易发地区，应及早翻耕晾晒和起垄散墒，确保适时播种。播种结束后土壤相对含水量低于 60%、墒情较差的地块可灌一次出苗水，保证种子发芽出苗。苗期一般不灌水，促根下扎，6 月中旬开始灌第一次水，以后当土壤相对含水量低于 70%时，应及时灌溉。

3. 节灌措施。本区域主要为井灌区，田间节水灌溉工程设施较好，灌溉保证率较高，可采用以下节水灌溉措施：一是浅埋滴灌。每次灌水 15～25 米^3/亩，生育期结合灌溉追施水溶肥。二是软管（小白龙）输水补灌。可顺着玉米垄沟进行补灌，每次灌水 30～50 米^3/亩。三是小畦灌溉。应做到畦田平整，每次灌水 40～50 米^3/亩。

主持人： 燕山沿麓丘陵区都包括哪些区域？土壤墒情如何？有哪些灌溉节水措施？

杜　森： 燕山沿麓丘陵区需注意以下几点。

1. 基本情况。本区域包括内蒙古燕山丘陵区、辽宁西部和河北北部。由于封冻前普遍土壤墒情不足，入冬以后降水偏少，春季气温高、风大，部分地区墒情不足，干土层厚度 2～7 厘米。

2. 灌溉建议。本区域水资源匮乏，十年九旱，春旱、夏伏旱时有发生。旱地以蓄水增墒为核心，重点推广保水剂、抗旱坐水种、强化地膜或全生物降解地膜覆盖等抗旱节水措施。有灌溉条件地区以节水保墒为核心，推广膜下滴灌和浅埋滴灌，配套水肥一体化技术，促进稳产、丰产。

土壤墒情较好地区，适墒适时抢播，一次性完成机械开沟、起垄、施肥、播种、镇压等作业，减少土壤扰动，蓄墒保墒。土壤墒情较差的地区采用保水剂混肥底施，提高土壤蓄水能力。采用强化地膜或全生物降解地膜覆盖，减少地表蒸发。推广抗旱坐水种技术，补水补肥，确保一播保全苗。有灌溉条件的干播地块，土壤相对含水量低于60%时，灌出苗水，苗期一般不灌水，进行蹲苗。拔节到灌浆期，土壤相对含水量低于70%时滴水灌溉。

3. 节溉措施。本区域主要为井灌区，可采用膜下滴灌和浅埋滴灌，少量多次灌水。播后如果土壤缺墒严重，可滴出苗水1次，一般灌水5～8米^{3}/亩，其他生育期每次灌水15～20米^{3}/亩，全生育期一般灌溉5～7次。结合灌溉追施水溶肥。

主持人：西北春玉米种植区都包括哪些区域？土壤墒情如何？有哪些灌溉节水措施？

杜　森：西北春玉米种植区需要注意以下几点。

1. 基本情况。本区域包括内蒙古西部、陕西、甘肃、青海、宁夏、新疆春玉米种植区。目前大部分区域土壤墒情较好，甘肃陇东、陕西陕北、宁夏中部和南部墒情不足，部分地区干旱。

2. 灌溉建议。本区域水资源匮乏，十年九旱，部分地区十年十旱。旱地以蓄水保墒为核心，采用深松蓄水、保水剂拌种拌肥、强化地膜或全生物降解地膜覆盖。灌区以高效灌溉为核心，重点推广膜下滴灌，配套水肥一体化技术。

墒情适宜且地温达到播种条件地块应抢墒播种。灌区播种期墒情不足地块，播种后应补灌1次出苗水，苗期一般不灌水。拔节期土壤相对含水量低于60%时，应及时灌溉，结合灌水追肥；抽雄期土壤相对含水量低于65%时，及时灌溉，结合灌水追施粒肥；灌浆期土壤相对含水量低于70%时，及时灌溉；成熟期土壤相对含水量低于65%时，灌一次，增加粒重。旱地玉米大喇叭口期，可进行注水补灌。充分利用集雨设施集蓄雨水，将肥料溶解在水中，用注肥枪将肥液注射在根系附近，补水补肥，也可喷施水溶肥，补充锌等微量元素，提高结实率和穗粒数。

3. 节溉措施。本区域为渠灌和井灌混合区，可采用以下节水灌溉措施。渠灌区：一是小畦灌，每个小畦约0.5亩，田面相对高差不大于3厘米，每次灌水50～60米^{3}/亩。二是垄膜沟灌，每次灌水约50米^{3}/亩。三是膜下滴灌，宜少量多次灌溉，每次灌水量20～30米^{3}/亩，结合灌水追施水溶肥。井灌区：一是垄膜沟灌，每次灌水约40米^{3}/亩。二是膜下滴灌，每次灌水量15～30米^{3}/亩，结合灌水追施水溶肥。

主持人：希望今天的讲解能对农民朋友做好春玉米的科学灌溉有所指导和帮助。请农民朋友们结合本地实际情况，灵活运用，确保实现粮食丰收。

欢迎扫码收听

周末话题：

华北麦区冬小麦春季管理

节目嘉宾： 陈凤茹（河北省三河市农业农村局农业技术推广中心高级农艺师）
责任编辑： 张栋
主 持 人： 张栋　蒋龙
录音制作： 石涛
播出日期： 2020 年 3 月 29 日

【栏目片头】

掌握农情，政策解析，开阔视野，传递心声——三农早报

春季正是加强冬小麦田间管理，促进苗情转化升级，实现稳穗增粒的关键时期。农民朋友应该如何在做好“新冠肺炎”疫情防控的同时，不违农时进行麦田管理呢？今天，我们就来聊聊“华北麦区冬小麦春季管理”的话题。

主持人： 冬小麦春季田间管理的重要性有哪些？

陈凤茹： 春天是万物萌动的季节，蛰伏了一冬的小麦即将进入快速生长期。

冬小麦在春季要经历返青、起身、拔节 3 个生长期。

返青期主要是小麦生根、长叶和分蘖阶段，是形成亩穗数的关键期。返青期时间较长，大约历时 1 个月。返青期结束后随着天气进一步转暖，麦苗由匍匐转为直立，这个时期称为起身期，是从返青期到拔节期的过渡，时间不超过 1 周，小麦起身后生长速度加快，节间伸长并开始孕穗，这个时期就是拔节期，是保证穗粒数的关键时期。

亩穗数、穗粒数和千粒重这 3 个指标是保证小麦高产的必要条件。春季管理能影响到亩穗数和穗粒数，春季管理这个基础打不好，高产不可能实现。

主持人： 如何通过田间调查来掌握冬小麦生长实情？

陈凤茹： 走进麦田进行考察，做到“看苗、看地、看天”。

“看苗”是指苗情，也就是看苗子的长势，一定要清楚田间的苗子是壮苗、一般苗、弱苗还是旺苗。“看地”是指看土壤墒情好不好，有没有进行冬灌，越

冬期是否有有效降水，有没有冻土层。“看天”是指看天气，要密切关注天气变化，和常年比较，会不会出现倒春寒。

只有通过田间调查才能做到心中有数，才能为下一步开展田间管理打下坚实基础。

主持人：如何针对不同的麦苗，进行因苗施策、分类管理？

陈凤茹：对于旺苗，应以控为主。这类麦田在返青期至起身期阶段应及早镇压，可有效抑制春季分蘖和基部节间过度伸长。

对于瘦弱的三类苗，应以促为主。在早春表层土化冻 2 厘米时开始划锄，增温促早发。

针对二类苗，重点是适当促进春季分蘖，巩固冬前分蘖，提高分蘖成穗率。应在小麦起身期进行肥水管理。

针对一类苗，要突出氮肥后移。

对于旱地麦田，应在早春土壤化冻后抓紧进行镇压划锄，以提墒、保墒。

主持人：如何做好追肥和浇水？

陈凤茹：针对冬灌麦田，第一次浇水要适当推迟，能晚则晚，晚比早好。因为小麦的根系非常发达，主根入土深度能达到 2 米，根随水走，适当晚浇水能促根深扎。现在春季第一次肥水基本上在 3 月下旬到 4 月上旬，高产地块甚至推迟到 4 月中旬，4 月上旬正好是小麦拔节期，通过 1 个月的抗旱锻炼，小麦生长后期就会根深叶茂，形成良好的产量结构，虽然推迟了第一次水，但是小麦产量却能大幅度提高。

追肥要前重后轻、分次追施，不要“一炮轰”。通常我们建议第一次追肥是在起身拔节期，每亩追施尿素最多不要超过 20 千克，第二次接力肥是在小麦挑旗抽穗期，每亩追施尿素不超过 10 千克。

过量施肥会造成营养生长过剩，直接表现为叶大、蘖多、群体大，易感病，后期必然茎长秆细，易倒伏，并且穗粒少，粒重轻，难获高产，甚至大幅度减产，浪费了肥料，还造成土壤污染。

主持人：镇压划锄有哪些作用？

陈凤茹：镇压可以压碎土块，弥补裂缝，使冬季冻融疏松的土壤沉实，使土壤与根系密切接触起来，有利于根系吸收水分、养分，减少水分散失。

划锄具有良好的保墒、灭草等效果，可以说适用于各类麦田，但要注意因地、因苗制宜。

现在有些农户考虑到人工成本，基本不进行人工镇压划锄，小麦种植大户和农业合作社都使用机械镇压划锄，效率高，效果好。可以预见，将来随着小麦集约化种植程度的不断提高，机械化镇压划锄会再一次普及。

主持人：如何预防持续低温天气对冬小麦的危害？

陈凤茹：农民朋友要密切关注天气变化，在寒流降温之前做好麦田灌水，改善土壤墒情，调节近地面小气候，减小地面温度变化幅度，防范早春冻害。一旦发生了倒春寒冻害，要及时采取适量追施尿素，然后浇水，配合喷施植物生长调节剂等补救措施，促使受冻害小麦尽快恢复生长。

主持人：冬小麦春季病虫草害防治措施有哪些？

陈凤茹：做好绿色防治病虫草害。

麦田杂草的防治：华北地区田间杂草以播娘蒿、荠菜等阔叶类杂草为主，禾本科杂草也时有发生，在小麦返青、起身期，可开展人工除草与化学防治相结合。对播娘蒿、荠菜等阔叶杂草可采用苯磺隆、麦施达等药剂，按规定比例加水喷施；对禾本科杂草雀麦、节节麦等用世玛或阔世玛等药剂，按比例加水喷施。

小麦常见病害防控：小麦春季易发生根部病害，如茎基腐病、根腐病、纹枯病等病害，如果不及时防治会造成麦苗叶片变黄、苗瘦弱，个别地块甚至出现死苗。在返青、起身期，可结合化学除草，加入苯甲·丙环唑悬浮剂或甲基硫菌灵可湿性粉剂等进行喷施，实现一喷多防。

关于小麦的春季害虫，主要是地下害虫，要密切监测，及时防治。在病虫草防治这个环节一定要注意严格按照要求操作，以免发生药害，同时也要加强喷药作业人员的安全保护，防止发生药物中毒。

欢迎扫码收听

周末话题：

如何推进我国农业绿色发展

节目嘉宾： 王飞（时任农业农村部农业生态与资源保护总站生态农业处处长）
责任编辑： 蒋昕臻　田静
主 持 人： 蒋昕臻
录音制作： 王迪
播出日期： 2019 年 11 月 24 日

【栏目片头】

掌握农情，政策解析，开阔视野，传递心声——三农早报

农业农村部农业生态与资源保护总站生态农业处处长王飞做客栏目，畅谈农业绿色发展科学内涵和绿色发展理念。

主持人： 农业绿色发展的科学内涵是什么？

王　飞： 深刻理解农业绿色发展观深刻革命的科学内涵。什么叫绿色革命？实际上这里面表层的意思有两点，第一点，我们以前所从事的工作不是绿色的，或者说不完全是绿色的，所以要往绿色方面来转变。第二点是革命，什么叫革命？为什么不叫转变？革命意味着什么？革命意味着彻彻底底的重生，就是要求我们坚持往绿色方向发展的信念。所以这个词从字面上大家都能理解，之所以叫绿色革命，就是希望大家能够认识到，我们现在把农业绿色发展提到一个很高的程度。

主持人： 绿色革命的内涵有哪些？

王　飞： 从价值观的角度来讲，农业绿色发展是新发展理念的一种具体体现。从农业来讲，农业实际上是跟绿色发展关联最深的一个行业。农业本身就是绿色的，或者说它的底色就是绿色，而整个农业的生产实际上是为全国人民提供绿色。当然这里边有绿色的环境、绿色的产品等多个含义。推进农业绿色发展，实际上是新发展理念在农业农村现代化推进工作中的重要体现。推进农业绿色发展，首先要牢固树立绿色发展的理念，掌握正确的思想方法。

主持人：重要的绿色发展理念有哪些？

王　飞：第一点，要树立尊重自然、顺应自然、保护自然的理念。党的十九大报告明确提出，人与自然是生命的共同体，人类必须尊重自然、顺应自然、保护自然。古代人讲，人都是自然之子。古代还强调天人合一，这实际上都是很朴素的人类尊重自然的理念的体现。

第二点，要树立发展与保护相互统一的理念。习近平总书记指出，要正确处理好经济发展同自然生态环境保护的关系，牢固树立保护生态环境就是保护生产力，改善生态环境就是发展生产力的理念。这个重要论述实际上深刻阐述了生态环境保护与生产力之间的关系，要平衡好发展与保护的关系，给我们子孙后代留下天蓝、地绿、水净的美好家园，实现发展与保护的内在统一，相互促进。

第三点，习近平总书记的“两山”理念，要树立“绿水青山就是金山银山”的理念。生态就是资源，生态就是生产力。十九大报告反复强调，必须树立和践行“绿水青山就是金山银山”的理念。

第四点，山、水、林、田、湖、草是一个生命共同体的理念，习近平总书记讲山、水、林、田、湖、草是一个生命共同体。它们之间的关系是什么呢？人的命脉在田，田的命脉在水，水的命脉在山，山的命脉在土，土的命脉在树。大家有时间的话，可以思考一下这段话，非常的有哲理，通过一个人、一个物体对另一个物体的依赖关系，很好地阐述了这种相互之间链条式的关系。农业是与自然联系最为紧密的生态产业，农业本身就具有绿色属性，推进农业绿色发展，就是要将山、水、林、田、湖、草作为完整的生态系统来进行规划和管理，打造良好的田园生态系统、草原生态系统、水域生态系统，构建科学合理的农业生态格局，这是我重点讲的4个理念，当然还有很多理念，如树立自然价值和自然资本的理念、循环发展的理念、空间均衡的理念，等等，这些理念实际上都是我们在农业发展中必须牢固树立的绿色发展理念。

【节目片花】

各级农业部门深入学习贯彻习近平总书记系列重要讲话精神和治国理政新理念、新思想、新战略，以农业供给侧结构性改革为主线，以绿色发展为导向，以体制改革和机制创新为动力，走出一条产出高效、产品安全、资源节约、环境友好的农业现代化道路。

第一要准确把握农业绿色发展的深刻内涵。一是更加注重资源节约，这是农业绿色发展的基本特征；二是更加注重环境友好，这是农业绿色发展的内在属性；三是更加注重生态保育，这是农业绿色发展的根本要求；四是更加注重产品质量，这是农业绿色发展的重要目标。

第二要着力解决农业绿色发展面临的突出问题。一是着力解决农业资源趋紧问题；二是着力解决农业面临污染问题；三是着力解决农业生态系统退化问题；四是着力解决农产品质量安全问题。

第三要切实抓好农业绿色发展重大行动。一是畜禽粪污治理行动；二是果菜茶有机肥替代化肥行动；三是东北地区秸秆处理行动；四是农膜回收行动。五是以长江为重点的水生生物保护行动。

第四要强化农业绿色发展的保障措施。一是健全农业绿色发展的支持政策。二是强化农业绿色发展的科技支撑。三是培育农业绿色发展的经营主体。四是建立农业绿色发展的监测评价体系。

欢迎扫码收听

周末话题：

解读《农作物病虫害防治条例》

节目嘉宾： 徐海燕（中国社会科学院政治学研究所研究员）
责任编辑： 张栋
主 持 人： 张栋　蒋龙
录音制作： 王迪
播出日期： 2020 年 5 月 1 日

【栏目片头】

掌握农情，政策解析，开阔视野，传递心声——三农早报

近年来，随着气候变化、耕作栽培方式改变和农作物复种指数提高，我国农作物病虫害呈多发、频发态势，重大农作物病虫害时有发生。2020 年 5 月 1 日起，我国《农作物病虫害防治条例》施行，为我国粮食安全、农产品质量安全以及生态环境保护提供了法律保障。今天，我们请专家解读《农作物病虫害防治条例》。

主持人：《农作物病虫害防治条例》是一部怎样的法规？

徐海燕：《农作物病虫害防治条例》是 2020 年农业农村领域的重要法规，是针对农作物病虫害防治制定的，对病虫害的监测预报、预防控制、应急处置等作出了全链条防治安排，从法律层面为防治病虫害布下“天网”，可谓恰逢其时。

主持人：《农作物病虫害防治条例》是如何对农作物病虫害进行界定的？

徐海燕：《农作物病虫害防治条例》按照农作物病虫害的特点和危害程度，将农作物病虫害分为 3 类。

一类农作物病虫害，是指常年发生面积特别大或者可能给农业生产造成特别重大损失的农作物病虫害，其名录由国务院农业农村主管部门制定、公布。

二类农作物病虫害，是指常年发生面积大或者可能给农业生产造成重大损失的农作物病虫害，其名录由省、自治区、直辖市人民政府农业农村主管部门制定、公布，并报国务院主管部门备案。

三类农作物病虫害，是指一类农作物病虫害和二类农作物病虫害以外的其他农作物病虫害。

当前对农业威胁最大的沙漠蝗、草地贪夜蛾等害虫，是一类农作物病虫害。

主持人：政府部门、农业生产经营者在农作物病虫害防治中分别承担什么责任呢？

徐海燕：在防控的主体上，《农作物病虫害防治条例》提出了3级责任主体。

第一级责任主体是国务院农业农村部，主管负责全国农作物病虫害防治的监督管理工作。

第二级责任主体是县级以上人民政府的农业农村部门。县级以上人民政府作为中央和地方农作物病虫害防治工作的重要层级，起到了承上启下的作用。

第三级责任主体是乡（镇）人民政府的农业农村部门。主要职责是协助上级政府相关部门做好本区农作物病虫害防治宣传、动员、组织等工作。

明确划分了防治责任。

首先是县级以上人民政府农业农村主管部门组织相关机构开展与农作物病虫害防治有关的技术工作。

其次是农业生产相关单位和个人应当做好工作范围内的农作物病虫害防治工作，并对政府开展的防治工作予以配合。

最后是农业经济组织、村民委员会的配合工作。

《农作物病虫害防治条例》对防控责任的明确规定，充分体现了新时代中国农业发展战略思想，即充分发挥各级领导组织优势，同仇敌忾，万众一心，以“人民利益为中心”，充分体现中国特色社会主义“集中力量办大事”的体制优势。

主持人：《农作物病虫害防治条例》在完善农作物病虫害监测预报制度方面做了哪些规定？

徐海燕：《农作物病虫害防治条例》明确指出，在建立农作物重大病虫害预警系统时，监测技术规范由省级以上人民政府制定。内容包括病虫害发生的种类、时间、范围、程度；害虫主要天敌种类、分布与种群消长情况；影响农作物病虫害发生的田间气候等多方面内容。增强病虫测报也是增强公共服务能力的主要表现之一。

《农作物病虫害防治条例》对病虫害的监测与预报方面也明确了责任。提出由国家建立农作物病虫害监测制度。国务院农业农村主管部门负责编制全国监测网络规划并组织实施。省、自治区、直辖市人民政府相关部门负责编制本行政区域内的监测网络建设规划并实施。县级以上人民政府相关部门应当加强对监测网络的管理，包括应当按照规定及时报告农作物病虫害监测信息。农业生产经营者等有关单位和个人应当配合做好农作物病虫害监测。

主持人：《农作物病虫害防治条例》为何强调坚持“绿色防控”？

徐海燕： 农业供给侧改革指的就是给老百姓提供更为环保的绿色的农产品，就是要增加绿色优质农产品的供给，狠抓农产品标准化生产，品牌创建，质量安全监管，推动质量兴农、绿色兴农。

农药是一把双刃剑，它有保护农作物免受病虫害危害的重要作用，但同时也可能造成环境污染。《农作物病虫害防治条例》提出，国家鼓励和支持开展农作物病虫害防治科技创新、成果转化和依法推广应用，推进农作物病虫害防治的智能化、专业化、绿色化；国家鼓励生态治理，使用先进施药机械以及安全、高效、经济的农药。该条例同意使用农药必将会为农药行业带来发展机遇。

主持人： 习近平总书记指出，中国人的饭碗任何时候都要牢牢端在自己手上，我们的饭碗应该主要装中国粮。《农作物病虫害防治条例》的施行对保障我国粮食安全以及生态文明建设意义重大。做好农作物病虫害防治，种好中国粮食，端好中国饭碗。

欢迎扫码收听

周末话题：

以绿色驱动农业高质量发展

主讲嘉宾： 张洋（农学博士，农业经济管理专业博士后，中国农业科学院农业资源与农业区划研究所副研究员）
责任编辑： 张栋
主 持 人： 张栋
录音制作： 王迪
播出日期： 2020 年 8 月 9 日

【栏目片头】

掌握农情，政策解析，开阔视野，传递心声——三农早报

推进农业绿色发展是农业发展观的一场深刻革命。农业绿色发展是推进农业高质量发展、农业农村现代化和实施乡村振兴战略的重大举措，对保障国家食物安全、资源安全和生态安全具有重大意义。即将到来的“十四五”是将绿色、高质量发展从理念转向实质性行动的第一个五年规划。在世界农产品需求持续上升、国际贸易环境不确定性增大的背景下，以绿色驱动我国农业高质量发展意义重大。

今天节目聊一聊“农业绿色高质量发展”的相关内容。

主持人： 农业绿色发展内涵是什么？

张　洋： 农业绿色发展，“农业”是主体，“发展”是核心，“绿色”是方式也是目标。农业绿色发展是更加注重资源节约、生态保育、环境友好和产品质量的高质量发展，是以资源环境承载力为基准，以资源利用节约高效为基本特征，以生态保育为根本要求，以环境友好为内在属性，以绿色产品供给有力为重要目标的人与自然和谐共生的发展新模式。

主持人： 农业绿色发展在推动我国农业农村高质量发展方面要实现怎样的目标？

张　洋： 绿色是农业的底色，也是对农业生产方式与生活方式的目标导向，

农业绿色发展作为现阶段农业发展的主旋律与新模式，根本目标是实现农业生产、生活、生态的“三生”融合发展，在推动我国农业农村高质量发展具体目标设定方面主要体现在“四高一强”，即产品质量高、产业效益高、生产效率高、经营者素质高、国际竞争力强。

主持人：近年来，农业绿色高质量发展取得了哪些成效？

张 洋：一是通过推行农业标准化生产、发展生态健康水产养殖等措施，农业生产方式持续向绿色化转型；二是通过水土资源保护与节约利用等措施，农业资源节约与保育不断加强；三是通过推动农业投入品减量、农作物秸秆综合利用、畜禽粪污资源化利用、废旧农膜回收利用等工作，农业产地环境治理成效显著；四是农业生态系统保护建设取得明显进展；五是农产品质量安全水平持续向好，优质农产品供给能力不断提升。

主持人：农业绿色高质量发展还面临哪些挑战？

张 洋：所面临的挑战主要表现在，农业由增产导向转向提质导向的理念尚未普及，农产品生产结构与市场不匹配，绿色优质特色农产品还不能满足人民群众日益增长的需要；农产品按标生产的标准体系、可追溯体系、制度体系还不健全，执法监管力量薄弱，质量安全风险隐患犹存；农业生产经营方式相对粗放，大水漫灌、农膜超量使用、落后的施药、施肥方式仍占一定比例，部分地区资源过度消耗，产地环境治理难度大，资源环境约束日益趋紧；农业科技重大原创性前沿性成果不多，缺乏创新性技术、设备与产品的集成与整装，“政产学研”结合不够紧密，科研和生产“两张皮”现象突出；农业产业链尚未得到充分拓展与延伸，一二三产业融合深度不够，农产品深加工发展滞后，产销市场衔接不畅；农业大而不强、多而不优问题依然存在，部分产品进口依存度偏高，农业国际竞争力亟待提升。

主持人：实现农业绿色高质量发展的具体路径是什么？

张 洋：技术创新是农业绿色发展之本；探索农业绿色发展的长效运行机制与支持政策体系；充分发挥国家农业绿色发展先行区的示范带动作用；加强农业绿色发展动态观测与监测；推进人才队伍建设，为我国农业绿色转型升级提供重要保障。

主持人：对下一阶段农业绿色高质量发展的建议？

张 洋：首先，要更新观念，使农业绿色发展成为各阶层、各群体、各主体乃至整个社会的思想自觉、潜在意识和价值取向；其次，要强化水土资源和生物资源的保护，创新农作物秸秆、畜禽粪便和农膜的资源利用方式，构建绿色发展的新型农业生产模式，将农业资源开发利用强度降下来，留住肥沃的耕地、干净的水源、美丽的田园，保持农业农村可持续发展的资源环境基础，如在我国东北平原、黄淮海平原、长江中下游平原等粮食主产区，可以构建以资源高效利用和地力培育为核心的可持续高产模式，解决我国粮食主产区土地资源高强度利用带来的耕地质量下降、肥料和灌溉水利用率低、秸秆还田困难、农艺与农机脱节等问题；再者，重点要延伸农业产业价值链，创新绿色农产品的价值增值方式，谋求农业更长远的发展与国际竞争优势；最后，要着重提升绿色农产品供给能力，形成绿色的生活消费方式，激发农业绿色发展的内生动力，通过绿色消费倒逼绿色生产，促进生产方式和消费模式向勤俭节约、低碳健康的方向发展。

欢迎扫码收听

周末话题：

全国“农村假冒伪劣食品专项整治行动”专访

节目嘉宾： 王为民（农业农村部农产品质量安全监管司监督处处长）
责任编辑： 蒋昕臻　祝巍
主 持 人： 蒋昕臻
录音制作： 王迪
播出日期： 2019 年 3 月 18 日

【栏目片头】

掌握农情，政策解析，开阔视野，传递心声——三农早报

农村食品质量安全，事关群众健康和合法权益，事关农村社会和谐稳定和乡村振兴战略实施。由农业农村部牵头，为期 3 个月的农村假冒伪劣食品专项整治行动已接近尾声，具体情况如何呢？今天节目主题是介绍“农村假冒伪劣食品治理”的情况。

主持人： 为什么要开展这次专项整治行动？

王为民： 改革开放以来，农民生活水平持续提升，正在从温饱走向全面小康，对食品安全的要求也越来越高。为保障农民群众吃得安全、吃得放心，各地区、各有关部门采取有力措施加强农村食品安全监管。经过努力，目前农村食品安全状况已经得到较大改善，安全水平有了很大提升。但对标实施乡村振兴战略、全面建成小康社会的要求，农村假冒伪劣食品问题依然存在，特别是在经济落后的偏远农村，该问题还比较突出。突出表现为个别“黑工厂、黑窝点、黑作坊”违法生产，假冒食品、“三无”食品、劣质食品、过期食品等问题时有发生。这些假冒伪劣食品严重侵害农民群众合法权益，危及了人们身体健康，破坏了市场秩序，损害党和政府的形象，社会反映很强烈，中央领导同志也专门作出批示要求加强治理。

主持人： 为什么假冒伪劣食品会在农村盛行？

王为民： 农村假冒伪劣食品由来已久、屡禁不绝，这主要与农村经济社会发

展现状有关。深入分析发现，主要有农村市场消费水平低、部分农村居民质量安全意识不高、生产经营主体素质偏低、农村市场监管薄弱、商标侵权假冒问题严重5个方面的原因。

第一个原因是农村市场消费水平低。当前城乡发展不平衡、不充分，农民可支配收入相对较低，很多时候明知是假冒伪劣食品也会购买，给假冒伪劣食品厂商可乘之机。根据问卷调查，当假冒伪劣食品价格比正规食品价格低20%时，55.4%的农村居民会选择购买。

第二个原因是农村居民质量安全意识不高。“不干不净，吃了没病”的观念仍然存在。据问卷调查，目前仍有部分农村居民不了解假冒伪劣食品，防范意识差，辨识能力普遍较低，在选购食品时，首先关注外观和口感，只要不引发急性中毒，就认为是安全的，而对是否是正规企业生产、是否假冒品牌等并不关心，也不知如何辨识。

第三个原因是生产经营主体素质偏低。农村食品生产主体众多，“小散乱”问题突出，一些生产者缺乏诚信意识和法律意识，也有一些生产者唯利是图、明知故犯、知假造假。

第四个原因是农村市场监管薄弱。农村市场点多、面广、事杂，基层监管力量、条件、手段等保障不足。调研中发现，大部分乡（镇）监管所只有2～3名监管人员，有的甚至只有1名。受农村经济条件制约，对部分违规生产经营假冒伪劣食品的商家处罚难以执行到位。

第五个原因是商标侵权假冒问题严重。农村假冒伪劣食品中很大一部分是假冒品牌或者“傍名牌”，恶意仿冒知名商标，很容易误导消费者。加之农村消费者识假辨假能力弱（如有的企业将产品名称标成“TM”，使消费者误以为是注册商标），常被误导而受伤害。

主持人：整治目标“五个一批”指的是什么？

王为民：“五个一批”，就是收缴一批假冒伪劣食品，处理一批“山寨”食品商标侵权案件，移送一批违法案件，严惩一批违法犯罪分子，曝光一批典型案例，目的在于全面打击生产经营农村假冒伪劣食品等违法违规行为，形成有效的震慑氛围，2019年春节前，农村假冒伪劣食品问题得到有效改善。

主持人：整治重点突出3个方面指的是哪3个方面？

王为民：第一方面是整治对象，重点针对小作坊、小商店、小摊点、小餐馆、小商贩等食品生产经营主体和农村集市、食品批发市场。

第二方面是整治品类，重点突出方便食品、休闲食品、酒水饮料、调味品、奶及奶制品、肉及肉制品等农村消费量大的食品品类。

第三方面是整治违法违规行为，主要针对6种情形。一是假冒食品，即冒用品牌，包括使用不真实的厂名、厂址、商标、产品名称、产品标识等信息，如多地查处的假牛栏山二锅头。二是侵权“山寨”食品，俗称“傍名牌”，通过在食品包装标识上使用文字、商标、图案、颜色、字体等仿冒知名企业同类产品，如“澳丽粤”“康帅傅”“六大核桃”等等。三是食品假货，即“挂羊头卖狗肉”，如假羊肉、假驴肉等假冒肉。四是“三无”食品，没有生产厂家、生产日期和生产许可，质量安全难以保证。五是劣质食品，包括以次充好、不符合国家食品安全标准的食品。六是过期食品。

主持人：在整治措施上有哪些要求？

王为民：在整治措施上，明确了“五大”要求。

第一，要求开展生产经营环节执法大检查，集中收缴一批农村假冒伪劣食品。

第二，要求开展农村食品商标大保护，查处一批商标侵权假冒案件。

第三，要求开展农村假冒伪劣食品线索大追查，严惩一批违法犯罪分子。

第四，要求开展农村假冒伪劣食品共治大行动，规范农村食品市场秩序。

第五，要求开展食品安全和法律标准等知识大培训，增强守法生产经营和安全消费意识。

欢迎扫码收听

周末话题：

新形势下生猪生产与供需分析

节目嘉宾： 朱增勇（中国农业科学院北京畜牧兽医研究所副研究员，农业农村部猪肉全产业链监测预警首席分析师，国际畜产品生产和贸易预警首席专家）

责任编辑： 张栋

主 持 人： 张栋　蒋龙

录音制作： 王迪

播出日期： 2020 年 6 月 14 日

【栏目片头】

掌握农情，政策解析，开阔视野，传递心声——三农早报

我国不仅是猪肉生产大国，也是消费大国。猪粮安天下。针对 2019 年以来生猪生产和猪肉价格出现的波动，中央把生猪稳产保供作为当前经济工作的一件大事，出台了一系列稳价保供政策举措，推动生猪产能逐步恢复。我国目前生猪生产的现状是怎样的，采取什么措施才能确保今年年底前生猪产能基本恢复到接近正常年份水平呢？今天，我们就来聊聊恢复生猪生产的话题。

主持人： 近期猪肉价格有所下降的主要原因是什么？

朱增勇： 第一个原因是，1—3 月每月的规模以上定点屠宰企业屠宰量同比降幅大概在 37%～38%。但到了 4 月，生猪出栏环比出现了一个明显的恢复，环比增长了 9.1%，屠宰量同比降幅又缩窄到 30.6%，跟上个月相比，降幅缩窄了 6.3 个百分点。

第二个原因是前期压栏大猪的影响。从 2 月中上旬开始，由于受新型冠状病毒肺炎（以下简称新冠肺炎）疫情防控的影响，有一部分中小户的商品猪出现压栏的情况，从 2 月底猪价开始下跌以后，养猪户会有这么个心理，就是卖涨不卖跌，因此相当一部分人选择持续压栏，这种状况一直持续到 4 月底。在 5 月第一周和第二周，生猪的价格和猪肉的价格都出现明显的下跌。其中，主要一个原因

就是大猪出栏。

第三个原因是目前整个猪肉的进口量保持在比较高的水平。

第四个原因是目前的猪肉消费水平相对较低，新冠肺炎疫情之后，餐饮等加工消费都受到了一定的抑制。

另外，从 1 月开始，连续 20 次投放冻猪肉，相当于每个月投放 4 次左右，每次的投放量为 1.8 万吨，这部分投放的冻品的价格是非常具有竞争力的。

主持人：我国生猪产能恢复情况如何？

朱增勇：到 2020 年 4 月，能繁母猪的存栏连续 7 个月呈恢复态势。

从 2019 年 9 月开始，国务院办公厅出台了《关于稳定生猪生产促进转型升级的意见》。在市场价格刺激以及相关政策的鼓励支持下，能繁母猪和生猪的产能开始恢复性增长，到今年的一季度末，生猪的存栏量恢复到 3.2 亿头，能繁母猪的存栏量恢复到 3 381 万头，跟 2019 年 12 月相比，环比增加了 3.5%，这是一个非常好的迹象。4 月生猪的存栏量保持比较稳定、快速的恢复性增长。到 4 月，能繁母猪同比降幅收窄到 15%以内，已经接近 2018 年同期水平的 80%。生猪存栏量与 2018 年同期的降幅相比，收窄到 20%左右。

主持人：国家出台了哪些生猪稳产保供支持政策？

朱增勇：国务院在 2019 年 9 月 6 日出台了《国务院办公厅关于稳定生猪生产促进转型升级的意见》，这个政策一共出台了 23 条支持生猪发展的政策措施。

随后农业农村部会同国家发展和改革委员会、财政部、自然资源部、生态环境部、交通运输部、银保监会等部门，贯彻党中央和国务院的部署，从稳定生猪生产、构建现代化养殖体系、加强疫病防控、健全现代物流体系、强化政策保障措施这 5 个方面出台了具体的细化措施。

在 2019 年年底，农业农村部又出台了关于《加快生猪生产恢复发展三年行动方案》，具体设定了不同省份的生猪产能恢复的目标。通过这些目标的设定，强化了责任的落实，有利于后期整个政策的落定和有效实施。

主持人：未来我国生猪产业发展趋势是什么？

朱增勇：未来我国生产也将走适度规模化发展的道路。适度规模化，特别是适度规模的家庭农场，更适合我国国情。在养殖模式上，特别是从去年下半年开始，很多养殖企业或者饲料企业，开始布局其所在的产业链的上下游。

另外一个未来发展趋势就是整个流通模式由调猪向调肉转变。

未来饲养、屠宰、加工、销售一体化经营的养猪集团的数量将会进一步增加。

主持人：生猪养殖户该怎样合理安排生产，减少风险？

朱增勇：从养殖户层面来说，未来要走科技环保养殖的道路。首先，要提升生物安全的意识，积极防控非洲猪瘟疫情，这是能够保障获得足够稳定利润的一个前提。

其次，还要加强母猪、仔猪的管理，提高仔猪成活率，这样能够提升农场的成本竞争力，提高农场补栏、扩产的成功率。

另外，很多的养殖户对于后市有不同的判断，但是我建议广大养殖户还是要减少盲目投资，不要投机育肥。对于喜欢投机育肥的这类养殖户来说，我建议他们对后期生产要进行合理安排，如果整个生产成本过高，后期可能会面临一定的市场风险。

欢迎扫码收听

周末话题：

休闲观光农业的发展模式

节目嘉宾： 何深（农业农村部创新创业指导讲师团专家）
责任编辑： 张栋
主 持 人： 张栋　蒋龙
录音制作： 王迪
播出日期： 2020 年 4 月 26 日

【栏目片头】

掌握农情，政策解析，开阔视野，传递心声——三农早报

休闲观光农业是一种以农业和农村为载体的新型生态旅游业，通过规划和开发田园景观、自然生态以及环境资源等方式，为消费者提供休闲放松的好场所。近年来，这一业态在国内外的发展可以说是十分迅速，并逐渐形成了几种经典的发展模式。我们节目也非常关注休闲观光农业的发展。今天，我们就来聊一聊"休闲观光农业的发展模式"。

主持人： 我国休闲观光农业的发展模式有哪些？

何　深： 我国休闲观光农业主要有观光采摘园、教育农园、农家乐、市民农园、民俗文化村、度假休闲农庄、高科技示范园区以及生态农业园这几种发展模式。

主持人： 什么是农家乐？

何　深： 农家乐是以农民家庭为基本接待单位，以利用自然生态与环境资源、农村活动及农民生活资源、体验农村生活为特色，以农业、农村、农事为载体，以"吃农家饭，住农家屋，干农家活，享农家乐"为主要内容，以旅游经营为目的的休闲农业项目。一般是在原有的农田、果园、牧场、养殖场的基础上，将环境略加美化和修饰，以纯朴的农家风光吸引城市居民前来观光游览。

主持人： 农家乐这种休闲观光农业发展模式有着怎样的特征？

何　深： 农家乐休闲观光农业发展模式有以下几个特征。

1. 游客以中、低收入的城市居民为主，一般农家乐的费用比较便宜，旅游消费实惠，颇受都市游客的青睐。

2. 农家乐具有休闲农业最基本的乡土气息，游客可以直接亲近大自然，可以直接参加农家所进行的各种农事活动，还可以品尝到少见的农产品，或者收获自己付出劳动而得到的劳动果实。

3. 观光项目受到农业生产季节的限制，淡季、旺季差别往往十分明显。通常生产管理季节是观光旅游的淡季，游客寥寥无几，旅游收入很少；收获季节则游客较多，应接不暇。

主持人：如何打造农家乐？

何　深：首先，发展“农”项目，着力突出一个“农”字，整个行程下来，应确保都是原汁原味的农家特色，这是农家乐得以发展的生命力和精华所在。规划地区的周边环境要保留农村独有的田园风貌和当地特有的建筑风格。游乐项目要突出农村日常生活的体验，农作、喂养、手工制作、农村娱乐活动等方面，让游客通过亲身参与收获归田园居的体验。农家乐周边环境要自然、清幽、安逸，力求做到周边有山有水、有田有地，让城市居民来到这里后，能够暂时忘却城市的喧嚣、琐碎的工作，全身心地投入在农家乐旅游的魅力中。

其次，提供“家”食宿。食宿要具有家庭特色经营的风格，服务要带给游客家的设施、家的饭菜、家的温馨，让游客感觉仿佛来到了第二个家。避免城市化、饭店化倾向，在住宿方面要提供土炕、通铺等农家住宿，减少席梦思等酒店化设施，被褥保证洁净卫生，整个房间干净、舒适感强，让游客可以得到完全的放松与休息，饮食方面要确保新鲜、天然，现在许多农家乐的肉、菜、蛋、奶是从农贸市场、批发市场采购的，没有天然的感觉，无形中也增加了经营成本。

主持人：如何通过高质量服务赢得消费者？

何　深：农家乐的服务人员要掌握基本的礼仪，在迎客、招待、送客、交谈、举止等方面，既要大方得体，又要服务到位。服务尽可能周全，如准备几把雨伞，以防突然下雨客人没带伞；建立医务室，应对游客在游玩中遇到的腹泻、磕伤、感冒等小毛病。让游客玩得开心、玩得舒心。

提供独特的设施与餐饮。不同类型的农家乐可以采用不同类型的建筑和装饰，根据展开的活动和服务增加相应的设施，但总体来说要保持乡土特色，要注意建筑布局的科学合理，建筑风格、活动区域以及建筑外观等都应与乡村环境相协调。

要有乡土的味道与体验。位于乡村或城郊地区，乡土特征鲜明，这是农家乐旅游最为显著的特点。无论是作为旅游吸引点，还是农家乐旅游的载体，村社组织、乡村生活和田园风光在农家乐旅游中都具有举足轻重的意义。

主持人：农家乐经营者如何加强品牌意识？

何　深：农家乐要打造品牌，需根据当地的特点与主题进行市场宣传。通过开展专业的市场销售和互联网宣传，打响知名度，拓宽销售渠道，提供高品质旅游设施和星级服务，提高景区接待水平，进行星级划分，挂牌公示，农家乐个体间相互形成竞争，使得知名品牌与高品质的农家乐形象逐渐深入人心，要注重将发展农业创意产业与发展农家乐旅游密切结合，以农家乐的发展带动创意农业发展，以创意农业促进农家乐的发展。

发展农家乐要以“独特创意造就品牌”为目标，扬长避短，表现和突出自己的特色。创意是抢占市场的有力法宝，是产业维持长久生命力的有效支撑。创意可以是借鉴的，但是要避免照搬或者模仿，否则只会阻碍发展的脚步。只有在农家乐的开发中突出当地的创意特色，才能获得长远的发展和高额的利润。

要做到全方位多角度的拓宽市场。首先，要加大宣传，利用互联网的便利性，建立官方网站，注册品牌官方微博，组织团购旅游，在知名网站发布专访文章，在互联网上先打响声势。其次，可以与电视台、报社、企业等机构进行合作，举办一些实地的活动、录制节目，用动态的方式为农家乐进行宣传。

欢迎扫码收听

周末话题：

让乡村旅游多些文化风情

主讲嘉宾： 苏明明（中国人民大学环境学院副教授，中国自然资源学会旅游资源专业委员会委员，中国农学会农业遗产分会委员，中国人民大学扶贫研究院兼职研究员，中央民族大学可持续旅游与减贫研究中心特聘研究员）

责任编辑： 张栋

主 持 人： 张栋

录音制作： 王迪

播出日期： 2020 年 10 月 25 日

【栏目片头】

掌握农情，政策解析，开阔视野，传递心声——三农早报

如今，乡村旅游已成为国内旅游的主要类型，2019 年国内乡村旅游人次达 30.9 亿，占国内旅游总人次的一半以上。同时，人们的旅游需求也在升级，越来越多的游客不再满足于住个农家乐、吃个农家菜，钓个鱼、摘把菜，而是希望在乡村旅游中感受文化、愉悦身心、留住乡愁。

随着旅游进入大众化时代，“像当地人一样生活”已成为游客对旅游体验的一种向往，这种向往其实就是对另一种文化的渴望。乡村旅游发展的最高境界是文化旅游。今天节目聊一聊“让乡村旅游多些文化风情”的话题。

主持人： 国内乡村旅游主要有哪些发展模式？

苏明明： 我们国家的乡村旅游已经不再停留在农村生活这一单一维度的体验上，而是逐渐依托乡村宜人的自然和文化环境，朝着集欣赏、休闲、学习、参与、娱乐、购物和度假于一体的综合型方向发展。

依托“旅游+”这种产业融合发展思路，我国的乡村旅游已经突破了农家乐的最初模式，目前有多种多样的不同形式。传统村落、特色小镇、主题农庄、农业产业园、农事民俗体验园、田园综合体、乡村民宿、共享农庄、农业文化遗产

地等形式，满足不同类型游客不同需求和大家对于复合体验的要求。

主持人：发展乡村旅游的意义？

苏明明：发展乡村旅游一方面满足了城市居民的乡愁需求，也就是说城市居民对乡村所代表的传统、和谐的人际关系和闲适的慢生活方式有强烈的向往和情感依赖。乡村已经成为满足城市居民日益增长的乡愁体验和休闲需求的主要目的地。

乡村旅游能够促进乡村发展，是乡村振兴、生态文明、脱贫攻坚等国家战略的组成部分。乡村旅游能够为乡村赋能，给乡村带来各种就业机会和个人发展机会。

乡村旅游横跨一二三产业，兼容生产生活生态不同层面，融通工农商，链接城乡。在此基础上，乡村旅游依托乡村自然和文化环境及农业生产生活，开展多种经济活动，有效拓展多元产业的市场需求，有助于推广乡村产品的品牌形象，进而拓展乡村的农业产业链，促进乡村整体的转型和可持续发展。

发展乡村旅游能够满足城乡居民的多元需求，有利于形成农业强、农村美、农民富、市民乐的城乡融合发展格局。

主持人：我国乡村旅游发展现状如何？

苏明明：随着乡村旅游需求的不断增加，我国的乡村旅游供给也不断增长和多样化发展。农业农村部创建了全国休闲农业和乡村旅游示范市和示范县，评选了 5 批全国重要农业文化遗产系统；住房和城乡建设部评选了 5 批 6819 个中国传统村落；文化和旅游部、国家发改委发布了全国乡村旅游重点村。

从市场的视角来讲，我国乡村旅游市场规模不断增加。2019 年，全国乡村旅游的总人次已经超过 30 亿人次，占到国内旅游总人数的一半以上，乡村旅游总收入达到 1.81 万亿元。国庆、中秋的双节长假，是促进乡村旅游发展的重大时机，各个地方的乡村陆续举办了各种乡村文化旅游活动，推出了收麦子、割稻子、篝火、野钓、骑马、长桌宴、山歌对唱等具有特色的乡村农事娱乐体验类型活动，吸引了大量游客参与到乡村旅游中，在乡村看美景、尝美食、赏民俗、品文化，休闲放松。

乡村旅游已经成为我国城市居民休闲旅游旅居的重要目的地类型，尤其在当前疫情防控常态化的新形势之下，乡村成为大家出游休闲的首选方式之一。

主持人：如何用文化来丰富旅游内容，满足游客对乡村旅游多元化需求？

苏明明：要做好乡村旅游的文化文章，就需要深入挖掘乡村的文化资源，包括：传统建筑、村寨、文物古迹、农业遗迹、农耕器具、民间技艺、民俗礼仪、节日活动、乡村故事和传说、音乐艺术表现形式等方面，依据这些文化资源，寻求村民乐于展示、游客愿意体验的方式，把文化元素融入到旅游的各个环节，构建游客多维度体验乡村文化的单元和空间，让游客和旅游地产生情感共鸣。

鼓励乡村与文艺团队、文化站、文化企业进行合作，寻求更有创意的乡村旅游文化展示和体验形式，量身打造具有鲜明地域特征、文化内涵的文化旅游精品项目，设计开发制作具有地方文化特色的文化创意产品。当艺术和创意激活乡土文化资源的时候，村庄就充满了更多的活力和魅力。不同的文化艺术手段和旅游产业融合，是提升旅游吸引力，培育新的乡村经济增长点的方式。

欢迎扫码收听

农业资讯+每日关注：
“国际茶日”的创设及影响

农业资讯

责任编辑：祝巍

主 持 人：蒋龙　王凤婷

录音制作：王迪

每日关注

节目嘉宾：吴晓力（中国茶叶博物馆党委书记、馆长、文博研究员，中国国际茶文化研究会常务理事、副秘书长，浙江省茶叶学会副理事长）

责任编辑：祝巍

主 持 人：王凤婷

录音制作：王迪

播出日期：2020 年 5 月 21 日

【栏目片头】

掌握农情，政策解析，开阔视野，传递心声——三农早报

【农业资讯】

农业农村部召开调度会加强特色农业发展

2020 年丰收节乡村发展国际研讨活动征文启动

浙江省建成全国首个生态省

江苏省完成国内首笔农地流转“云签约”

陕西省开展农村闲置“两宅”盘活利用试点

【版块片花】

知农情、说农事、暖农心，服务“三农”——每日关注

【每日关注】

“国际茶日”的创设及影响

主持人：“国际茶日”的创设过程是怎样一个历程？

吴晓力：中国可以说是一个茶叶之国，是最早发现和利用茶树的国家。从史料记载来看，我们的祖先在3000多年前已经开始种植和利用茶树了，慢慢地发展成为茶叶种植规模最大、品种最全、茶文化底蕴特别深厚、茶消费非常广泛、产业发展非常发达的一个国家。基于这样的社会基础，为了推动全球茶产业发展，弘扬中国传统茶文化，2016年5月，原农业部代表我国政府首次提出了设立国际性茶叶纪念日的提议。在这个基础上逐步推动国际社会设立“国际茶日”，通过4年的努力，终于达成了共识。具体的提案在2018年12月和2019年6月分别通过联合国粮农组织理事会、联合国大会的审议批准，最后在2019年11月27日，由联合国大会第七十四届会议审议通过了设立“国际茶日”的动议。

从此以后，每年的5月21日就确定为全球的“国际茶日”。通过设立节日的形式，来赞美茶叶的经济价值、社会价值和文化价值，可以带动和促进全球农业的可持续发展。另外，从中国的角度来说，这个也是对中国人在世界茶文化、茶产业中作出的贡献的一种肯定，也确认了茶与健康、茶与生活、茶与世界各国人民同在的重要关系。

主持人：“国际茶日”的设立有哪些现实意义？

吴晓力：可以从4个方面来体现它的现实意义。分别是传播弘扬茶文化、活跃繁荣茶贸易、促进茶产业发展和带动茶农增收致富。

一方面，通过举办“国际茶日”庆祝活动以及一系列相关活动，有助于推动各方面的力量，可以群策群力，开展有利于茶叶可持续生产和消费的各种活动，敦促各方面力量，将茶叶作为一项应对饥饿和贫困产业方面达成共识，使广大公众能够更好地了解茶叶对农业发展和可持续生产的特殊重要性。另一个方面，“国际茶日”也是全世界茶人的节日，不仅我们国家积极倡导，世界上其他国家与地区也应行动起来，一起为带动茶农增收致富贡献力量。

主持人：为什么要选择5月21日作为“国际茶日”？

吴晓力：提议将“国际茶日”设置在5月21日，主要是考虑从中国的情况来看，我国的茶叶品种主要是红茶、绿茶，当年生产的大部分茶叶在5月中下旬的时候，基本都已上市，方便大家品鉴、交流和消费。从举办活动的时机来看，春夏之际，这个时候刚好合适进行各种茶文化主题活动。另外还有一个原因，全球最大的国际性茶业盛会——中国国际茶叶博览会，一般也是在这个时段举办。“国际茶日”跟茶业盛会可以相互呼应，形成茶产业发展的一个很好的宣传互动的契机，同时也便于广大公众对茶的美好，对与茶有关的各种生活感受，有一个更加系统的了解。

主持人：如果将茶文化当作是一种文化的软实力，我们应该怎么样去利用这个软实力帮助茶农增收致富？

吴晓力：经过千百年来的发展，可以说喝茶养生已经成为中国人的一种美好的传统。饮茶在与我们健康有关的很多方面可以发挥积极的作用。近年来，随着我们不断地研究，发现有关茶叶健康功效的成果越来越丰富。再结合我们悠久的茶文化传承，从神农尝百草到唐代的《茶经》，再到茶马古道，等等。这些都可以成为当今茶产业发展在科技、文化方面的重要支撑力量。香飘万里的茶香，让我们国家的广大茶农在致富的路上不断前进，茶产业是一个富民的产业，是一个与我们生活密切相关的健康产业。

由吴晓力介绍中国茶叶博物馆的相关情况和茶文化的普及宣传工作（内容略）。

主持人：相信通过“国际茶日”的设立，能让更多的人了解中国茶叶，品尝中国茶叶，也让中国的茶文化随着茶香飘满全球。

吴晓力：希望在这次中国茶文化的分享盛会中，大家都能够有更多的收获。

欢迎扫码收听

农业资讯+每日关注：

第三届农民体育运动会暨全国农民舞龙舞狮大赛特别报道

农业资讯

责任编辑：祝巍

主 持 人：蒋龙　蒋昕臻

录音制作：王迪

每日关注

节目嘉宾：陈勇（重庆市农业农村委员会副主任，市农民体育协会主席）

张玉（江苏省农民体育协会秘书长）

责任编辑：祝巍

主 持 人：蒋龙　王凤婷

录音制作：王迪

播出日期：2020年5月16日

【栏目片头】

掌握农情，政策解析，开阔视野，传递心声——三农早报

【农业资讯】

2019年全球谷物产量将创历史新高

农业农村部召开统筹推进村庄规划工作现场会

我国通报落实重大政策措施成效明显地方

青海省具备条件的建制村将全部通客车

宁夏多举措加强扶贫资金动态监控

山西省农业人口低门槛进城落户

（片花集锦）

【版块片花】

知农情、说农事、暖农心，服务“三农”——每日关注

【每日关注】

第三届农民体育运动会暨全国农民舞龙舞狮大赛特别报道

第三届全国农民体育运动会暨全国农民舞龙舞狮大赛为广大农民健身爱好者搭建了一个展示和交流的平台，充分展示了全国各地农民选手的良好形象和精神风貌，推动了农耕文化与体育文化的融会贯通，对于农民身心全面发展和乡村产业振兴、人才振兴、文化振兴，将起到积极的引领作用。

主持人：重庆市农民体育工作立足地方实际，开辟新型职业农民体育运动与工作相结合的新模式。重庆市农业农村委员会副主任、市农民体育协会主席陈勇在本次会议上介绍了相关情况。

陈　勇：一是狠抓落实。2011 年市农民体育工作指导中心（以下简称农体中心）并入市农广校，保留农民体育工作指导中心的牌子。2018 年 6 月在中央农广校和中国农民企业领导的关心与支持下，在重庆市农业农村委员会的高度重视下。我们重庆市农民体育协会（以下简称农民体协）完成了换届工作，市农业农村委员会的分管领导，担任农民体协的主席，10 个部门，37 个区（县），162 名会员加入农民体系，完善了农民体系的机构。近年来，区（县）、乡（镇）、村级各级党委和政府高度重视农民企业工作，21 个区（县）按照市里模式，将农民体育工作职能并入了农广校。19 个区（县），强化了农民企业的职能，配备了专兼职人员。

二是立足创新。农民教育培训与农民体育工作融合发展格局逐步形成。重庆市农广校、农体中心、农民体协牢固树立推进农民教育培训与农民体育工作融合发展“一盘棋”思想。构建“四位一体”工作模式，推进工作及立足中心一体，进行农民教育培训和农体工作。立足工作实际一体，部署农民教育培训和农民体育发展规划，立足职能定位一体，督导新型职业农民培育和农民体育工作，立足特色产业一体，推进新型职业农民培育和农民体育特色活动融合开展。

三是突出特色，农民体育工作成效明显。2018 年，我们组队参加了全国农民体育单项比赛 3 项，获得 3 个第一名，3 个第二名，2 个第三名，集体项目 2 个第一名，2 个第二名的好成绩。获奖人数较上年同比新增 8 人，获奖占比提升了 11%，优势项目稳步发展。因地制宜地举办了 3 届重庆市农民水果采收运动会。2018 年，在乌山举办的农民水果（巫山脆李）采收运动会，有效地提升了特色水果产业效益，产业收入和果农收入同比分别增加 10%以上，近万人参与到活动中，吸引了上万名游客来园区观光游玩，汇聚了人气，提升了农产品的影响力。

四是开展亿万农民健身活动，取得新成效。组织开展受农民群众喜爱的、简单易行的、健身效果显著的体育健身项目，比如健身秧歌、田埂舞、健身操舞、跳绳、毽球、象棋等，坚持训赛结合，以赛促学，挖掘推广适宜在我市农村开展的农民体育建设项目。探寻山地农村、农民体育发展之路，指导各级农民体育健身活动蓬勃开展，拓展农民体育健身活动平台，分类指导各区（县）定期举办农民运动会，分类指导相关区县开展农民的趣味运动会。

五是广泛宣传，农民健身热情有了新提高。一是结合赛事活动，进行有效的宣传，全面展示我市农民建设的新风采和农民体育工作取得新成就。二是利用全民健身日、中国农民丰收节等节假日举办活动，去年，在中国农民丰收节，我们举办了 400 多项活动，其中农民体育活动占到了 10%。三是印制了农民体育骨干培训教学光碟，把农民健身知识编进新型职业农民培育读本，宣传、普及健身知识，传播健身理念，使体育健身成为新型职业农民的好习惯，农村的新时尚。四是积极向中国农民体协、市农业农村网报送赛事活动信息，不断的提升农民体育影响力。五是重点围绕全市农民体育赛事活动，进行全方位、全角度的深层次的报道，形成自愿，形成常态，形成爱好。

主持人：请江苏省农民体协秘书长张玉介绍该省舞龙舞狮比赛的相关情况。

张　玉：全省 52 个县，将农民体育工作纳入了本县农业农村局的行政职能范围，形成齐抓共管的局面。2018 年年底，省农民体育协会完成了新一届的换届工作。江苏省继续举办四年一届的全省农民运动会，并将此写入了全省农民健身纲要，最近我们与省体育局协商已经达成了初步的意见，形成了初步的意见。从下一届开始，在江苏省运动会上设立农民部，这样，我们江苏的农民体育有了两个省级平台，一个是全省的农民运动会，第二个就是省运动会的农民部。

农民体协与江苏省农业农村厅刚成立的社会事业处打算联合研究。在全省 13 个设区市，每市分别打造一个含有农民体育项目的农耕文化园。农民体育与农广校联合，组建农民体育培训中心。我们基层的农民体育骨干，已连续 5 年被纳入新型职业技术农民培训范畴。每年 200 人，连续培训 5 年，收到很好的效果。

欢迎扫码收听

农业资讯＋每日关注：
第二届全国农民教育培训发展论坛特别报道

农业资讯

责任编辑： 祝巍

主 持 人： 蒋龙　蒋昕臻

录音制作： 王迪

每日关注

节目嘉宾： 胡永万［中央农业广播电视学校（农业农村部农民科技教育培训中心）常务副校长（主任），中国农民体育协会党委副书记、副秘书长，副研究员］

策　　划： 陈艳红

责任编辑： 祝巍

主 持 人： 蒋昕臻

录音制作： 王迪

播出日期： 2019 年 10 月 29 日

【栏目片头】

掌握农情，政策解析，开阔视野，传递心声——三农早报

【农业资讯】

全国现代畜牧业发展培训班在江苏举办

中国-新西兰农业联委会第六次会议召开

第三届海外农业研究大会在京举行

宁夏多举措培训创新创业带头人

广东省已建设 1 000 个“一村一品、一镇一业”专业村

北京昌平第 16 届苹果文化节开幕

河北省文安农村小学生普及免费营养餐

江苏省宿豫区开启乡村公共服务“全科模式”

（片花集锦）

【版块片花】

知农情、说农事、暖农心，服务“三农”——每日关注

今天的“每日关注”为您带来的是第二届全国农民教育培训发展论坛的特别报道。本届论坛将于明天在河南洛阳召开。本届论坛有哪些新的亮点和具体安排呢？我们邀请到了中央农业广播电视学校常务副校长胡永万，请他来谈谈具体情况。

主持人：第二届全国农民教育培训发展论坛即将在河南洛阳召开，这次论坛受到社会各界的广泛关注。首先想请您介绍一下举办这次论坛的主要目的。

胡永万：我们刚刚迎来了新中国成立 70 周年。70 年来，特别是改革开放以来，我国农业农村发展取得举世瞩目的成就。党的十九大提出实施乡村振兴战略，这是党中央审时度势做出的重大决策部署，是新时代“三农”工作的总抓手。习近平总书记强调，人才振兴是乡村振兴的基础，农业农村人才是强农兴农的根本。2019 年 8 月 19 日施行的《中国共产党农村工作条例》明确提出，要培养一批有文化、懂技术、善经营、会管理的高素质农民队伍，造就更多乡土人才。

中央农业广播电视学校、中国农民体育协会作为农民教育培训专门机构，将与河南省农业农村厅、河南省洛阳市人民政府共同于 10 月 30—31 日，在洛阳市联合举办第二届全国农民教育培训发展论坛。该论坛由河南省农业广播电视学校、河南省农民体育协会、河南省洛阳市农业农村局、凤凰创新会展服务有限公司具体承办。

论坛以农民为主体，“搭建平台、凝聚共识、汇聚合力”，全面提升农民教育培训质量效果，办农民真正满意的教育培训，促进农民全面发展，培养造就高素质农民队伍，为全面实施乡村振兴战略、推进农业农村现代化和全面建成小康社会提供强有力的人才支撑。

主持人：简单地说，培养高素质农民队伍，造就更多乡土人才，这是举办这次论坛的主要目的。本届论坛都有哪些活动安排呢？

胡永万：本届论坛以“引领·聚焦·融合”为主题，设置 1 个主论坛、3 个专题活动和 4 项同期安排。

主论坛于 2019 年 10 月 30 日上午举行。届时，农业农村部、教育部有关领导将出席论坛并做重要讲话；中央农业广播电视学校党委书记、中国农民体育协会秘书长杭大鹏将发布 2019 年高素质农民发展报告和发展指数；邀请“三农”领域知名专家学者、联合国粮农组织代表、农广校、农业职业院校等教育培训机构代表做专题发言；还邀请 5 名高素质农民分享成长、成才经验。

专题活动一：“创新引领·农民教育培训十大宣介”。将具体介绍百个农民教育培训发展典型案例、百个全国示范农民田间学校、百个优秀农民教育培训在线学习资源、百个优秀农民教育培训广播电视节目、百本优秀农民教育培训文字教材、百名优秀基层农广校校长、百名优秀农民教育培训教师、农民教育培训“百名优秀学员”、百部优秀新闻宣传作品、20 个农民体育特色品牌赛事活动等。

专题活动二：“精准聚焦·农民教育培训提质增效”。邀请高素质农民、全国十佳农民代表与政府部门、农广校以及农职院校等教育培训机构交流，研究探讨新时代农民教育培训提质增效的具体举措和支撑保障。

专题活动三：“深度融合·农民教育培训创新实践”。实地观摩 4 所农民田间学校，依托于田间学校在线教学系统，在田间学校现场互动交流，聚合农民教育培训多方力量，展现线上线下媒体手段融合，高素质农民带动小农户、贫困户发展成果。

主持人：听了您的介绍，感觉这 3 个专题活动特色都非常鲜明。您刚才还说到了 4 项同期安排，又包括哪些呢？

胡永万：4 项同期安排包括：一是举办 3 个线下培训班。分别对百名优秀基层农广校校长、百名优秀农民教育培训教师以及百名优秀农民教育培训学员进行培训。二是举办 1 个线上培训班。通过全国农业科教云平台，开展农村电子商务线上培训。三是举办全国农民教育培训发展“十大宣介”成果展示，全面展示农民教育培训工作成果。四是河南省举办全省农民教育培训成果展示、农产品展示等活动。

主持人：像这样贴近农民、特色鲜明的论坛，如何扩大它的影响力，咱们有没有什么相应的举措？

胡永万：我们已于 10 月 10 日在河南省洛阳市举行了本届论坛新闻发布会。论坛期间，将通过全媒体手段，对论坛进行全方位宣传报道和网络直播。届时，欢迎全国广大农民朋友收看。同时，还将邀请中央广播电视总台 CCTV17、人民日报、农民日报、农村工作通讯、中国财经报等近 10 家主流媒体进行宣传，组织出版专刊、专报，扩大论坛的社会影响力。

欢迎扫码收听

农业资讯+每日关注：
全国妇联“乡村振兴　巾帼行动”特别报道

农业资讯
责任编辑：祝巍
主 持 人：蒋龙　田静
录音制作：王迪

每日关注
采访嘉宾：杜芮（中华全国妇女联合会发展部部长）
张琼（四川省凉山州美姑县妇女联合会主席）
麦尔耶姆·米吉提（新疆维吾尔自治区喀什地区疏勒县妇女联合会主席）
责任编辑：王凤婷
记　　者：王凤婷
录音制作：王迪
播出日期：2018年7月6日

【栏目片头】

掌握农情，政策解析，开阔视野，传递心声——三农早报

【农业资讯】

当前全国20.4万个村已建益农信息社
国家热带农业科学中心将在海南建立
河南省初步建成防汛抗旱减灾体系
北京市“万企帮万村”精准扶贫再发力
广东省将打造千亿产值现代农业产业集群

（片花集锦）

【版块片花】

知农情、说农事、暖农心，服务“三农”——每日关注

【每日关注】

全国妇联“乡村振兴巾帼行动”特别报道

记　者：2017 年 6 月 29 日，中华全国妇女联合会（简称全国妇联）妇女发展部组织百名贫困地区妇联主席、百名巾帼脱贫示范基地负责人走进中国农业大学，开展送创业经验、送创新理念、送创业指导“三送”服务活动，与大学生共享创业创新经验，共商脱贫攻坚之策，共话乡村振兴。

当日，几位来自深度贫困地区的妇女联合会（简称妇联）主席和巾帼脱贫示范基地的负责人现场分享了她们带领建档立卡贫困妇女参与脱贫攻坚，促进民族团结、经济社会发展的先进事迹，以及在乡村振兴中投身现代农业发展，勇建新功，不让须眉的亲身经历。

来自四川凉山州美姑县妇联的张琼告诉记者，他们的工作事无巨细，最初是从教老人和孩子如何洗手洗脸开始的。

采访四川凉山州美姑县妇女联合会主席——张琼。

记　者：来自新疆维吾尔自治区喀什地区疏勒县妇联的麦尔耶姆·米吉提感慨地表示，这次北京之行，让她深切感受到党和政府、全国妇联对基层脱贫工作的重视和关怀，她倍感温暖，对接下来的工作充满了信心。

采访新疆维吾尔自治区喀什地区疏勒县妇联主席——麦尔耶姆·米吉提。

现场的大学生们纷纷表示深受感动和激励。在互动环节，青年学子们激情发问，基层代表务实回答，互动交流深入，场面热情火爆。同学们纷纷表示，听了基层代表分享的农村创业和脱贫攻坚故事，极大地激发了自己的奋斗精神，日后不忘学农的初心，立志用所学知识为脱贫攻坚、乡村振兴贡献力量，在农村广阔天地谱写壮丽篇章。

记　者：全国妇联发展部部长杜芮告诉记者，组织这次活动的初衷就是贯彻落实中央精神，发挥妇联干部和创业典型在脱贫攻坚、乡村振兴中的示范引领作用，激励帮助更多大学生坚定信心、自强不息、返乡创业、追梦圆梦。

采访全国妇联发展部部长——杜芮。

记　者：这次活动是全国妇联学习贯彻习近平新时代中国特色社会主义思想，落实习近平总书记对打赢脱贫攻坚战 3 年行动的重要指示精神，大力推进巾帼脱贫行动、乡村振兴巾帼行动和创业创新巾帼行动的具体举措，也是全国创新创业优秀女性进高校系列活动的第三场重要活动。

党中央始终高度重视“三农”问题和脱贫攻坚工作。党的十九大提出坚决打赢脱贫攻坚战和实施乡村振兴战略。全国妇联贯彻落实中央的决策部署，提出大力推进“巾帼脱贫行动”“乡村振兴巾帼行动”和“创业创新巾帼行动”。各级妇联把“三大行动”作为新时代妇女发展工作的主载体、总抓手，统筹谋划，积极推进，广泛动员农村妇女共同参与脱贫攻坚、乡村振兴，为农业农村发展贡献巾帼力量。“三大行动”的提出，极大地激发了包括女大学生在内的广大城乡妇女的奉献精神和创业创新热情，一大批优秀女性奔赴脱贫攻坚、乡村建设主战场，贡献巾帼之志，唱响巾帼之歌，呈现出凤舞家园、共建美丽乡村的生动局面。

欢迎扫码收听

周末话题：

养蜂产业如何助力农民增收

节目嘉宾： 姚军（中国农业科学院蜜蜂研究所副研究员）
责任编辑： 张栋
主 持 人： 张栋　蒋龙
录音制作： 王迪
播出日期： 2020 年 5 月 10 日

【栏目片头】

掌握农情，政策解析，开阔视野，传递心声——三农早报

一提起蜜蜂，我们立刻想到的是勤劳与甜蜜。小时候，我们在语文课堂上读过作家杨朔的散文《荔枝蜜》，歌颂的是像蜜蜂一样的劳动人民的不辞辛劳和无私奉献。在我们童年的记忆中，蜜蜂留给我们的是甜蜜的印象；在新时代，养蜂产业是农民脱贫致富的希望。

发展养蜂产业有着怎样的意义？目前我国养蜂产业的发展现状如何？农民朋友又该怎样通过养蜂产业增收致富呢？今天，我们就来聊一聊“小蜜蜂，大产业——养蜂产业如何助力农民增收”的话题。

主持人： 蜜蜂对大自然和人类有着怎样的重要性？

姚　军： 蜜蜂对大自然和人类的重要性主要就体现在蜜蜂可以为植物授粉这个方面上。授粉它是生态系统中非常重要的一个环节。

蜜蜂对我们的饮食也有非常重要的作用。蜜蜂和牛养殖产业是关系密切的。比如说牛主要的牧草是苜蓿，种植它的时候非常依赖蜜蜂的授粉。

主持人： 养蜂产业对农民增加收入的意义？

姚　军： 养蜂产业是一项非常适合经济落后山区脱贫致富的产业，它最大的特点是绿色，不会造成环境的污染，而且它还不和农业争地，不争抢农业的资源，没有污染，还具有投资少、见效快等优点。

尤其是在农村养蜂，不需要建造专门的场地，所以不会占耕地。近些年来，

随着普通公众生活水平的提高，生态养殖土蜜蜂，也就是中华蜜蜂，生产出来的蜂蜜受到了很多消费者的青睐，产品的价格甚至高于很多进口的蜂蜜。

与此同时，蜜蜂授粉也应该收取一定的费用。在我们国家，今后的发展方向也有可能朝着这个方向发展，通过收取一部分为农作物授粉的费用，来解决养蜂者专门生产蜂产品带来收入不足的问题，收入的增加就会让更多的人加入到养蜂事业中来。

主持人：养蜂产业有哪些生态价值？

姚　军：养蜂产业可以增加当地的生物多样性，改善当地的生态环境。蜜蜂作为重要的传粉者，它能够影响生态系统，它对生态系统的维护和稳定、植物群落的遗传变异、花的多样性以及植物的进化，都具有非常重要的意义。

在整个陆地生态系统中，尤其是那些被绿色植物、绿色植被覆盖的地方，蜜蜂都扮演着重要的角色。蜜蜂是传粉的绝对主力，发挥着重要的作用。蜜蜂对生物多样性意义重大，如果没有蜜蜂，就没有开花植物。没有开花植物，就没有依赖这些开花植物生存的其他生物。所以，如果没有蜜蜂，整个生物多样性都会面临巨大的压力。

我们要因地制宜发展养蜂业，尤其是中华蜜蜂的养殖，对南方地区增加当地的生物多样性，改善当地的农业生态，具有非常好的生态意义。

主持人：如何把养蜂产业与休闲观光农业发展结合起来？

姚　军：发展养蜂业可以促进当地的休闲农业以及乡村生态旅游业的发展。

在一些景区，可以大面积种植观光植物，形成花海，有利于招揽游客，同时，蜜蜂也可以从这些花朵上采集花蜜和花粉，这样就能收获蜂产品，作为一种特色产业，这些蜂产品又非常适合作为旅游的伴手礼，让货架更充实，有助于增加景区对用户的黏性，增加景区的知名度。

养蜂业既可以改善当地的生态环境，还能够获得多种的社会效益，是名副其实的“小蜜蜂，大产业”。发展养蜂业有助于推动乡村生态文明建设和实现乡村振兴。

主持人：我国养蜂产业的发展现状如何？

姚　军：改革开放以来，我国养蜂业发展迅速，作为一项土特产品，也曾经为国家创汇作出过重要的贡献。经过几十年的发展，目前我国是世界上第一养蜂大国，无论是在蜂群数量还是在蜂蜜、蜂王浆、蜂花粉等产品的产量上，都位居全球前列。

当然也存在一些问题。

养蜂业和农业的结合，目前还不是非常紧密，授粉的增产、增效作用还有待进一步挖掘。发展模式还需要进一步探索。而且还存在养蜂者老龄化等问题。

主持人：如何让养蜂产业助力农民增收致富？

姚　军：多开展关于蜜蜂的科学普及工作，多讲一讲蜜蜂的价值和作用，尤其是蜜蜂在农业和生态方面的作用，使更多种植户对蜜蜂的授粉价值有深刻的认识。只有养蜂人收入增加了，才会有更多的人受到吸引，加入到这个行业中来。

目前有许多地方政府已经落实了相关的补贴行动，但是补贴普及面还不是很大。如果养蜂业的补贴更普及，那养蜂人的收益就会提高，就会有更多的人加入到这个行业中。

媒体应给予更多关注。在抓生态建设的时候，可能忽视了蜜蜂，其实蜜蜂是生态建设中非常关键的一环。这就需要媒体还有蜂业相关专家，以及一些蜂业从业人员，一起宣传和呼吁，给各级地方政府建言献策，让更多的老百姓知道蜜蜂的重要性。

欢迎扫码收听

农业资讯＋每日关注：
兔业发展在产业扶贫中的作用

农业资讯
责任编辑：祝巍
主 持 人：蒋龙　田静
录音制作：王迪

每日关注
节目嘉宾：刘强德（中国畜牧业协会副秘书长）
责任编辑：祝巍
主 持 人：殷启德
录音制作：王迪
播出日期：2020 年 6 月 11—12 日

【栏目片头】

掌握农情，政策解析，开阔视野，传递心声——三农早报

【农业资讯】

全国农用地土壤环境状况总体稳定
两部委联合印发通知开启渔业体制改革
2020 年绿色食品宣传月启动
广东生猪产能预计年底恢复常年水平
山西隰县玉露香梨走向订制化营销
陕西省“政银”合作支持乡村治理和建设

【版块片花】

知农情、说农事、暖农心，服务“三农”——每日关注

主持人：2020 年是脱贫攻坚的决胜之年，产业扶贫在其中扮演着什么样的角色？

刘强德：2020 年的确是脱贫攻坚的决胜之年，据最新的数据显示，截至今年的 5 月 17 日，全国 832 个贫困县，已经有 22 个省份的 780 个贫困县宣布了脱贫摘帽。剩下这些地区如何去实现脱贫？我想产业扶贫应该是不可或缺的。

第一，产业扶贫是解决贫困地区生存和发展非常重要的路径之一，消除贫困是发展的重中之重。长期以来，很多贫困地区一直是以传统农业为主，仅仅能够解决农村人口温饱问题，很难实现农民持续稳定的增收以及整个社会协调发展。30 多年来，通过农业、农村扶贫开发实践证明，产业扶贫是解决贫困地区生存和发展非常重要的手段。

第二，发展产业扶贫必须要坚持精准扶贫和精准脱贫。当前农业产业扶贫的重大历史背景，是以我国工业以及整个城镇化大力推进为基础。但是产业扶贫不等于产业发展，而是与精准脱贫紧密结合的产业发展。它应该是以产业为基础，以扶贫为目的，因此，在产业扶贫发展过程中，应该坚持贫困农户受益的原则，积极瞄准扶贫对象，完善扶贫经济组织和扶贫农户利益链接机制，以及农户，尤其是贫困户的维权机制，形成政府、企业和农户的利益共同体。同时帮扶贫困对象，应该是当前产业扶贫中非常重要的工作方向，应该引导扶贫对象走向市场，切实提高扶贫对象参与当地的特色产业发展的组织化程度，增强脱贫的内生力量。

主持人：请介绍肉兔养殖以及兔产业助力农民朋友脱贫增收的案例。

刘强德：我们都说“小兔子大产业”，因为兔产业在整个畜牧业生产中占的比例不是特别大。但是兔产业有一些特殊的优点，比如说兔子容易养殖，繁殖率高，而且容易管理，投入较少，且适应性非常广泛，南北气候均可养殖。正因为这些特点，兔产业成为农村地区产业扶贫一个非常重要的产业抓手。

比如在新疆的和田地区，当地维吾尔族产业扶贫的几个重要抓手中，就有养兔业和养鹅业，将其作为当地非常重要的产业发展，起到非常好的效果。

山东省沂蒙山区有一个老区叫蒙阴县，蒙阴县连续 10 年推动养兔产业，带动当地的发展。产业扶贫效果非常明显，也实现了全县脱贫摘帽。

往南方看，西南地区，在贵州西南有一个县叫普安县，它地处山区，是少数民族聚居地区，当地产业以种茶为主，很多养殖产业不太适合当地的地形，所以当地与浙江结对的时候，引进了兔产业，用兔产业来带动整个普安的产业发展，兔粪可以回归茶田，形成一个循环，从而实现全县的脱贫摘帽。

主持人：为什么选择兔肉作为食材？

刘强德：兔肉作为食材，应该有几千年的历史了，我们在考古的时候就发现，上古时期就有了一些兔的遗骸，证明我们的祖先，在狩猎过程中，可能狩猎了兔子，然后把它作为一个优质食材，慢慢驯化。实际上这几年兔肉消费在中国慢慢地增长，大家如果关注航天事业，可能会发现，兔肉是航天员在太空中补充动物性蛋白质的来源之一。

主持人：兔肉有哪些特点？

刘强德：我是喜欢吃兔肉的。每个地方的兔肉菜肴都有它自己的特色，比如说到四川，大家可能会吃兔头，到自贡，会吃冷吃兔，等等。我是山东人，山东人喜欢烧兔肉。因为兔肉有一个特点——百搭，兔肉本身没有太多味道，所以它跟什么搭，都能够搭出另外一种味道来，山东人喜欢兔肉跟鸡块搭，跟香菇搭，各式搭着吃。兔肉具有纤维嫩、易消化的特点，与其他食材搭配融合，就形成不同风味，成为适合不同地区消费习惯的菜品。

欢迎扫码收听

周末话题：

农村电商打造脱贫快车

节目嘉宾： 李鑫（江苏农牧科技职业学院副教授）
责任编辑： 张栋
主 持 人： 张栋　蒋龙
录音制作： 石涛
播出日期： 2020 年 7 月 12 日

【栏目片头】

掌握农情，政策解析，开阔视野，传递心声——三农早报

中国要强，农业必须强；中国要美，农村必须美；中国要富，农民必须富。打赢脱贫攻坚战是全面建成小康社会的底线任务，解决好农民致富问题是做好农村工作的关键。随着“互联网＋”的深化发展，农村电商成为精准扶贫的重要抓手，为贫困户打造了一辆辆脱贫快车。

今天的节目，我们就来聊一聊农村电商发展的话题。

主持人： 我国农村电子商务（简称电商）大致经历了怎样的发展历程？

李　鑫： 从时间维度来看农村电商萌芽产生于 2012 年，快速发展则是在 2015 年 11 月国务院正式发布《关于促进农村电子商务加快发展的指导意见》后。该文件从此成为发展农村电商的政策基础，而后国家连续出台了一系列文件为电商在农村的扎根作政策先导，先是提出“实施电子商务进农村”方案，再到“加快建立健全适应农产品电商发展的标准体系”的提出，农村电商的发展进入了一个新阶段。当时农村电商成为社会常议的热词，阿里巴巴、京东这样的电商巨头早已布局农村市场，阿里村淘、菜鸟工程、京东农资平台纷纷上线；除此之外还有许多跨界的农企及相关互联网公司也纷至沓来，积极融入以求得商机。

2019 年 8 月 30 日，阿里巴巴最新发布的《中国淘宝村研究报告（2009—2019）》显示，2019 年，中国有淘宝村 4 310 个，淘宝镇 1 118 个。而过去一年，全国淘宝村年销售额超过 7 000 亿，带动就业机会超过 683 万个。

主持人：农村电商的主要特点有哪些？

李　鑫：门槛低。由于农村电商不需要太多的成本投入就能保证正常运转，因此大多数农村网民都能运转经营。但是，低门槛所带来的竞争也会异常激烈，如果仅从物质投入来讲，农村电商是大众创业的低门槛平台。

系统性。主要表现在农村电商是一条互联互通的产业链，信息的互通是保证农村电商产业稳步推进的重要手段。在整个电商系统内部，农产品可以快速流通，农业生产和农业产业化合作分工明显，区域化互动频繁。

产业集群。主要表现在电商企业及农户的空间集聚。以农产品原产地为中心形成“淘宝村”、淘宝小镇等；以农企为中心形成专业化电商产业示范基地；以市场为导向形成农业电商产业园等。

整体性。农村电商的发展依赖于当地整体经济发展水平，形成一定产业规模、基础设施基本完善、物流体系基本健全是推进农村电商发展、实现农产品通过电商营销的优势条件。

主持人：发展农村电商对于打赢脱贫攻坚战的意义是什么？

李　鑫：随着农村电商对扶贫作用越来越显著，2014 年国务院扶贫开发领导小组办公室把“电商扶贫”列为精准扶贫十大工程之一，并在指定贫困区域开展电商扶贫试点。同年，国务院扶贫办联合商务部、财政部开展电子商务进农村综合示范工作。2014—2018 年，已累计支持了 737 个贫困县。统计表明，2019 年全国 2 083 个县域网络零售额达 30 961.67 亿元，同比增长 23.5%，其中，832 个贫困县网络零售额达 1 076.1 亿元，同比增长 31.2%，县域农业农村电子商务保持高速增长。

电商扶贫的价值还体现在精准性方面，可以针对不同贫困地区的实际情况，结合本地的特色经济，甄别贫困户的参与能力，制定专属的电商扶贫模式，能够让贫困户改变生产经营模式，实现可持续增长稳定脱贫的目的。因此，农村电商对打赢脱贫攻坚战具有显著意义。

主持人：电商扶贫的主要模式？

李　鑫：“电商平台＋贫困户”模式（C2C 模式）。

电商扶贫中的 C2C 模式是指贫困户直接通过电商平台和市场进行关联，不需要过多的依靠政府或者企业。这种形式往往简单，较为普遍的电商交易模式有以下优势，一是交易过程简单，形式较为灵活；二是依托成熟的电商平台，减少了建设运营新平台的支出；三是借助电商网络，将销售市场拓展到全国各地，扩大了销售市场。

“电商平台＋龙头企业/合作社＋贫困户”模式（A2C 模式）。

电商扶贫中 A2C 模式是指贫困户通过依托龙头企业、合作社或者代理机构，参与到电子商务体系中，以间接的形式将产品通过电商平台进行销售获得收益。

这种模式发挥了龙头企业和贫困户各自的优势，实现合作共赢。

主持人：农民朋友怎样把农产品电商直播做得更好？

李　鑫：第一步，选品至上。在选择销售的产品时，要考虑产品的保险与运输要求，如推广不能长途运输的产品，需要限定销售范围，以便能及时送达，出现售后问题能及时跟进处理。

第二步，选择适合自己的平台。

第三步，策划好由谁来直播。主播要有特色，能吸引人们的注意，从而带来更多的流量。

第四步，策划好怎么做好引流。利用多维度引流，通过举办活动，吸引更多流量。

第五步，策划好直播形式与内容。

第六步，策划好直播延续性。有了延续性实时直播后，大众和农产品的距离也将拉近，并营造一种让大众感觉是自己在看护、监管农产品的氛围，从而更好地为最后的直播销售环节打下基础。

第七步，模拟直播并开展互动交流。

欢迎扫码收听

周末话题：

农民如何借力直播带货促增收

节目嘉宾： 王志勇（中共中央组织部、农业农村部农村实用人才带头人和大学生村官示范培训班培训导师）
责任编辑： 张栋
主 持 人： 张栋　蒋龙
录音制作： 王迪
播出日期： 2020 年 5 月 5 日

【栏目片头】

掌握农情，政策解析，开阔视野，传递心声——三农早报

“新冠肺炎”疫情期间，一系列互联网数字化新技术加快走进乡村，农民生产、生活方式也悄然发生改变。不少农民开始尝试“直播带货”。这一销售方式为何兴起？农民“直播带货”有什么特点和优势？农民朋友又该如何借力直播带货增收致富呢？

今天节目，我们就来聊一聊农民网络直播带货的话题。

【节目片花】

近年来，网络直播成为不少电商平台挖掘消费潜力的重要方式，越来越多拥有众多粉丝和影响力的网络红人（简称“网红”）在网络上推荐和分享日常生活中的好物，很多产品的知名度随之上涨，销量不断增加。如今，越来越多的人接受并乐于在直播间购物。

为了解决新冠肺炎疫情带来的农产品滞销难题，各大电商依托平台优势，与政府、学者、网红等有影响力人群广泛合作，构造了以直播内容生产为载体的互联网销售新业态，有效地将传统农业产区的销售诉求融入到新的消费场景中，成为助力农产品上行、推动农业产业升级的重要力量。

主持人：网络直播带货为什么会受到网友的欢迎？

王志勇：互联网带给我们的最大的好处就是，商家可以通过网络直接和消费者进行沟通，减少了中间的环节，展示产品也非常丰富。

另外线上销售，因为不需要线下环节，不仅降低了人员成本，店铺的租金也降低了。

商家通过网络形式获得的客户往往有一定的黏性，有产品质量做保证的前提下，我们可以通过互联网获得和消费者直接沟通的机会，再加上稳定的产品质量就能留下客户，增强客户的黏性。

网络直播是一个相对比较新的事物。消费者的好奇心往往还是比较重的，目前来看，抓住消费者的机会应该还是比较多的。

再加上人们为了防控疫情待在家里面，某种程度上，反而促进了人们对网络的使用，这对于新兴的消费模式是一个极大的促进。

主持人：要想在网络直播带货中分得一杯羹该做好哪些方面准备？

王志勇：主角很重要，谁去带货很重要。一般来讲现在比较成功的案例就是"网红"，或者是关键意见领袖（KOL）。"网红"在网络上拥有众多的粉丝，他们在某一些领域比较具有优势，如形象比较好、发表一些比较搞笑的段子等，粉丝特别多。还有一种"网红"就是明星。KOL 作为意见领袖，他往往是比较专业的，通过专业的东西吸引了很多的粉丝。

情怀。如果说我们专注做某一类产品，而且有长期供货能力，对这种产品而言，情怀可能就比较重要了，情怀能够带动更多的人去关注该产品。

选产品很重要。一定要尽量选择快速消费品，需求量大、消耗比较快，而且日常生活当中大家都需要的一些产品，比较容易在直播当中点燃大家的购买欲。

直播现场气氛的烘托。不能简单地介绍产品本身，现场气氛的烘托也很重要。比如座椅板凳的摆放，灯光的使用，主播对产品内容介绍的专业性，有时还需助理现场试吃。

主持人：农民朋友做"网红"的优势条件有哪些？

王志勇：作为农民，他先天的优势就是农民本身。比如一说到农民就是朴实，这个不是装出来的，很真实，不要去演。

农民和土地的情感也不需要演。他是一种从心里面去爱的感觉，这种感觉你展示出来也能感染别人。

还有就是对农产品的热爱。其他领域的"网红"，如果推广农产品的话，可能更偏向于介绍，单纯介绍某种产品的知识。农民去介绍农产品的感觉就不一样了。"这是我的东西"，在直播的时候，哪怕就是咬一口、吃一口，那种香的感觉，特别能够吸引粉丝，吸引围观者。

主持人：农民朋友在网络直播带货时，具体应该注意什么？

王志勇：第一，是一定要选择一个适合的平台，专注一个账号，然后再选择其他平台注册新账号。经过几个月的运营，最佳的状态就是在2～3个平台都开有账号，且在某一个直播平台上有粉丝较多的账号。

第二，养号要有耐心，做“网红”需要积累，养号也需要有耐心。只要有特色，有耐心慢慢去养，沿着自己的IP（知识产权）打造，都会成功。

做网络直播、做短视频，申请账号时一定要注意尊重平台的规则，否则一旦封号，所有努力都白费。

我们要尽可能找精准消费者。要分析我们的产品更适合在哪些平台推广，用互联网思维、互联网手段，解决互联网的问题。

当前是有这样的机会的，能通过努力，通过耐心、方法和技巧，快速地积累粉丝。只要坚持，农民朋友也可以成为“网红”。

主持人：互联网时代，宅经济的发展改变了消费者的消费习惯，网络直播带货的兴起，为农民朋友销售农产品提供了新渠道。无论是采用哪种销售渠道，最终靠的都是货真价实的产品和服务。希望农民朋友能够合理充分使用网络直播带货，把辛辛苦苦生产出来的农产品卖个好价钱，助力脱贫致富。

欢迎扫码收听

周末话题：

减少化肥使用与农业生产的关系

节目嘉宾： 杨力（山东农业科学院研究员）
责任编辑： 蒋昕臻　祝巍
主 持 人： 蒋昕臻
录音制作： 王迪
播出日期： 2019 年 4 月 27 日

【栏目片头】

掌握农情，政策解析，开阔视野，传递心声——三农早报

化学肥料的合理施用对于保障我国粮食增产和食品安全功不可没，但是近年来化肥的过量施用及盲目施用的问题日益突出，那究竟该怎样合理施用化肥、提高化肥的利用率呢？今天的节目，我们来聊一聊农业减肥增效的话题。

主持人： 农业农村部为何提出“确保到 2020 年化肥利用率提高到 40% 以上”？

杨　力： 根据我们的调查和实验结果表明，在实际的化肥施用中，不是化肥用量过大，而是施用的不平衡。例如，该施磷肥的时候，施了氮肥，该增加微量元素的时候，多施了氮肥，也可能一听说缺磷，就年年施磷，因为很多农民对测土配方、土壤的养分含量等方面不是很了解，一倡导增施磷肥，他就连年增施磷肥，却不知道已经施多了。

所以从整体水平来讲，就是不平衡问题。

主持人： 这个不平衡该怎么解决？

杨　力： 以小麦、玉米、水稻等大田作物为例，我个人感觉并不是说肥料用量有多大，关键问题是不平衡。有的地方施的氮肥过多，磷肥、钾肥少或者重要元素少，特别是现在，优质的有机肥用得少。

主持人： 有机肥不能完全代替化肥，那它们的作用区别在哪里？

杨　力：有机肥不能完全替代化肥，只能部分替代，科学的替代，替代20%或者30%。有机肥和化肥的作用是不一样的，有机肥的主要作用是改良土壤结构，主要目的不是给作物提供营养。作物需要的，有16种元素，碳、氢、氧、氮、磷、钾、钙、镁、硫、硼、锰、锌、铁、铜、氯、钼，其中，碳、氢、氧不用往空气里施，作物通过空气、通过水就能吸收，不需要去补充，需要补充的是其他13种元素，包括大量的、中量的、微量的。

主持人：有机肥有哪些来源？

杨　力：现在有机肥主要有4个来源，一是农业废弃物，如秸秆类。

二是畜牧业和家禽业的废弃物，包括粪便，如鸡粪、牛粪、猪粪、羊粪等家畜粪便。

三是工业废弃物，如造纸厂的下脚料，有些药厂，包括农药厂等的下脚料，也可以用来生产有机肥。

四是生活垃圾。

主持人：优质有机肥有哪些？

杨　力：优质有机肥，一是作物秸秆，小麦秸、稻秸、玉米秸之类的，还有稻糠、麦糠等谷物外壳，把经济产量拿走以后，剩的废料可以就地还田。

二是绿肥，但现在很少有农民种植，我在山东境内，特别是在果园里，一直呼吁农民在种植作物时兼种绿肥。在20世纪50—60年代，国家曾经大力推广粮肥间作。比如种粮食时，在田间种上几行绿肥，然后把绿肥翻到地里，就成肥料了。苜蓿等绿肥作物不含什么有害成分。像畜禽类，必须从畜禽饲料把关，才能保证这些畜禽粪便能用来生产优质的有机肥。

主持人：两肥减作，什么样的区域该减？什么样的区域不该减？

杨　力：高肥区，如老蔬菜产区年年种植蔬菜，大量的施肥，这种地区就应该减少化肥的使用量，多增加点优质有机肥。改良了土壤的结构，形成团粒结构，就跟人的肌肉块一样，这样土壤的调控能力强了，抗病性也高了，肥料的利用率也高了，施的化肥的利用率也就高了。现在有的老蔬菜棚区不施化肥不行，施化肥少了也不行。为什么？因为它利用率低了，利用率低了吸收能力就差了。就跟人的胃一样，胃生病了，吸收能力就差了。

主持人：控释肥在减肥增效上有什么作用？

杨　力：控释肥是减肥良“药”，这个“药”不单指一个东西，也包括方法。金正大从2004年开始做控释肥，规模由3万吨增至30万吨，最后到了100多万吨。从工艺、技术参数、控制指标等方面，不断地去改进生产线。

一个方面是工艺和生产上的一些创新改进，另一方面是田间示范和推广。从2006年开始，我们在全国14个省份进行示范推广，北到黑龙江，南到海南，东到沿海省份，西到新疆，都有我们的实验点。根据不同的区域，不同的气候条件，不同的作物设计实验，所以我们是有实验数据的。我们设计了两大实验，一个是减量，一个是配比。

欢迎扫码收听

周末话题：

专家谈乡村生态建设

节目嘉宾： 张洋（农学博士，农业经济管理专业博士后，中国农业科学院农业资源与农业区划研究所副研究员，中国经济改革促进与能力加强项目专家组成员）
责任编辑： 张栋
主 持 人： 张栋　蒋龙
录音制作： 王迪
播出日期： 2020 年 7 月 5 日

【栏目片头】

掌握农情，政策解析，开阔视野，传递心声——三农早报

党的十八大以来，以习近平同志为核心的党中央高度重视生态文明建设。党的十八大将生态文明建设纳入中国特色社会主义事业“五位一体”总体布局。党的十九大进一步指出建设生态文明是中华民族永续发展的千年大计，将“中国共产党领导人民建设社会主义生态文明”写入党章。在党和国家建设当中，生态文明建设已经上升到前所未有的高度，成为事关中华民族长远发展的“国之大者”。

党的十九大报告提出，要按照“产业兴旺、生态宜居、乡风文明、治理有效、生活富裕”的总要求，全面实施乡村振兴战略。生态振兴作为乡村全面振兴的关键环节被摆在了突出位置，乡村生态建设质量直接关乎“生态宜居”目标的实现。

今天的节目，我们就来聊一聊推动乡村生态建设的话题。

主持人： 乡村生态建设包含哪些内容？

张　洋： 乡村生态建设核心内容主要包括农田生态系统建设、水生态系统治理、大气污染防治等方面，具体涉及以土壤污染治理、耕地质量提升与功能保护为重点的土壤生态建设，以农业面源污染治理为主要手段的水生态恢复，以秸秆禁烧与资源化利用为主要措施的大气污染防治，以及以农村生活垃圾、生活污水

治理为主要内容的农村人居环境整治。

主持人：推动乡村生态建设对于乡村振兴战略实施有哪些意义？

张　洋：乡村振兴是指乡村的全面振兴，2018 年 3 月，习近平总书记参加十三届全国人大一次会议山东代表团审议时提出“五个振兴”的科学论断，即乡村产业振兴、乡村人才振兴、乡村文化振兴、乡村生态振兴、乡村组织振兴，乡村振兴战略的总体目标是实现农业农村现代化，是经济、社会、生态、文化等多领域可持续发展战略的有机融合，因此，乡村振兴，生态宜居少不了，乡村生态建设少不了，乡村生态建设是乡村振兴的重要组成部分和支撑点。

主持人：乡村生态建设取得了哪些成绩？

张　洋：乡村生态保护的理念实现从跟随到引领的历史性飞跃，乡村生态治理体系实现由粗放到严密的历史性转变；乡村生态状况实现由局部改善到总体改善的历史性转折，并在此过程中探索和积累了许多实践证明行之有效的好经验。

40 多项涉及生态文明建设的改革方案制定，包括《大气污染防治行动计划》《水污染防治行动计划》《土壤污染防治行动计划》等一系列法律法规，以及《中华人民共和国环境保护法》修订实施。2018 年，中共中央、国务院印发《关于全面加强生态环境保护坚决打好污染防治攻坚战的意见》，以 7 场标志性战役为主要内容的污染防治攻坚战全面展开，保护“蓝天”“碧水”“净土”，大气、水、土壤污染防治三大战役初战告捷。

我国森林覆盖率由新中国成立之初的 8%提高到 22.96%，近 20 年来，我国新增植被覆盖面积约占全球新增总量的 25%，居全球首位。耕地质量和农田生态得到极大提高和改善。农村人居环境整治工作取得显著成效。

主持人：乡村生态建设还有需要完善的地方吗？

张　洋：土壤退化与污染仍然存在，部分区域的耕地生态状况不容乐观。水体的治理压力仍然较大。秸秆焚烧时有发生，空气污染治理压力大。

主持人：如何推动乡村生态强起来？

张　洋：首先要积极转变农业生产方式，坚持农业绿色发展。要把农业的绿色发展摆在更加突出的位置，大力推进农业投入品减量化、生产清洁化、废弃物资源化、产业模式生态化。

以绿色为导向，积极探索乡村生态建设的体制机制创新方向。探讨乡村生态建设的生态补偿、监测预警、农村环境治理缴费、精准化与区域间农业补贴等创新体制机制的运行框架与细则，以体制机制创新为方向，进一步研究农业产业结构调整、主体功能区定位与空间布局优化的应对策略，加强观测实验站建设，探索涵盖我国农业生产、生态、生活空间的乡村生态建设方案。

在资金方面，积极拓展融资渠道，引入市场化运作模式。政府应着手降低乡村生态建设投入门槛，改善融资环境，对于能够商业化运营的乡村生态治理项目，向社会资本全面开放，对于政府主导、财政支持的乡村生态治理项目，可采取政府与社会资本合作等方式，引导社会资本投入。

深入挖掘传统农耕精华，充分借鉴国外先进乡村生态建设经验，古为今用、洋为中用。

加大宣传力度，增强全民参与意识。乡村生态建设主体包括政府、农户、企业和社会化组织等，其中，农民既是农业生产的主体，也是乡村治理的主要利益相关者，是多元治理体系的核心。政府主要起引导、规范和监督的作用，通过制定村规民约、环境保护先进评比、召开村民代表大会等方式，鼓励村民、企业、社会化组织参与到乡村生态建设项目的运行和管理中，探索以农民主体为核心的多元参与和治理体系，这是乡村生态建设的重要一环。

欢迎扫码收听

周末话题：

垃圾有分类　乡村更美丽

节目嘉宾： 冯建国（北京市农村经济研究中心副研究员）
责任编辑： 张栋
主 持 人： 张栋　蒋龙
录音制作： 王迪
播出日期： 2020 年 5 月 24 日

【栏目片头】

掌握农情，政策解析，开阔视野，传递心声——三农早报

推进农村生活垃圾分类是建设美丽乡村的必经之路，是实施乡村振兴战略的应有之义，与农民对美好生活环境的愿望高度契合。

随着农村人居环境整治的推进，绝大部分农村早已不再是“垃圾乱堆、污水横流、尘土飞扬”的形象，垃圾分类已成为农村的新时尚。不过，农村生活垃圾分类也有难题，还是会出现厨余垃圾、残砖瓦片，甚至农药瓶子等混在一起的现象，集中转运难，后续处理也难。有的村民觉得“垃圾扔桶里就行了”，为啥还得费工夫分类，而且要用好几个垃圾袋，挺浪费的；有的则是不清楚怎么分类，扔垃圾倒成了麻烦事。要想让农村有个好的人居环境，成为农民安居乐业的美丽家园，就要搞好农村生活垃圾分类。

今天的节目，我们就来聊一聊农村生活垃圾分类的话题。

【节目片花】

改善农村人居环境，建设美丽宜居乡村，是实施乡村振兴战略的一项重要任务。中央提出实施农村人居环境整治 3 年行动方案，农村生活垃圾分类处理是主攻方向之一。充分发挥农民主体作用，让垃圾分类成为农民的生活习惯和自觉行动，建设生态宜居的美丽乡村！

主持人：农村生活垃圾分几类？

冯建国：农村生活垃圾最少分 5 类，第一类是可以沤肥的垃圾，第二类是能够卖钱的可回收物，第三类是有害垃圾，第四类是灰土垃圾，第五类是其他垃圾。

主持人：做好农村生活垃圾分类有着怎样的意义？

冯建国：可以很好地促进节能减排。因为做好垃圾分类，可以让 80%以上的垃圾不出村，或者不出乡（镇），直接就地资源化，不再需要运输了，从而可以节约 80%以上的运输费用和燃料。

可以有效促进农业生产。农村生活垃圾中有 1/3 以上是可以沤肥的有机质，这相当于抢救回来的有机质，可以促进农业生产。如果 80%以上的垃圾就地资源化了，就大大减少了垃圾的长距离运输，从而有效防止运输过程中的跑、冒、滴、漏，可以减少农业生产病虫害的传播。

可以有效提高农民的综合素质。表面上是分垃圾，实质上是在改变农民的生活习惯，改变农民的生产习惯。从比较陈旧的、落后的向现代的、文明的生产方式、生活习惯转变，所以提升的是素质。通过垃圾分类，可以凝聚广大农民振兴乡村的信心，促进美丽乡村建设。

可以有效巩固农村人居环境整治成果。只有对垃圾进行实实在在的分类，才能实实在在地提升广大农民的综合素质，才能实实在在地逐步养成广大农民爱干净、讲整洁、懂节约的生活习惯。农民有了好习惯，家家户户、家里家外、院里院外都能干净，都能整洁，各种资源都能有效利用。

【节目片花】

《农村人居环境整治三年行动方案》指出，要推进农村生活垃圾治理。统筹考虑生活垃圾和农业生产废弃物利用、处理，建立健全符合农村实际、方式多样的生活垃圾收运处置体系。有条件的地区要推行适合农村特点的垃圾就地分类和资源化利用方式。开展非正规垃圾堆放点排查整治行动，重点整治垃圾山、垃圾围村、垃圾围坝、工业污染“上山下乡”，让农村天更蓝、地更绿、水更清、环境更美，成为安居乐业的美丽家园！

主持人：目前我国农村垃圾分类现状是怎样的？

冯建国：一种新的生活习惯养成需要一段时间。农村的垃圾分类刚刚起步，任重道远。因为除了上海和北京两个直辖市在推动生活垃圾分类，市区和农村地区统一要求以外，其他省份的农村垃圾分类都处于零星的摸索阶段，没有声势浩大的政府推动。

主持人：对我国农村生活垃圾分类有哪些建议？

冯建国： 乡（镇）和村这两级的干部必须高度重视垃圾分类问题，纳入工作计划，纳入对他们的考核中。

一定要全力以赴、不厌其烦地对广大农民进行宣传。要把宣传教育和奖励机制有机地结合起来。开始垃圾分类最初的半年或一年，上一级政府要不断地检查、督促、评比、表彰，激励大家养成垃圾分类的好习惯。广大党员干部、骨干户首先要做好垃圾分类，发挥模范带头作用。

主持人： 乡村振兴是党的十九大作出的重大决策部署，改善农村环境，建设美丽宜居乡村是全面建成小康社会的必走之路。“垃圾分一分，生活美十分”，做好农村生活垃圾分类，为乡村振兴擦亮底色。

欢迎扫码收听

《小康农家》

（2017.7.21——2020.9.21）

栏目主编：夏羽

欢迎扫码收听

农业农村部副部长
中央农业广播电视学校校长　张桃林
为《小康农家》开播寄语

科尔沁草原的传奇——春梅

主 人 公：春梅（内蒙古通辽市科左中旗苏道养殖专业合作社社长）
采访嘉宾：王金刚（春梅的丈夫，内蒙古通辽市科左中旗苏道养殖专业合作社社员）
宋德泉（内蒙古自治区农业广播电视学校通辽分校校长）
开花（内蒙古自治区农业广播电视学校通辽分校教师）
责任编辑：张倩
记　　者：张倩　田静
主 持 人：蒋昕臻　殷启德
故事播讲：李冉
录音制作：石涛
包装配乐：张倩
播出日期：2017年10月24日

【栏目片头】

讲小康故事　品农家生活　走创富之路——小康农家

【版块片花】

聆听小康故事　感受农家生活

1993年，高中毕业后的春梅幻想着考上大学后开始崭新生活和梦想，但就在这时，父母生病把家里的积蓄都花光了，贫寒的家境使得她不得不放弃读大学的机会，返乡务农。

1995年，春梅和本村青年王金刚结婚。结婚时，由于受条件限制，他们没有摆一桌酒席，只有王金刚一人赶着仅有的一辆马车将她接回家。唯一的嫁妆是春梅上学时一直使用的木箱子，里面装的是几件穿过的旧衣服和上学时用过的教材和笔记本。由于公婆常年生病，家中负债累累。婚后的生活更是一贫如洗。顶着讨债人的冷眼，春梅与金刚开始了打工还债的艰苦生活。

他们先是给邻居们放牧，当时工资低得可怜，平均下来，每头牛放牧一年也就不到50元的工资，辛辛苦苦一年也就是六七千元的收入，除去生活的开销，连借款的利息都还不上。在生活最艰苦的时候，往往只能靠借粮来维持生活。

这样的日子一过就是6年。直到2011年，春梅的生活迎来了第一次转变。

春梅所在的村子并不富裕，有时候，他们放牧的工资，邻居们并不能用现金兑现，只能用活的家畜来代替，今天给只小鸡，明天给只小羊……春梅与金刚不舍得自己吃，慢慢积攒起来，搞起了家庭养殖，公的能出栏的就卖掉还债，母的留下来继续搞繁殖。白天替邻里放牧以增加收入，回来精心饲养自家的鸡、猪、羊。依靠着顽强的毅力和精打细算的生活，到2011年，他们不仅还清了6万多元的欠款，还拥有200多只羊、15头牛，还有猪、鸡等，总数有300多头（只）。

那一年，他们告别了居住多年的低矮简陋的土房子，搬进了砖混结构的明亮新房。

吃苦耐劳的坚韧性格让春梅夫妇走出了贫困，不再为吃穿发愁，但是如何把日子过好？过富呢？春梅却一直苦于没有思路和发展方向。

2014年，偶然的机会，春梅听说国家有培训农牧民的项目，就主动找到村里领导，希望参加。正是这次培训，彻底改变了春梅。

这次培训是由通辽市农业广播电视学校组织的新型职业农牧民培训学习班。韩润英老师主讲的青粗饲料技术，深深吸引住了春梅。下课后，春梅用非常笨拙的汉语，向老师提出了自己的困惑和想法，并加了韩老师的微信，随后，多次请韩老师到家里进行现场指导，帮助制定经营发展方案。

从理论教学到现场指导，春梅学到了养殖科技知识，更重要的是她转变了经营理念，从思想上、观念上有了突破性的转变：只有专业化、规模化养殖的道路才是发展方向。于是，春梅下定决心，卖掉了所有的猪、羊和没有改良的黄牛。只留下具有繁育能力的十几头基础母牛，并投入几乎全部的资金购进了优良品种西门塔尔繁育母牛48头，建成了小规模的西门塔尔繁育母牛场，初步走上了专业化养殖之路。

2016年，经过部门推荐春梅光荣地被评为“全国十佳农民”。获奖后的春梅说：“我现在感觉很幸福，虽然命运不给我上大学的机会，让我留在了农村，但我会像父辈一样热爱农村、改造农村、建设农村。”

【版块片花】

走进农家小院　品味乡情乡愁

记　者：春梅家就坐落在科尔沁草原上，放眼望去，几里地或者几十里，只能看到这一户人家，一排整洁的白色平房和同样整洁的牛舍饲养棚。

得知我们的到来，村里领导和春梅已经在家中等候。

虽然获得“十佳农民”的春梅已经见过不少大世面，但对于这样的采访，她显然还不习惯，很羞涩，一句话不说，只是不停地给我们端上新鲜的奶茶和奶制品，让我们品尝。

不过，一提到要采访春梅，无论领导、邻居还是亲戚，都是称赞不已。通辽市农广校宋德全校长回忆起第一次见到春梅时的情景。

宋德泉：春梅在培训班特别好问，老师们印象都很深刻；回访时，我们就发现，她家里特别干净，还有学习资料。

开　花：春梅的性格特别坚韧。你们可以看到，牧铺周围没有人家，之前也没有网，没有电视，就两个人带着老人在这里过，没有坚韧的性格根本坚持不下来。而且放牧特别辛苦。他们的成就非常非常不容易。原来他们是最最贫困的，现在富裕些了。她一直坚信要把日子过好，过上自己想要的美好生活。

记　者：春梅的家不大，却收拾得井井有条，最显眼的是书柜上一排排的学习用书和屋里子悬挂的一块大大的牌匾。我们拉过一直忙碌的春梅，想问问她为什么会选择挂这样一块与屋内简单质朴的装饰并不太搭的牌匾。

一进屋，我就被“诚信赢天下”的牌匾吸引了。你为什么会挂这样一块？

春　梅：这就是我的心里话。我们刚开始非常贫穷，有很多外债，除了年轻我们什么都没有。刚毕业，我们和别人借米，别人不知道我们能不能还得上。我们给别人放牧，别人信不过，当我们放的马、牛比别人更肥的时候，他们就开始相信我们了，我们再借米、借面也就容易了。

开　花：其实放牧，用心和不用心的差别很大，因为他们实心实意把事情干好，别人开始相信他们。他们才慢慢积累起财富。

记　者：通过春梅和通辽市农广校开花副校长的讲述，我们可以体会到，当初他们生活的不易，但是从春梅的脸上，我们并没有看到过多岁月的痕迹，更多的是阳光的笑容和坚定的眼神。

欢迎扫码收听

“槐花县长”程万军的电商路

主　人　公：程万军（中国人口宣传教育中心对外合作部主任，2014 年至 2016 年，受国家卫生健康委员会委派赴山西省永和县挂职扶贫，担任永和县委常委、副县长）
农民观察员：刘晓栋（农业自媒体人）
责 任 编 辑：夏羽
主　持　人：王凤婷　殷启德
录 音 制 作：石涛
包 装 配 乐：夏羽
播 出 日 期：2018 年 11 月 28 日

【栏目片头】

讲小康故事　品农家生活　走创富之路——小康农家

【版块片花】

聆听小康故事　感受农家生活

【节目片花】

一个湾，山西永和槐花生长的“黄河乾坤湾”。
一朵花，当地一宝槐花。
一件事，打好脱贫攻坚“第一硬仗”。
槐花为媒，县长牵线，助力脱贫！
欢迎收听《小康农家》挂职县长扶贫记。

深度贫困地区如何脱贫？如何找到振兴乡村的新动力？在山西吕梁，有这样一群人，他们是中央国家机关、企业及高校在吕梁山区挂职副县长，他们联合起来打造了一个品牌叫“吕梁山货”，帮助当地农特产品实现优质优价。

今天的主人公，是曾在山西省永和县挂职的副县长程万军。他在永和工作的

3 年里，探索电商扶贫新模式，帮助永和特色农产品拓宽销售渠道。2014 年，他在网络上实名吆喝帮农民卖核桃，30 天时间就众筹 86 万元，被网友亲切地称为“核桃县长”。2016 年，他又在山西广电嘉年华上敲锣卖槐花饼，“卖饼县长”“槐花县长”的美誉也不胫而走。下面我们就一起来认识他。

【版块片花】

走进农家小院　品味乡情乡愁

程万军：我的老家是在东北吉林，在卫生和计划生育委员会宣传教育中心工作，2014 年被选定到永和县挂职，开展扶贫。

永和的电商发展可以说是从众筹核桃事件开始的，我也把大部分精力投入到帮助贫困地区发展，思考怎么把农产品通过互联网卖出去。

旁　白：抛开首都的繁华来到贫困地区，程万军的目的只有一个，就是在挂职的有限时间内，尽可能地帮助当地老百姓早日脱贫。而开展电商扶贫，成为他首选的方式。

程万军：永和的整个县域是 1 200 千米^2，但是整个县城是特别小，这条街道有 10 多分钟就走到头了，20 分钟就能出城了。这个是月饼店，就是做槐花饼的。

旁　白：程万军念叨的槐花饼，堪称是他和永和人民的共同发明，饼虽小，却是他所主抓的电商扶贫工作中一项重大的大课题，为了这个饼，程万军已经琢磨忙碌了好几个月。

程万军：花了很大的精力研发槐花饼，为什么这么做？其实就是想找一款能够代表永和地方特色的，能够在网上做“爆款”的产品，无论是通过传统渠道，还是通过电商渠道，我们要把它推出来，在找产品的过程中我们发现，永和槐花特别好，可以说槐树漫山遍野，而且都是天然野生的，能不能结合槐花做一款产品出来，这个槐花饼就这么出现了。

旁　白：从程万军有研发槐花饼的想法，到立项、组团队、找原料，再到寻访工艺、测试口味，经历了 5 个多月的曲折摸索，20 多次的口味调试，研发团队才最终将饼的形态和品类敲定下来。

程万军：槐花饼的研发，可以说，在前期准备的过程中不但不顺利，而且挫折特别多，一遍一遍把工艺开发成现在这个口味，从最初的一款槐花饼，拓展到现在的永和饼，现在永和饼除了槐花还有茵陈、核桃以及枣加核桃等口味。

旁　白：在随后的几个月里，程万军一边想方设法为永和饼的上市宣传预热，一边为寻找能够代为生产的食品加工厂家四处奔走，每一次他都要亲自带队，详细了解、实地考察，半个多月的时间他几乎跑遍了山西省内所有的食品加工厂。

【版块片花】

发展现代农业　走上创富之路

对于农村电商的发展，程万军有着怎样的独特见解？下面一起走近程万军，听他讲述电商扶贫背后的故事。

主持人：现在坐在我身边的嘉宾，就是曾在山西省永和县挂职的副县长程万军。

程万军：其实我是2014年至2016年挂职，在2016年9月已经回到原单位。

主持人：虽然您已经从永和回来了，但是我们还是想称呼您为程县长。程县长，我们非常好奇您这几个称号，2014年叫“核桃县长”，后来叫“槐花县长”，为什么这么叫？这是怎么来的？

程万军：“核桃县长”的由来，2014年9月，我到永和挂职，正赶上永和的核桃大丰收，我到下面去调研，永和大概有十几万亩的核桃林，那场面很壮观，我们去了几个核桃基地，一眼望不到边，有几座山梁。

大家知道，黄土高原上的丘陵叫黄土梁，几道黄土梁都看不到边，核桃大丰收，但是他们很担心丰收可能反而导致价钱降低，就是丰产不丰收这么一个现象。所以他们也担心市场销路是不是有问题。当时我就在想，我说咱们这么好的环境下产的核桃品质非常好，这正是城市人需要的，对农产品的食品安全也是城里人看中的，那时候我就想为什么好东西就卖不上好价钱？我们想了一些办法，当时互联网有一个新的名词叫“众筹”，当然现在已经很普遍了，但在当时还是比较新颖的。用众筹的方式帮农民卖核桃，所以我就在众筹网发起了一个众筹“永和核桃圆孩子书屋梦”活动，那个时候可能媒体也非常关注，的确帮助老百姓卖了很多永和的核桃，也捐了爱心书屋。有这么一件事，所以被大家称为“核桃县长”。

主持人：程县长，你说得很简单，在这个过程当中是一帆风顺的吗？

程万军：这个难度还是很大的，因为一个好的产品要出来，它肯定有一系列的过程，包括选品、规格、质量保证、物流运输各个方面，但我觉得这些都是可以克服的，最难的还是农民的思想观念，就是说在普通农民的心里，有一个传统的思路，就是坐等客户上门。现在突然把这个路打通，可以通过电商，通过网络坐在家里就可以把货销出去。但是问题又出现了，传统思路下，大家可能把核桃直接卖给供货商或者是二道贩子，大家当面验货，环节把控是有传统规矩的。但是网络消费者跟农民供货者不见面，众筹最开始的时候质量特别好，当时我在网上给大家做保证，我说我亲自来选品，保证核桃的大小，保证品质控制。但是有一段时间特别忙，忙着给大家回复、做包装这一系列的事儿的时候，对品质把控就没那么严，咱们老乡收来的核桃品质就有所下降，因为他们想法很朴素，“我们这个小的核桃也是好核桃也可以卖”，但是消费者的体验马上就变了，所以我说最难的其实是在观念上。后来我又给大家做工作，老乡们最后认可了，我也把质量控制好了，消费者满意了，这样持续下去，信誉体系就建立起来了。

主持人：我们再来谈谈“槐花县长”。程县长身份不少啊，这个“槐花县长”是由何而来？

程万军：当时在挂职这段期间非常用心地琢磨，怎么能把贫困地区的好资源转化成产品，然后把它卖出去，用了很多的方法，也用了很多的心思。选择槐花其实是有缘由的，因为在北方，黄河流域的人们一直有吃槐花的传统习俗，他们把槐花做成各种美食。所以我们就想能不能把槐花作为一个产业，把槐花做成一个产品推出来，而第一款开发的槐花产品就是槐花饼。

欢迎扫码收听

栀子女神——杨莉

主 人 公： 杨莉（湖南省岳阳市屈原管理区海泰栀子专业合作社社长）
节目嘉宾： 杨宝林（江苏农林职业技术学院教授）
责任编辑： 张倩
记　　者： 张倩　田静
主 持 人： 蒋昕臻　殷启德
录音制作： 石涛
包装配乐： 张倩
播出日期： 2018 年 10 月 26 日

【栏目片头】

讲小康故事　品农家生活　走创富之路——小康农家

【版块片花】

聆听小康故事　感受农家生活

杨莉与栀子结缘，源于一次参观。在参加全国人大常委会组织的一次重点建议调研过程中，杨莉参观了中国科学院植物研究所的组培实验室。听着专家对组培苗的介绍，亲眼看到由细胞反应培育出的小苗生机勃勃，她敏锐地意识到：植物细胞脱毒组织培育是一条科技兴农，带动农民更快致富的途径。

说干就干，经过对众多植物品种调研对比，杨莉决定发展药食同源植物——栀子。栀子花是岳阳市市花，栀子非常适合在洞庭湖区种植，它的花、果、叶、根都可利用，特别是从栀子果中提取的天然色素，市场前景十分广阔。杨莉坚信，栀子产业必将为乡亲们开启致富之门。

决心下定，但一没技术，二没设备，怎么办？她不畏艰难，四处请教专家，一年内 11 次去中国林业科学研究院（简称中国林科院）和中国科学院植物研究所，争取到了王亮生等著名专家教授的支持和指导。教授们都说：对组培这门技术的掌握，杨莉绝不亚于研究生。

2012 年，杨莉从中国林科院引进了优质栀子母本，坐火车从北京带回营养母液，湖南第一个由农民创办、建在农村、直接服务农民的高科技农业实验室及育苗工厂，在田间地头成立了。培育出的栀子新品种“林海 1 号”，具有产量高、成熟早、抗病毒性强等优势，并且栀子果中天然色素、藏红花素、栀子苷等成分含量远远高于普通栀子。

仅仅引导农民种植栀子是不够的，为解决农民卖产品难的后顾之忧，杨莉引入合作伙伴美籍华人、全球研究栀子深加工的顶级专家王志远教授的团队，投资 8 000 多万元，在屈原建立栀子深加工基地，提取天然色素、藏红花素，打造“优质种苗繁育＋GAP 示范种植＋合作社＋深加工＋市场＋互联网”的产业链，完善从田间到餐桌可追溯的农产品质量安全体系，打造以栀子为核心的 10 亿元高效农业产业。成立了全国第一家集栀子科研、种苗培育、示范种植于一体的海泰栀子农民合作社，和社员实行“六统一”的合作模式：统一供应种苗、社员培训、测土配方、生资供应、品牌标准、收购产品，实现了生产的标准化。

杨莉一直坚信科技的力量。为了将农业科技落地生根，真正帮助当地的百姓，杨莉自筹资金建农民书屋，配备了电脑、投影仪等硬件设施，购买了科技农业书籍、光盘 3 000 多册（盘）。她的农民培训学校不仅有专家讲课，还有种植大户和社员的现身说法，让农民愿意听、喜欢听、听得进、学得会。

一分耕耘一分收获。2017 年 3 月 13 日，中央电视台《新闻联播》以“践行农业供给侧改革，开出栀子花，结出小康果”为题对她进行报道。杨莉表示，要将总书记的嘱托落实到田间地头，始终不忘自己是农民代表，一心一意带领农民走科技兴农、科技致富之路，要利用高科技生物技术发展现代农业，用栀子添彩美丽中国，在湖湘大地构筑起一道亮丽的风景。

【版块片花】

走进农家小院　品味乡情乡愁

旁　白：在农业农村部举办的实用人才带头人和大学生村官示范培训班上，我们见到了为农民上课的杨莉。她十分热情地邀请我们到她刚刚竣工的栀子深加工基地参观。看到上万平方米的厂房和各种新进的生产机械，我们感到十分震惊。没想到在湖南岳阳市屈原管理区的一个小村子里，竟然还有这样先进的深加工基地。杨莉的儿子旷鼎为我们详细介绍基地的情况。

（介绍内容略）

旁　白：在整个园区的中间，有一座很大的阳光房，特别引人注目。深加工基地为什么要建造这样一所漂亮的玻璃房子呢？我们怀着好奇心，决定一探究竟。

（介绍内容略）

旁　白：原来这是湖南第一个由农民创办、建在农村、直接服务农民的高科技农业实验室及育苗工厂。而且 2016 年该实验室还被国家发展和改革委员会（以下简称发改委）认定为湿地林木良种创制国家地方联合工程实验室。

（介绍内容略）

旁　白：目前，实验室拥有专业技术人员 36 人、先进仪器设备 128 台套，具备每年 5 000 万株的优质组培苗的研发与生产能力，制定了“栀子工厂化育苗和 GAP 种植技术操作规范”等 5 项标准，申报了 8 项专利，实行了栀子大棚多层育苗的新技术，这在全国都是首例。然而，为什么要建造这样一间实验室呢？还源于杨莉的一次痛苦经历。

（杨莉的经历……）

旁　白：正是这次遭遇，让杨莉意识到科技的重要性。于是，在种植栀子的过程中，她十分渴望能由传统农业向现代高科技农业转型。她不畏艰难，四处请教专家。一次，杨莉参观了中国科学院植物研究所的组培实验室。听着专家对组培苗的介绍，亲眼看到由细胞反应培育出的小苗生机勃勃后，她决定自掏腰包，也建一个国家级高端实验室，但这对于一个农民而言并非一件易事。

创业的过程是艰苦的，但是每每提到栀子，杨莉的脸上总是洋溢着幸福的微笑。如今善于挑战不可能的杨莉，在岳阳建起了上万平方米的栀子深加工基地，成立了全国第一家集栀子科研种苗培育示范种植于一体的农民合作社，一个以栀子为核心的 10 亿元高效农业产业，正在她的努力下，一步步变成现实。

欢迎扫码收听

新时代的追梦人——焦建鹏

主 人 公：焦建鹏（宁夏回族自治区固原市西吉县龙王坝村创业带头人）
节目嘉宾：刘雪梅（宁夏回族自治区党校副教授）
责任编辑：李若男
主 持 人：王凤婷　张栋
故事播讲：蒋昕臻
录音制作：石涛
包装配乐：王迪
播出日期：2019 年 12 月 30 日

【栏目片头】

讲小康故事　品农家生活　走创富之路——小康农家

【版块片花】

聆听小康故事　感受农家生活

焦建鹏，出生于宁夏回族自治区固原市西吉县的龙王坝村。2001 年，大学毕业后，焦建鹏和朋友开了家软件公司。由于经营有道，几年间公司规模不断扩大，他的软件事业蒸蒸日上。

虽然焦建鹏的事业很成功，可他自己心里却总是觉得缺了点什么，他常常想起当初离开时家乡的样子，多年过去，家乡依然是他心里魂牵梦绕的地方。

2010 年，他做了一个大胆的决定：回乡发展，搞新型农业。

再回龙王坝，记忆里的一切如旧：没有公路，出行依旧全靠早年的几条土路；不通自来水，用水问题还是老大难。

看到眼前的一切，焦建鹏心里很是难受，他下定决心，一定要改变村子的情况。

于是，他在村里流转 1 200 亩土地，成立了西吉县心雨林下产业专业合作社，带领村民发展产业，通过在山地上种植大接杏，在林下放养生态鸡和种植油牡丹，发展大棚草莓，并利用生态农业发展休闲农业，走一二三产业融合发展之路。

2013 年，他开拓思路，新发展了 2 000 亩休闲农业基地，栽种牡丹和草莓，并于 2014 年在农民专业合作社的基础上创办了公司。

功夫不负有心人，忙碌了几年后，焦建鹏的梦想在不断努力中插上了翅膀。

在他的带动下，当地上百户村民直接或间接从事生态旅游产业。曾经的穷山村实现“农村变景区、民房变客房、农产品变礼品”，年接待游客超 10 万人次。

老乡富了，家乡好了，如今漫山青翠，再也不是当年贫瘠的小村庄，焦建鹏自己也在 2011 年被评为西吉县“诚实守信模范”和“创业之星”，2012 年，被评为宁夏回族自治区就业创业先进个人，2015 至 2018 年，先后荣获 2015 年度中国合作经济年度人物、首批全国农村创业创新优秀带头人、自治区民族团结先进个人、固原市劳动模范、农村致富带头人等荣誉。

【版块片花】

走进农家小院　品味乡情乡愁

焦建鹏：其实说到龙王坝之所以能发展到今天，你看我们拿到了全国乡村旅游重点村等很多的荣誉，包括我们现在的年收入，今年一个穷村子可以突破 2 000万的收入，其实离不开党的好的政策。我们是从 2011 年开始做这个项目的，2012 年党的十八大召开了，十八大召开以后，生态文明建设被写入制作方案。我有幸在林业厅向时任厅党委书记做汇报，一下子龙王坝，包括我们的林下经济和我们本人在宁夏都出名了。

我们本来就是一个贫困村，在六盘山贫困带我们开始整村推进扶贫开发，我们村 2015 年成功脱贫。在发展的过程中，我们发现发展农村经济有很多途径，因为龙王坝具有地理优势，它的地理位置离大都市比较远，所以决定了我们发展乡村经济的道路。2017 年党的十九大召开，十九大提出乡村振兴以后，人们的目光都投向了农村。以前，我们村很多人都进城，包括我以前都想着考完学以后出去，在北京或者上海找一份工作，逃离农村。国家提出乡村振兴计划以后，很多人要到农村来消费了。于是有了农村的研究性学习（简称研学），有了我们的休闲农业，所有的大政策投向了农村，为我们真正的发展铺开了一条很好的道路，我们看到了自己发展的一个黄金期，坚定了信心，所以说我们找到了一条属于我们自己的路。

主持人：应该说是好的政策引凤还巢了。

焦建鹏：对，现在大家都在做乡村振兴。乡村振兴又提出了返乡大学生、返乡青年，当地党委、政府出台了很多好的政策，如给我们贴息、给我们项目支持等等。所以说我们迎来了一个很好的发展时期。

【版块片花】

发展现代农业　走上创富之路

主持人：了解惠农政策有哪些渠道呢？接下来我们一起来听一听宁夏回族自治区党校刘雪梅副教授有哪些好的建议。

刘雪梅：要及时获取惠农政策，第一条是要学会利用网络信息，通过关注农业农村部、当地政府的农业农村厅以及农业农村局的官方网站，这些网站里面会有专门的栏目介绍各种惠农政策，也更新得比较地及时，所以说一定要学会看官网。另外一方面，手机上也有很多关于惠农政策的公众号，可以长期关注。

第二条是收看有关农业农村的电视、广播节目，节目中经常会分享一些最新的农业政策。比如咱们的广播节目，观众能收听到一些关于惠农政策的解说。当然，有条件的还可以订阅一些关于农业农村的报刊。

第三条就跟农民自己相关了，一定要勤跑多问。勤跑是指要勤跑路，跑哪里呢？就是去跑当地的农业农村主管部门，跑当地的政府主管部门，跑当地的村委会，去那里了解最新的政策，而且要及时与当地的能人、带头人，以及驻村干部、村委班子成员等专业人士交流，有问题就问他们，所以说要多问。

及时获取惠农政策，是一个长期的、动态的过程，农民朋友们一定是要做有心人，要积极主动，要养成关注和学习的习惯，通过多种渠道来掌握和消化政策。

欢迎扫码收听

武江伟夫妇的红枣致富梦

主 人 公：武江伟（陕西商榆林市佳县朱家坬镇泥河沟村经济合作社社员）
采访嘉宾：刘美玲（武江伟的妻子）
责任编辑：张倩
主 持 人：张栋　王凤婷
故事播讲：殷启德
录音制作：石涛
包装配乐：王迪
播出日期：2020 年 5 月 21 日

【栏目片头】

讲小康故事　品农家生活　走创富之路——小康农家

【版块片花】

聆听小康故事　感受农家生活

武江伟出生在陕西省榆林市佳县朱家坬镇泥河沟村，大学毕业后顺利地考入市里的一家国企工作。2014 年，当他得知佳县古枣园入选“全球重要农业文化遗产”后，激动不已，他觉得家乡脱贫致富的机会终于来了。

泥河沟村三面环山，土地瘠薄，但是气候却是最适宜枣树生长的，有“中国千年枣树王的故乡”之称。于是他开始关注红枣产业和乡村旅游方面的发展趋势，时常思考如何能更好地利用这个优势发展村里的红枣产业。

2017 年 7 月，泥河沟打造千年古枣林景区缺少讲解员，村里又都是上了年纪的老人，只能寄望于年轻人返乡。得知情况后，妻子刘美玲义无反顾地辞去了城里英语教师的工作，回村当起了讲解员。刘美玲回村后，看着村里的变化，时常兴奋地讲给丈夫听。

随着千年古枣林的名气越来越大，参观旅游的游客越来越多。在为家乡发展感到高兴的同时，也让武江伟找到了施展抱负的舞台，他决定在家乡开一家旅游客栈。

好好的国企工作不干，回到农村办客栈？很多亲戚朋友都不理解，而且并不看好他的决定，认为一个小村庄能有什么发展前途。但武江伟的态度却十分坚决，一家三口也从市里搬回了农村，拿出家里仅有的 8 万元积蓄，还向亲戚朋友借了 20 多万元，承包下村里废弃的 3 层小楼，改造成了客栈。因为他认定，现在正是发展佳县红枣产业的最佳时期。

中国农业大学教授孙庆忠曾经提出：中国人所熟知的社会网络，是由血缘与地缘连接的。数千年来，在黄河大峡谷，红枣在人与自然的连接网络中流动，这里有一种“枣缘社会”。武江伟受此启发，给客栈起名“枣缘客栈”，希望通过自己的客栈与更多关心、喜爱佳县的游客们结缘。

皇天不负有心人。随着佳县当地连续举办的几次红枣采摘节，加上武江伟自己的努力经营，枣缘客栈在营业的第一年就收入 20 多万元。

除此之外，武江伟还利用惠农网、微店、朋友圈等多种线上渠道，帮助村里销售红枣，2017 年，线上销售红枣 5 万多元。线下，武江伟与当地某咖啡公司合作，利用红枣做原料生产加工红枣咖啡、浓缩汁和饮料。帮助当地部分贫困户销售红枣 10 多万元，最远把佳县红枣卖到了英国。

【版块片花】

走进农家小院　品味乡情乡愁

主持人：今天我们就将武江伟请到了演播室。还有江伟事业上的合作伙伴，也是生活中的贤内助——刘美玲。

当初你们离开家乡外面去工作，为什么工作几年之后又想回到家乡了呢？

武江伟：因为我这个人在单位里面属于那种“坐不住”的人，平时也老关心外面的事，特别是村里的事，对老家的情怀一直都有，尤其是遗产地申请以后，更关注家乡发展。

主持人：你刚刚说的遗产地申请是 2014 年 4 月，联合国粮农组织认定佳县的千年古枣园是全球重要的农业文化遗产，江伟听到这个消息之后，当时什么反应？

武江伟：北京奥运会大家都知道，我们的遗产地申请成功以后，我就像北京申奥成功时一样激动，觉得这个村庄会有无限的可能。

主持人：真正让你打定主意要回乡创业是一个什么样的触动？

武江伟：2017 年夏天美玲大学毕业，在外面培训机构上班，然后我们县城在农村招一批协理员。

刘美玲：我们古枣园在全县招 330 名协理员，就是回到村子里去工作，每个行政村都需要一名协理员。

武江伟：她把这个事一说，其实我那会对家乡的心思就很大了，也把好多精力投入到泥河沟，所以她说这事以后，我们先在家里商量，基本达成一致，我们两个想法是一致的。

主持人：当时是美玲把家里积蓄的 8 万块钱全部拿出来，然后又借了 20 万块钱支持他去创业是吗？有没有过顾虑？毕竟 20 万块钱是一个巨大的负担，当时就没有犹豫过吗？

刘美玲：肯定有的，但一般他想做的事，只要他提出来，我还是挺支持的，我还挺喜欢自己去拼搏一下，即使你没有收获很多，但是我感觉等老了以后，回忆起很多东西你曾经拥有过或者奋斗过，感觉也是特别高兴的事情。

主持人：在你们看来，应该如何保护和发展家乡的农业文化遗产？

刘美玲：可以把一些深层次的东西给挖掘出来，然后活化它。我们当地的一些人说保护千年古枣树就是不动，但是江伟我们常说，不动是一个错误，它本身也需要营养成分，所以可以把它活化起来，例如为它打造一些产品，围绕千年古枣树文化，研发很多不同的东西。

主持人：美玲说得特别好，活化的保护。

欢迎扫码收听

我为村里开了淘宝店

主 人 公： 田雨（山东省长清区店台村大学生村官）
采访嘉宾： 张道山（山东省济南市长清区店台村党支部书记）
节目嘉宾： 翟文波（陕西省职业农民协会副会长）
责任编辑： 王凤婷
主 持 人： 王凤婷　张栋　殷启德
录音制作： 石涛
包装配乐： 王迪
播出日期： 2018 年 9 月 14 日

【栏目片头】

讲小康故事　品农家生活　走创富之路——小康农家

【版块片花】

聆听小康故事　感受农家生活

大家好，我叫田雨，今年 25 岁，毕业于山东政法学院法学专业，从小到大我给自己设计过警察、医生、教师等多职业选择。一个偶然的机会，我在电视上看到了有关选调大学生村官的新闻报道，被他们扎根农村、服务“三农”、奉献基层的事迹深深震撼，于是，在 2016 年大学毕业时，我毅然选择并考取了选调大学生村官。

我所在的店台村是一个位于泰山脚下的山区村，村子辖区面积 8 千米^2，全村 476 户，1 493 口人，耕地面积 1 200 亩，山林面积 12 000 余亩。刚来到村里时，我发现村子和我想象的完全不同，村内道路宽阔平整，并且均已硬化，主要道路两侧都装有太阳能路灯，村内环境整洁美观。村内产业发展完善、经济条件良好，有养殖合作社、樱桃合作社、千亩核桃园合作社、济南龙凤庄园果树种植专业合作社等。听党支部书记张道山介绍，店台村是远近闻名的富裕村，近几年来，先后获得“全国科普惠农兴村先进单位”“省级文明村”

“全省村庄建设示范村”“山东省宜居村庄”、济南市“生态循环农业示范基地”等荣誉称号。

毛主席曾经说过，“没有调查，就没有发言权。”如果在不熟悉村内各方面情况的前提下就开展工作，会事倍功半。因此，在刚开始工作的两个月内，我跟着村“两委”成员对村内的合作社进行逐个走访，了解村集体经济发展现状。在走访过程中，我发现了一些问题。

店台村以林果种植为主要产业，济南市长清区龙凤庄园果树种植专业合作社是主要的村集体经济组织。龙凤庄园位于店台村海拔 560 米的东山，面积 5 000 余亩。自 2011 年至今，龙凤庄园建设累计已投入 5 000 多万元，现有四季桃园 300 亩，大樱桃 150 亩，优质苹果园 200 亩，蓝莓、桑葚、猕猴桃、葡萄、山楂、梨、杏等杂果 350 亩，高山有机核桃 1 200 亩，有机茶园 100 亩。这是一个四季有花，三季有果，全年有景的现代农业观光采摘园。目前，桃、苹果、大樱桃、核桃已获得国家绿色食品认证。同时，这里还是山东省精品示范采摘园、山东省农广校新型职业农民培训基地，承接国家科技部、农业农村部“十三五国家重点研发计划项目”，被评为“苹果化肥减施增效技术示范基地”。可是合作社的知名度并不高，各类干鲜果品也基本没有进行线上销售。我觉得我的村官工作可以从扩大龙凤庄园宣传、增加潜在消费者线上购物量入手，借助互联网技术助力龙凤庄园的发展。

【版块片花】

走进农家小院　品味乡情乡愁

旁　白：如今，互联网以其传播速度快、运营成本低、影响范围广的优势，影响到各行各业，并取得了不俗的成绩，“互联网＋”成为行业前行的新动力。旅游宣传需要载体，农产品销售需要渠道，田雨萌生了一个想法：为什么不能借助微信公众平台和淘宝网，来帮助合作社进一步发展呢？于是，他把这一想法给村“两委”领导汇报后，得到了领导的肯定与支持。其中村里的老支书张道山给了田雨最大的鼓励。

（采访张道山内容略）

旁　白：有了村“两委”的认可，田雨随即在微信公众平台上注册了“济南龙凤庄园 lfzy”微信公众号，宣传内容以推送文章为主，让广大用户可以在第一时间了解到庄园发展动态和各类采摘优惠活动，以此吸引消费者前来采摘旅游。田雨经常对管理微信公众号的村民讲解使用情况。

（田雨为村民介绍使用情况内容略）

旁　白：田雨把微信公众平台设置了 3 个选项菜单，分别是“魅力庄园”

“园区导航”“联系我们”。关注者通过“魅力庄园”可以了解到龙凤庄园的目前发展状况和各类水果信息；通过“园区导航”可以了解到龙凤庄园各功能区划分情况，游客可以根据各自所需选择前往不同区域采摘游玩；通过“联系我们”可以获取庄园的地址、联系方式、导航信息，方便游客前来庄园。

（采访游客内容略）

如果说“济南龙凤庄园 lfzy”微信公众号让龙凤庄园对外宣传的声音更为响亮，那么，成立淘宝店铺，不仅能帮助合作社和村民拓宽销售渠道，增加销售收入，而且还能让庄园各类水果对外销售的方式更为多种多样。

（采访田雨内容略）

旁　白：2017 年 3 月，经过店铺装修和商品详情编辑，龙凤庄园的淘宝店铺“泰山百果园”正式投入运营，销售产品主要是各类果树认养，包含樱桃树、梨树、桃树、苹果树，在前期微信公众平台的宣传下，果树认养一经上线，就受到了消费者的青睐，许多回头客纷纷在淘宝下单预定，订单销量非常可观。

随着微信平台和淘宝店铺创建，村民们看到了网络技术对于助力农业农村发展的良好作用。到现在，已经在村里开展了 3 期电脑技能培训班，培训的主要内容有 WPS 软件操作、互联网基本知识和技能操作。通过电脑技能培训，目前合作社一些工作已经实现了电脑化办公，文件收发也大多实现无纸化，极大提高了工作效率，节省了工作成本。

（采访田雨内容略）

【版块片花】

发展现代农业　走上创富之路

做客演播室的专家是陕西省职业农民协会副会长翟文波。

主持人：一名大学生村官，在下驻基层之前，应该具备怎样的素质？

翟文波：咱们让大学生作为村官到农村去，本意是致力支持农村，是想把他的技能用到实处，但是农村有很多具体的情况他们并不清楚，要想把知识变成可用的技能，他们首先要做到，能按照组织的要求，服从组织的安排，这是一个纪律性的问题。其实我们从基本点上看，现代农业的发展，是有一些条件要求的，其中，第一条就要求有组织保障。有组织保障，才能很好地把想法推进下去。大学生村官在真正下驻基层之前，首先要有这样的一种意识。

主持人：怎样的组织保障呢？

翟文波：作为大学生村官，一般先进村。村是一个自治组织，村“两委”是一个自治组织，你要得到村“两委”的支持，得到了村“两委”的支持基本等于得到了村民们的支持，如果得不到他们的支持，你盲目地推广技术，村民们是很难接受的。村的上一级是乡（镇）。因为乡（镇）是行政区划的最基层，它有各种相应的要求。在大学生村官下驻基层之前，不管是参加我们的培训，还是他自己去学习、了解如何成为一个真正合格的大学生村官，总之，他要有对自我的纪律约束，按照党组织的基本要求来要求自己。入驻自治组织以后，还要遵守自治组织的要求，我想这就是我们说的组织保障。

欢迎扫码收听

大学生张庆荣返乡种梨记

主 人 公： 张庆荣（山东省章丘区返乡创业大学生）
采访嘉宾： 石慧云（张庆荣的妻子）
节目嘉宾： 王志勇（中共中央组织部、农业农村部农村实用人才带头人和大学生村官示范培训班培训导师）
责任编辑： 曹娅晶
主 持 人： 王凤婷　张栋
故事播讲： 蒋龙
录音制作： 石涛
包装配乐： 王迪
播出日期： 2019 年 9 月 28 日

【栏目片头】

讲小康故事　品农家生活　走创富之路——小康农家

【版块片花】

聆听小康故事　感受农家生活

旁　白： 张庆荣出生在农村，父亲是一个老梨农，经营着一片 40 亩的梨园。2006 年张庆荣大学毕业之后，按照父亲的意愿，进入当地一家国有企业从事技术工作，并在工作中结识了妻子石慧云。

张庆荣： 公司当时正面临着改革和裁员，有很多同事都去创业了，并且干得都还不错，我也想出去闯一闯。

从我记事的时候，我父亲就一直在打理这个梨园，每天都早出晚归的，根本看不见他的身影，当时在我们这里，40 亩地的梨园算面积比较大的了，即便如此我家的条件也不是特别好。

旁　白： 一直想创业的张庆荣萌生了接手梨园的想法，为此，2010 年 4 月，张庆荣到山东莱阳的一个梨园打工，学习种植技术。在莱阳，张庆荣第一次认识了黄金梨。

张庆荣：我原来创业时候考察过水果批发市场，当时鸭梨的批发价格是每斤1元左右，雪花梨差不多也是每斤1元左右，但是黄金梨的价格能达到每斤2元，而这么大的市场也只有两家在卖黄金梨，我感觉这是一个空缺，价格又非常高。

旁 白：市场价格高，货源却不足，这让张庆荣看到了黄金梨的商机。2011年3月，张庆荣花了6 000元购买黄金梨和水晶梨的嫁接苗，并在父亲的帮助下，将40亩的梨园全部改种成了黄金梨和水晶梨。

收获的当年曾出现倒春寒，但令人没想到的是，水晶梨的个头却长得令人惊诧得大。到9月的时候，水晶梨的个头居然普遍都在2斤半，最大的能达到5斤重。最终他们决定将收获的水晶梨论个卖，2斤到2斤半的梨，定价为30元1个，2斤半以上的梨，定价为50元1个。他们首先想到的就是去农贸市场上卖，结果一个梨都没卖出去，顾客们道出了其中的缘由。

顾客1：1个梨你这才几斤，你要论斤卖的话，这才几斤？顶多3斤，你要是论斤卖的话顶多2元1斤，6元就得了；你要每斤2元，1个犁3斤的话才6元，你卖50元？它怎么能值50块钱，对不？

顾客2：肯定亏，我10块钱买这一兜，50块钱买1个，值吗？50块钱卖给谁？谁舍得？我不舍得买。

旁 白：市场的反馈并没有让张庆荣气馁，他认为之所以在农贸市场卖不动，是因为消费群体不对。张庆荣夫妇决定换个地方卖梨，摆了几天摊一个梨都没卖出去，石慧云又想了个新办法。

石慧云：想做礼盒销售，想在8月15日和过年的时候推出，8月15日和过年的时候又是一个团圆的节日。大家都说梨的这个东西是分离不好听，所以我就想到了一个谐音——大吉大利。

旁 白：石慧云定制了包装盒，在包装盒上印上“大吉大利”的字样，走精品礼盒的销售模式。正在这个时候，章丘区农业局通知张庆荣，青岛要举办农产品展览会，建议他去参展，张庆荣夫妇就将包装好的水晶梨带了一些过去。

张庆荣：我们当时一下子签了将近200万元的订单，心情当时真得非常好，不光是高兴了，不知道怎么表达，那种不可思议的感觉，你知道吗？就像天上突然掉下一个馅饼一样，打到你身上。

石慧云：水晶梨卖得非常好，然后我又想着如何把黄金梨也卖出价格，毕竟咱们面积大的还是黄金梨，所以就想把黄金梨做得和水晶梨一样。

张庆荣：我们园区大部分还是黄金梨，如果这个黄金梨能像水晶梨一样，能长得那么大，卖得这么好，那我不就发大财了吗？

旁 白：为此，张庆荣咨询了专家。专家告诉张庆荣，虽然黄金梨长不了大果水晶梨那么大，但可以通过疏花疏果来提升黄金梨的品质和口感。根据专家建议，夫妻二人对园区内的梨树进行疏花疏果。

2015 年，夫妻俩决定将梨园从原来的 40 亩扩大到 100 亩，但是规模增大，销售上必须要有新路子。如何才能在茫茫的公众号推送中获得大家的点击，获得关注呢？石慧云上网查询资料，一下激发了她的销售灵感。

石慧云：当时正在召开的里约奥运会应该是最受关注度的一个话题，然后我们就想着蹭这个热度，想着别人在看奥运会的时候，边吃梨边看奥运会，心情也很美。

旁　白：石慧云找到当地做公众号推广的公司，让他们在自己的公众号上推出了“里约奥运，梨约章丘”的采摘预热活动，并在活动中加入加油助威功能，转发量最多的可以获得价值 6 000 元的手机一部。

2016 年的采摘节活动期间，进园人数就有近 3 万人，销售额高达 150 万元，更重要的是，后期的订购销售量大大增加，当年礼品销售额达到了 370 万元。

【版块片花】

发展现代农业　走上创富之路

如今，国家鼓励大众创业、万众创新。农村创业天宽地广，许多大学生也因此返乡，投入了创业的大潮中。

中共中央组织部、农业农村部农村实用人才带头人和大学生村官示范培训班培训导师王志勇做客节目，介绍如何进一步鼓励大学生毕业返乡创业，参与乡村振兴。

王志勇：大学生创业，有鼓励性的政策支持。从机会角度讲，大学生和乡（镇）的就业方面是一种高度融合的状态。目前大学生从毕业进入社会，正好有乡村振兴战略的机遇。学校在教育改革的方向上，逐渐把专业和市场进行对接。在这种情况下，大学的专业设置也跟着在变。所以，这一系列的政策、一系列给出的条件，所有的要素集合起来，对于大学生就业的选择，尤其是在和乡（镇）进行对接方面，将它们有机衔接起来，参与到乡村振兴战略的实施中。

欢迎扫码收听

种有文化的小米

主 人 公： 刘海庆（内蒙古自治区赤峰市敖汉旗嘎岔村兴隆洼小米生态种植农民专业合作社理事长）
节目嘉宾： 王志勇（中共中央组织部、农业农村部农村实用人才带头人和大学生村官示范培训班培训导师）
责任编辑： 张倩
主 持 人： 张栋　王凤婷
故事播讲： 殷启德
录音制作： 石涛
包装配乐： 王迪
播出日期： 2019 年 12 月 16 日

【栏目片头】

讲小康故事　品农家生活　走创富之路——小康农家

【版块片花】

聆听小康故事　感受农家生活

【以第一人称讲故事】

我是刘海庆，一个吃着小米长大的敖汉人，也是一个尝试生态种植的新农夫。

孩提时代，每逢春耕时节，村里一定热闹非凡。大家聚在一起交流种植经验，你家种的什么，怎么种的，我家今年要换新品种，他家后天要撒种了，一起帮帮忙……那种生命的质朴，人与人之间的温暖就这样印在我的脑海。

当时在家里的时候就总想着以后能为村庄做点什么。那时候村里干旱得比较厉害，就想着以后赚钱了给大家伙打口井。至今，那口井我还没有打。但是，我已经回到了生养我的地方，希望用种植生态小米的方式改变这个村庄。

当然，促使我回到家乡种植小米不止是对家乡的眷恋，在公益机构北京工友之家的工人大学和同心农园的学习、工作经历也是重要的原因。作为工人大学第十二期的学员，我深刻地理解一个资源禀赋不是很好的村庄，想要焕发生机和活力，或许生态农业是最好的一条道路。

2017 年，我在微信里发起了一次众筹，100 个人支持我回到家乡种植生态有机的小米。同年，我和一群扎根于内蒙古赤峰敖汉旗兴隆镇嘎查村的农民——也就是我的乡里乡亲们一起成立了兴隆洼小米生态种植农民专业合作社。

在 2012 年 8 月，以兴隆沟遗址出土的碳化粟为代表的敖汉旗旱作农业系统被联合国粮农组织列为“全球重要农业文化遗产”。正因为此，敖汉旗被证明是“世界小米的故乡”。这让世世代代生长在这里的我们，感到非常的自豪。

一粒粒金灿灿的小米都是我们用汗水浇灌出来的收获。正如“敖汉小米香了一个村庄，甜了整个世界”说的那样，参与众筹的伙伴中还有人把我们的小米带到了纽约。

我坚持采用生态的方式种植小米，不使用任何的农药、化肥。在生态种植的过程中，先在一部分土地中实现土壤转化，在示范的过程中实现先转化的带动后转化的，最终实现土壤共同转化，达到土壤共同健康。

对于生态而言，我想不单是小米种植的问题，生态种植需要有一个比较好的环境来保持生物多样性。种植生态小米的过程中，会涉及很多生态问题，而我们在逐步解决的过程中，会形成一个好的生态环境。我们要保护好自己的土地，让我们能够长久栖居于此。

另外，对于我自己而言，还有一个愿望。我希望未来把村里的每一个人都纳入到合作社来，这样的话，整个村庄就会形成一个可以循环的生态系统，有养殖，有种植。在收益的同时还能积累公社基金，用于解决村庄的留守儿童、老人的问题。

给我们一次改变的机会，我们还您香甜健康的小米。

【版块片花】

走进农家小院　品味乡情乡愁

主持人： 今天把海庆请到了我们的演播室一起分享他的创业故事。

刘海庆： 在北京那一年的实习过程中，我其实接触了很多新的概念，比如说生态农业的概念、合作社的概念，还有众筹的概念。然后在实习的过程中，我也接触了很多关于生态农业的成功案例，还有一些众筹的案例。在接触的过程中，我就在想这些比较新的技术，是不是可以跟我们当地的农耕文化结合起来，因为敖汉旗有很多优势。敖汉旗是全球重要农业化遗产地，世界旱作农业发源地，还是“全球环境 500 佳”，有这么多的优势，我们如何把这些结合起来，将农耕文明传播出去，能让村民通过新的技术，把传统的农耕文明发扬出去，并且还能在这个过程中提升自己的收入，这是当时我考虑的比较多的一个问题。通过一系列的思考，我觉得这个事情可以做，并且觉得农村是一片广阔天地，是一个大有可为的地方，当时就毅然决然地回到了家乡，进行创业。

主持人：有人说你是用别人的钱种自己的地，为什么会有这样一个说法？你给大家解释解释。

刘海庆：用别人的钱种自己的小米是怎么回事？就是说大家在小米种植之前，就要在我们合作社下订单，提前把钱打过来，然后我们根据大家的订单，计划种植，待秋天收获以后，进行售后配送。我记得全国政协农业农村委员会委员闵庆文老师在接受记者采访期间，曾经为我们这个模式做了一个比较精辟的总结，叫年初认购、计划种植、售后配送，我觉得这个比较符合我们的用别人的钱种自己小米的定位。

主持人：当时是你写了一篇文章叫《寻 100 个合作伙伴成立一个合作社》。当时你在做文案的时候，你精心地设计了哪些点子吸引他们？

刘海庆：我们在进行文案的布局时，设计了以下几点：我们是谁？我们的初衷是什么？我们要做什么？我们要达成什么目标？我觉得最重要的是，文章表明青年人可以想去农村做一番事业，这是感动他们的一个点；文章里还鼓励青年人返乡创业，我觉得这也是感动他们的一点。这两点让大家看到了我们当地的优势。

【版块片花】

发展现代农业　走上创富之路

主持人：那关于海庆返乡创业的故事，我们有哪些收获？对更多的创业者，会带来哪些启发呢？订单农业的形式，适不适合您的合作社呢？我们请中共中央组织部、农业农村部农村实用人才带头人和大学生村官示范培训班培训导师王志勇来分析一下。

王志勇：这种众筹加订单的模式，简单说就是订单众筹。它的好处其实也比较明显。它是一种提前预付方式，通过提前预订的方式先聚拢资金，我拿到资金之后能够更好地推进农业项目。但是这种方式也有一个问题，想提前拿到钱，得让客户相信你的成果好。成果不好，客户的付费意愿肯定不强。当然，对你的产品、成果的信任，还是基于对人的信任。刘海庆在做这事的时候也很聪明，他们拜托很多朋友在朋友圈转发，后来还引起了媒体的关注。这些对他这件事的帮助是非常大的。也就是说我们在选择预售、众筹加订单的方式的时候，它有一定的条件，即别人对你的产品和对众筹的发起人有足够的信任。

欢迎扫码收听

魅力隰县之玉露香飘

主 人 公：王晓斌（山西省临汾市隰县县委副书记、县政府县长）
责任编辑：夏羽
记　　者：王凤婷
主 持 人：王凤婷　张栋
故事播讲：田静
录音制作：石涛（王迪外采）
包装配乐：夏羽
播出日期：2019 年 11 月 25 日

【栏目片头】

讲小康故事　品农家生活　走创富之路——小康农家

【版块片花】

聆听小康故事　感受农家生活

【节目片花】

一个换道跨越的抉择
一项驱赶贫困的产业
一条通往小康的道路
玉露香——脱贫路——小康梦

隰县，地处晋西吕梁山南麓，属黄土高原残塬沟壑区，土地零散瘠薄，发展农业一直靠天吃饭，农民增收困难，国家级贫困县的帽子像“紧箍咒”一样扣在了他们的头上。有数据显示，截至 2015 年年底，全县 97 个村 8 万农业人口中，仍有建档立卡贫困村 79 个，贫困人口有 1.5 万余户、3.9 万余人。我们说，上苍给某一地域一块“短板”，也会顺带给这一地域一块独特的“长板”。那么隰县的“长板”，是什么呢？那就是海拔高、光照足、昼夜温差大，土壤有机质的含量高，是国际、国内梨果专家公认的生产优质梨果的理想地带。那隰县如何立足区域优势，扬长避短？如何进行差异发展，错位竞争呢？让我们一起走进隰县，走近玉露香。

隰县古称隰州，位于山西省临汾市西北，历史悠久，素有“河东重镇”“三晋雄邦”之美誉。提起隰这个字，绝大多数人会觉得很陌生。隰字在汉字中属于低频字，适用范围不是很广泛。但事实上，在中华文明的进程中，隰字是实用汉字大家族中不可或缺的一员，早在《诗经》中“隰”就出现 26 次。

隰字，在现代汉语词典中的解释是“低湿的地方”，而隰县玉露香梨口感细嫩无渣，水分足而清甜，这跟其种植地的地理环境密不可分。诗经中的“山有苞棣，隰有树檖”，其实就是对隰县优越梨果种植环境最好的注释。

隰县位于北纬 36°，地势东北高、西南低，海拔大部分在 950～1 300 米，属温带大陆性季风气候，年平均气温 8.5～9.8℃，降水量 486.3 毫米，日照 2 740.9小时，昼夜温差大，无霜期 167 天，是国内外梨果专家公认的西北黄土高原优势水果产业区的核心地带。

近年来，隰县实施“以梨为基多元发展”的富民强县战略，大力发展梨果产业，果树面积已达 35 万亩。不仅如此，县里还举办了很多活动。比如说“梨果攻坚”活动，举办“梨花节”“采摘节”，推出强管理、抓配套、树品牌等一系列“组合拳”，夯实了脱贫基础，实现了农民的增收。这玉露香不仅鼓起了果农们的腰包，更成为隰县的一张靓丽的“名片”，让每一个隰县人为之骄傲。

【版块片花】

走进农家小院　品味乡情乡愁

主持人：甜甜脆脆满枝头，农家心血在荡漾。一颗玉露香究竟是如何演变成一项驱贫产业的呢？贫困不是隰县的底色。山多川少、沟多水少的自然环境，终究阻挡不了隰县人不懈奋进的脚步，更囚困不住他们摆脱贫穷的梦想。几年间，坚信“天道酬勤”的隰县人，拼出了一条脱贫攻坚的“隰县路径”。

下面请山西临汾市隰县县委副书记、县长王晓斌讲讲他是如何看待隰县电商发展实践的。

记　者：2016 年隰县的电商是从零起步，到现在发展为省级的电商扶贫培训基地，我想这样一个转变可能很多人都是难以置信的。那么王县长，咱们从隰县最初开始接触电商时说起。

王晓斌：一开始大家都不了解互联网，也不了解电商，我们也不知道从哪开始。于是我们决定从完善玉露香梨的可追溯体系入手，我们制定了一个二维码战略，叫“一户一码，一码终身”。每一颗隰县种植出来、销售出去的玉露香梨上都贴一片二维码，这个码能起到几方面的作用。第一它能追溯农产品的生产者，扫码之后，手机上就能显示出种植户的电话、乡镇，哪个村等农户基本信息。第二使玉露香梨区别于市场上的其他产品。第三它便于传播，也就是说当消费者觉得这个产品好的时候，他可以扫码，分享给他自己的朋友。让我们的农产品有了自我宣传的能力，这种自我宣传能力会引发大量的重复购买，为我们的销售打开通道。

记　者：后来又经历了怎样的一个逐步发展的阶段和过程？

王晓斌：大体上有 3 个阶段，第一个阶段就是二维码，做可追溯体系，主要是从防假、促销、保品牌这个角度出发。第二个阶段大概是从 2016 年 7 月至 2017 年 10 月，这是隰县电商发力提升的一个阶段。我们依托隰县在线的门户网站，建了微站和电脑（PC）端网站，还有移动端的应用程序（APP），和浙江讯唯集团合作，建立丽水电商学院隰县分院，开始培养农村电商人才。再者，与三大电信运营商形成战略合作，在隰县做到网络全覆盖。还有就是与顺丰合作，成立隰县的顺丰快递中心，这个中心，实际上是一个硬件建设。因为网络信号、快递、人才 3 方面是农村电商必不可缺的，那么我们就从这 3 个最基础的要素上着手。第三阶段是在 2017 年 10 月以后，我们开始集中资源，提高效能。农村电商不像一部分人理解的那样，有一台电脑，一部手机，有信号就能解决问题。其实不是这样的，它需要把涉及电商的大量要素整合到一起，比方说网页制作、文案策划、包装、仓储、快递金融服务、政府的办证、政府服务、保险等一系列的事情都需要集中起来。我们是贫困县，没有更多的资金去新建一个园区，所以我们就利用房地产开发过程当中的存量房产，把一条街改造成电商街区，也就是说，隰县电商没有搞园区，搞的是街区。这条街区集中了电商发展的所有要素，而且我们实现了街区的 Wi-Fi 全覆盖，也就是说只要走到这条街上就有 Wi-Fi，你可以在汽车里办公，也可以在手机上操作。这个时候我们的电商服务中心、培训中心、孵化中心一系列设施成功配套。也是在这个时候，我们被商务部、财政部和国务院扶贫办选为电子商务进农村的示范县，得到了政策支持，使我们在农村电商方面可以更加游刃有余。

【节目片花】

听众朋友大家好，我是山西临汾隰县县长王晓斌。隰县坐落在临汾市的西北角，吕梁山的南端，这里天蓝水清，生态良好，这里出产的隰县玉露香梨逐渐名满天下。欢迎大家来隰县参观旅游，欢迎大家品尝隰县玉露香梨。祝各位听众朋友工作顺利，阖家幸福，事业兴旺，万事如意。

欢迎扫码收听

农机人的光阴故事

主 人 公：韩于喜（安徽省阜阳市阜南县许堂乡许堂村农民）
采访嘉宾：陈红杰（中央农业广播电视学校党委办公室助理研究员）
节目嘉宾：刘晶（农业农村部农业机械化管理司监督管理处副处长调研员）
责任编辑：夏羽
主 持 人：王凤婷 殷启德
故事播讲：蒋昕臻
录音制作：石涛
包装配乐：夏羽
播出日期：2019 年 6 月 3 日

【栏目片头】

讲小康故事 品农家生活 走创富之路——小康农家

【版块片花】

聆听小康故事 感受农家生活

旁 白：韩于喜是一位普通农民，世代耕种在这片生他养他的土地上，2000 年的时候，他用东拼西凑借来的钱，算上农机购置补贴，抱着试一试的想法，购买了刚刚投放市场的雷沃谷神 2000 型轮式收割机，从此驾驶着第一台收割机，开启了他的农机致富路。

韩于喜：这是我买的最早的一台收割机，因为今年有新的产品了，这才让它休息了，它是我当时的致富战车，为我家里人创造了很好的财富，现在我就“供”起来了，不准备卖它了，我称它为战神，致富战车，一直留在家中，让它好好休息吧。

旁 白：这台谷神 2000 型收割机，寄托着韩于喜全家的致富梦想。韩于喜驾驶着它，每年先到河南南阳、驻马店一带参加中原地区的麦收，然后再回到自己的家乡富阳收割，再依次到苏北、山东等地，历经近 20 个麦收季节。这台收割机累计收获面积有2.4万余亩，为他带来了至少30万元的纯利润。

即使这台老古董收割机，现在看上去有些锈迹斑斑，但各项性能指标，仍能达到作业要求。从最初的这一台古董级别的收割机，发展到现在近百台大型农业机械，韩于喜的合作社总资产已经超过了千万元。

韩于喜：那时候大多散机作业，量比较小，到一个地方干三五千块钱的收益就走了。种粮大户每户都有上千亩的种植面积，一次就可以接到五六千亩的订单，我们就把散机手集中到合作社来，以合作社名义出去签订单，价格比散机手优惠的多，人家见了也比较客气，认为你有实力，他们都愿意和合作社一起出去抱团作业，机手一年比散机作业多挣三五万元。

旁　白：韩于喜在合作社内，坚持自己先使用新机型，然后再向社员推广，取得了合作社成员的高度信任。社员家家户户都通过农机发了家，住着楼房，开着轿车。他经历了和社员们一起发家致富的全过程，也见证了中国农业机械设备的高速发展。

韩于喜：我买的第一台收割机，当时的喂入量是每小时2～5亩，经过近十年的产品升级，现在这台收割机的喂入量是10～15亩，比原来的收割量提高了4、5倍。

旁　白：一台好用的农机往往决定了农民朋友们一年的收成，农机质量的好坏可以说是至关重要！这不，我们的农民观察员陈红杰就利用平时调研的机会走进农家，与农民朋友交流，交流的话题自然也离不开“农机”两个字。在交流乡情的同时，也了解了大家对于农机化的愿景和期盼，我们一起去听一听。

【版块片花】

走进农家小院　品味乡情乡愁

陈红杰：大家好，我是陈红杰。这几年，农民收入多了，农机具的种类也多了，覆盖农作物耕种收及植保等各作业环节，农民干农活确实省事儿多了，但有时候麻烦也多。家在东明县夹堤王村的农民说，一些农机具的作业质量实在不敢恭维。定陶县焦庄村的农民也反映，秋季使用玉米联合收割机时，经常由于收割机秸秆还田效果不理想，在播种小麦时，浮在土壤表层的秸秆出现“成堆”现象，影响播种质量，进而导致小麦出苗情况不理想。

我觉得，影响农机作业质量的因素无外乎两个：机具和人。要保证农机作业质量，一是机具本身质量要过关。农机主管部门、生产企业和销售商在推广补贴机具时，要严把产品质量关，用质量抢占市场，以质量来赢得农民的信任。同时，还要做好售后服务工作，积极开展跟踪服务、送技上门、服务到家等活动，多建立一些售后服务网点，配备专业服务人员，为农民提供满意的服务。二是农机手操作技能要过硬。调查显示，同一台机具，经验丰富、受过培训的老机手操作起来得心应手，作业又快又好；而未经培训的新手，则经常出现问题。因此，农机手在上机之前要经过专门的技术培训，不但要掌握操作技能，而且还要懂得维修知识。农机部门不仅要解决农民机具“买得起”问题，更要解决农民机具“用得好”问题，特别是对新购机具的机主要做足做好“培训”这门功课。

在和农民朋友交流的过程中发现，大家都非常期盼农机作业质量过关过硬，也期盼农机补贴政策能够尽善尽美。我也能够感受到，这几年国家实施的农机补贴等强农惠农政策，确实给乡亲们带来了实惠，农机工作者付出的辛劳和汗水，也着实给家乡的农业生产带来了便利，但是还不能够完全满足乡亲们的实际需求，还需要各级政府进一步加大惠农力度、完善扶持政策，农机部门也应该细化工作措施、创新服务模式，让乡亲们少一些误解，多一份理解，多一份满意。

【版块片花】

发展现代农业　走上创富之路

农机质量的好坏直接影响到农业生产是否顺利进行，就农民观察员陈红杰提出的农机问题，我们采访了农业农村部农业机械化管理司副处长刘晶。

主持人：影响农机作业质量的因素有哪些？

刘　晶：分析近年来发生的质量投诉情况原因来看，主要有3个方面，一是部分企业质量意识薄弱。二是一些产品技术水平不高。三是有的企业售后服务能力不强。

主持人：老百姓怎样衡量农机产品质量好坏？他们怎么判断？

刘　晶：用户判断一个产品质量好坏，往往用“好不好用，结不结实”来形容。农业机械产品也同样，农机属于工业产品，工业产品首先要保证用户的生命财产安全，我们也知道，凡是和安全相关的标准绝大多数属于国家的强制标准，也就是说不符合安全标准的产品是决不允许生产和销售的。好不好用往往指的是产品适用性问题，我们国家幅员辽阔，农作物种类多样，种植品种丰富，机具作业条件不尽相同，农机产品在不同地区是否适用、可靠成为判断农机产品质量的重要因素。曾经发生过在黄淮海地区用得很好的玉米收获机，在东北地区由于品种和种植模式的改变，适用性出问题的状况，生产玉米收获机的企业得到用户反馈后及时对机具进行了改进才使问题没有扩大。“结不结实”就是可靠性的问题了，机具用两下就出问题，反复的修理还是反复的出问题，这就说明机具不耐用，可靠性不高，一般判断一个机具的可靠性是根据首次故障时间和故障频率，就是用了多久出问题和是不是经常出问题。另外一个值得注意的问题就是售货服务情况，维修是不是及时方便，零配件质量是否过关，也是评价生产企业对产品质量保障的重要因素。

欢迎扫码收听

“雕刻”的田园牧歌

——哈尼梯田

节目嘉宾：苑利（中国艺术研究院研究员、博士生导师）
责任编辑：王凤婷
记　　者：王凤婷
主 持 人：王凤婷　张栋
故事播讲：殷启德
录音制作：石涛
包装配乐：王迪
播出日期：2019 年 9 月 7 日

【栏目片头】

讲小康故事　品农家生活　走创富之路——小康农家

【版块片花】

聆听小康故事　感受农家生活

记　者：我现在是在红河哈尼梯田的坝达景区，这个位置是观赏哈尼梯田视野最为开阔的地方，我的左手边，是一片 1.4 万多亩的梯田，其中以这面山坡为例，从海拔 300 多米的河谷到 2 000 多米的山巅，梯田的级数就有 3 700 多级。

眼前的坝达梯田景观气势磅礴，3 700 多级梯田次第相连，层层叠叠，形如天梯，美如龙脊，可事实上，这片梯田的面积还不到红河哈尼梯田总面积的 1%，在红河南岸，方圆不到 300 千米^2 的哈尼族聚居区内，分布着超过180 万亩的水稻梯田，这些规模宏大的人工梯田都是哈尼族人世世代代开垦出来的杰作，而梯田也养育了世世代代的哈尼族人。

山有多高，水就有多高，水稻田一年四季离不开水，哈尼梯田已经存在了 1 300多年，并且水深一直保持在 20～25 厘米，千百年来 180 万亩的水稻梯田蓄水量惊人，这些水从哪里来？

为了更直观地解释这个谜题，当地的翻译阿苗哥带记者到山上找到了哈尼族村寨的一位重要人物，这个重要人物在整个村寨梯田劳作系统中具有举足轻重的地位。因为所有的水都归他管，他每天的工作就是带领村民清理这条不起眼的水沟，而他也因此被称为沟长。

我现在看明白了，实际上沟长的工作就是把这个水沟两旁的杂草给除掉，保持水沟的畅通无阻，是这样子吧？水其实就是顺着这条沟一直流到了下面的梯田，那这水是从哪里来的？

阿苗哥：你看上面不是有很多的森林吗？森林里面涵养了很多的水。

记　者：也就是说这水实际上是高山森林涵养的水源？

阿苗哥：对，这里就是我们的水库了。

记　者：原来森林才是百万亩哈尼梯田的天然水库，当低海拔的江河之水经过高温蒸发，变为云雾上升到高山区，然后凝聚为雨水降落在原始森林中，形成溪泉、瀑布和地下潜流。这些水源被村民们挖的水沟截流后，分别注入田中，而山上茂密的树林也规避了山洪和泥石流等地质灾害的威胁。如何分配注入每块梯田的水是至关重要的环节，但却是由一根小小的木棍决定的。沟长先用细木棍，量好水渠的宽度，再根据每块梯田的用水量，把木头锯成端口不等的水槽，再把锯好的水槽放在水渠中，蓄水量大的梯田，用较大的水槽进水，而蓄水量少的梯田则用小水槽进水，这就叫木刻分水，森林、水渠、木刻组成了哈尼梯田特有的良性农业生态系统。农历七月底，梯田里稻子逐渐成熟，但是却不像平原上的稻田那样一片金黄，而是黄绿相间，色彩斑斓。

记　者：来到红河哈尼梯田这几天，虽然沿途的梯田风景特别美，但是薄、厚的衣服都得带着，因为这个地方山上和山下的温度真的相差很大。就像我现在明显就觉得有点冷了，衣服穿少了。我现在所在的这个位置，山体的垂直高度大概在 1 000 米，也就是说山下和山上的温度相差五六度。而梯田能够呈现出色彩斑斓的景观，和山体垂直高度的差异有着直接的关系。

由于海拔高度的不同，温度也存在差异，海拔高的地方往往温度低一些，这样便导致了低海拔地方种植的水稻已经成熟，而高海拔地区的水稻还是翠绿色的，远远的看上去梯田千层万叠、色彩斑斓。

【版块片花】

走进农家小院　品味乡情乡愁

旁　白：尽管传承千年的红河哈尼梯田，是哈尼族人的骄傲，但是红米产量低，一年只能收一季，所以很多年轻人不愿意守着梯田过日子，耕种人的流失是哈尼梯田面临的最大的危机。

但是现如今的哈尼族人，已经在探索梯田新的传承方式，一种在家门口一边挣钱，一边呵护梯田的传承方式——乡村旅游。

当地政府在梯田景区因地制宜打造特色旅游村，发展农家乐、农家客栈等旅游服务产业，建成了云上梯田、花窝窝、康藤·红河谷帐篷营地等具有民族特色、高标准的乡村客栈，同时把民族节日、传统习俗、民间技艺等传统农耕文化融入到乡村旅游开发中，带动当地群众就业和特色农产品、手工艺品销售，促进景区群众增收致富，薛源就把自家改造成了农家乐。

记　者：你在做农家乐之前做什么工作？

薛　源：我以前都是打工。

记　者：在外面打工？什么时候想到要回家的？

薛　源：看到现在的梯田，游客慢慢得多了起来，让我看到了商机。

记　者：现在平均下来，你一年大概能有多少收入？

薛　源：10 多万元。

记　者：10 多万元了？你对现在的生活、收入还满意吗？

薛　源：满意，肯定越来越好。

旁　白：像薛源这样回乡创业的哈尼族人比比皆是，梯田让他们的生意兴隆红火，而他们也在积极的反馈，呵护着这片田野，错落有致的红河哈尼梯田，越来越被世人所熟知。慕名前来观赏的世界各地的游客越来越多，据不完全统计，2017 年上半年，仅红河哈尼梯田的核心区——元阳县，旅游接待人数就已突破 60 万人。

【版块片花】

发展现代农业　走上创富之路

今天的创富之路我们来连线中国艺术研究院研究员，博士生导师，中国农史学会副理事长，中国民间文艺家协会副主席——苑利。

主持人：农业文化遗产的评定标准有很多，您个人最看重哈尼梯田的哪一项？

苑　利：我觉得在农业文化遗产当中，种子是非常重要的，它是文明的载体，也是农耕文明的重要佐证。很多农耕文明都是通过古老、优秀的种子传承至今。如果你没有好的种子，你评农业遗产干什么，你肯定考虑都不会考虑。哈尼族有一个很有意思的特点，就是它保留了大量的传统农作物品种，种子的保有量恐怕是中国其他农业遗产地所不能匹及的。

记　者：哈尼梯田为什么能够保留那么多的传统农作物品种？

苑　利：这与它的地域环境和人文环境有关系。因为哈尼族地区海拔变化很大，比如山底下海拔 100 米，山顶上海拔 2 000 米，每一层都要种水稻，但是这样会导致一个问题，就是温度问题，山地海拔每上升 100 米，温度下降 0.6℃。越往上走越冷，比如说你在山下种了水稻，种得很好，但是你把它种到山上，它就活不了，所以不同区域种的品种不同，这就造成了云南种子资源的多样性。另外一个原因，就是它换种换得比较频繁。怎么换种呢？比如说，彼此只要是认识的，能聊上话的，到了收获的季节，我跑到你们家地头一看，你这谷子种得不错，我就跟你说，你能不能给我点种子？你说可以没问题。到秋收的时候打 10 斤种子，送给对方，对方有好的种子呢，也会弄 5 斤送给他，反复的交换，造成了种子品种的多样性。

欢迎扫码收听

太行山上的“万里长城”

采访嘉宾： 贺献林（河北省涉县农业农村局副局长）
曹肥定（河北省涉县旱作梯田保护与利用协会会长）
责任编辑： 张倩
主　持　人： 王凤婷　张栋
录音制作： 石涛
包装配乐： 王迪
播出日期： 2020 年 1 月 20 日

【栏目片头】

讲小康故事　品农家生活　走创富之路——小康农家

如今，随着人民生活水平的不断提高，梯田的收入已经远远无法满足人们的需求，现在村里的青年大多早早地就外出闯荡，还留在地里干活的，大多是 50 岁以上的老年人和妇女，而梯田里的收入，越来越难以满足一个家庭的基本生活需要，为了贴补家用，他们时常需要外出打工。

今天在梯田里，旋耕机已经逐渐成为田间耕作的主角，传统的农业种植从仅仅为了满足当地百姓温饱，逐渐到走出大山，成为更多家庭餐桌上美食，这个曾经被称为“驴背上的村庄”，正在悄悄发生着变化。

【版块片花】

聆听小康故事　感受农家生活

旱作农业技术模式对人类的生存和社会的发展做出了重要贡献，尤其是对北方地区克服水资源短缺，实现农业可持续发展，具有重要的借鉴意义。

涉县旱作梯田系统，2014 年，被农业部批准为第二批中国重要农业文化遗产，2016 年，它进入中国全球重要农业文化遗产（GIAHS）预备名单。

无论是国内还是国际，农业文化遗产的保护与发展都越来越引起广泛的关注。伴随着社会的发展，当代涉县人为保护好、发展好梯田都做了哪些工作呢？今天我们请到了两位来自河北涉县的嘉宾。和我们一起聊聊这个话题。

他们分别是河北涉县农业农村局贺献林副局长和河北涉县旱作梯田保护与利用协会会长曹肥定。

【版块片花】

走进农家小院　品味乡情乡愁

主持人：如何吸引更多的年轻人回来传承农业文化遗产？

贺献林：一个是把基础做好，这个基础就是挖掘我们当地农业文化遗产的深厚内涵和文化，发挥这些基础资料的功能性，将来无论是发展旅游，还是发展特色产业，或是发展特色农产品，都要依托当地这些资源来进行。发展深度旅游，也就是研学旅游，不会让人们坐着大巴车到这看一看，留下垃圾就走。我们会邀请一部分对农业文化有兴趣或深度理解的游客，到这里体验农耕文化，接触农耕文化，让小孩子到梯田里边去学习老祖宗留下的农耕智慧，通过研学旅游来增加当地的收入。除了发展当地的旅游，我们还发展当地的特色农产品，把这些农产品独特的科研价值、经济价值发挥出来，通过发挥这些特殊农产品的价值，来提高当地人们的农业收入，这样人们的收入提高了，出去打工的青年自然会回乡的。

主持人：协会在保护我们涉县旱作梯田这一农业文化遗产方面都做了哪些努力？目前取得了什么样的效果？

贺献林：他们基本上完成了以下几件事。

一是完成了咱们整个机构的组织建设，一开始由 5 位发起并成立，开始有 30 个会员，到 2018 年年初发展到 50 个，到 2018 年年底有 72 个会员。而且制定了他们自己的规章制度以及相关的要求。2018 年，他们开始谋划，组织协会的会员开展梯田保护。2018 年到今年他们完成了几个事？刚才我讲过王金庄有 24 条大沟，120 条小沟，共有 12 千米^2 梯田，他们对 24 条大沟当中的 3 条大沟的梯田利用情况进行了普查。这 3 条大沟里有多少块梯田？有多少块梯田在种着？有多少块梯田荒废了？有多少块梯田现在需要修复？每块梯田里边有什么主要的标志物？包括石庵子、老黑枣树等等，然后对全村 24 条大沟里所有梯田分布的地名进行了普查。统计整理出 300 多个地名。通过对地名的普查，我们将来可能要编制王金庄的地名志，绘制王金庄的文化旅游地图，到王金庄旅游的人可以拿着一份地图，哪个地名、哪块地有什么故事？这个地方的现状是什么？过去又是怎么样的？种的什么作物？等等都一目了然。为将来发展深度的研学旅游提供基础的资料，这是我们做的一些工作。

二是组织协会的妇女对王金庄村，它是1个自然村，分为5个行政村，这5个行政村118户种植的这些传统的作物、品种，进行了普查、收集、整理、建档。通过整理、收集、建档，她们发现王金庄现在种着75个种，180多个老品种。75个种就是咱们种植的种类，粮食作物、蔬菜作物75种，就是咱们科学上说的，按照物种分类的那个种，这样看来，这里种植的作物种类繁多，这些作物将来可以作为食品向游客提供。通过普查，我们也建立了种子银行，当然，是在中国科学院地理研究所、中国农业大学以及一些有关的机构支持下建立的，把这180个老品种全部储存到银行里去，希望通过将这些老品种储存起来，将来能够把它们复活，让老品种发挥它的新作用，为将来的研学旅游，为将来的特色农业、特色农产品提供支持。

欢迎扫码收听

风情沙溪

采访嘉宾： 徐永卫（浙江省丽水市莲都区沙溪村村民委员会主任）
张明丽（浙江省丽水市莲都区沙溪村民宿从业者）
节目嘉宾： 朱俊峰（中国农业大学经济管理学院教授）
责任编辑： 王凤婷
记　　者： 王凤婷
主 持 人： 王凤婷　殷启德
录音制作： 石涛
包装配乐： 王迪
播出日期： 2018 年 9 月 27 日

【栏目片头】

讲小康故事　品农家生活　走创富之路——小康农家

【版块片花】

聆听小康故事　感受农家生活

在浙江省丽水市的莲都区，有一个美丽的畲族村寨——沙溪村。沙溪村地处群山环抱之中，村里有一座 AAAA 级景区——东西岩景区，村庄就在景区的山脚下。沙溪村现有 300 多户人家，畲族人口占 80%，是个典型的畲族村寨。近年来，沙溪村依托优越的地理位置，紧抓高铁带来的发展机遇，深入践行“绿水青山就是金山银山”的绿色生态发展理念，建成畲族风情旅游村，发展农家乐休闲旅游和农业观光旅游。

围绕创建首批民宿特色村目标，村民发展民宿的积极性很高。民宿也成为村子里最重要的富民工程。

村里组建了一支由沙溪土生土长的、地道的畲族农民组成的文化文艺表演队，编排畲族传统舞蹈，如祭祖舞、畲族婚嫁表演、山歌对唱等，建设畲族文物陈列馆，收集畲族文物。在吃、穿、住、行等生活、生产的每个细节处充分展示畲族风情。

以往，游客都是白天过来玩，晚上就回城里住。现如今，因为基础设施的改善，民宿接待能力的大幅提升，游客晚上就留宿在村里。7 月底正是沙溪村一年中最热的季节，即便如此，村里也住满了游客。

【版块片花】

走进农家小院　品味乡情乡愁

游客 1： 风光也挺好的，我们从没看到过这样的景色。这里的蔬菜也很好吃。

游客 2： 风景真的是很好，我（朋友圈）发出去，点赞多得不得了，我昨天晚上回都来不及回。

记　者： 这沙溪村到底有什么特别之处让游客这么喜爱，为了解释这个问题，村主任徐永卫把我带到了一片山坡上。

徐永卫： 我们这里有一只原生态的畲族婚嫁表演队，你去当一回新娘，体验一下。

记　者： 只是体验一下做新娘的感觉是吧？

徐永卫： 是的。

记　者： 行，也可以接受。

徐永卫： 把这几个任务完成掉，我们请你吃山哈大席。

记　者： 吃什么？

徐永卫： 山哈大席。

记　者： 你们好！爷爷（村民），这是草鞋？您这编草鞋的过程看着还挺复杂的，您是要借助这样的工具？这是编草鞋的工具，起固定的作用，爷爷腰上还有一个，这个工具叫什么？

村　民： 这叫耙子。

记　者： 这个好编吗？好学吗？

村　民： 好学。

记　者： 那我跟您学学。

旁　白： 编草鞋需要一些专用工具，将草鞋绳一头固定在耙子上，一头固定在腰上，腰和腿同时用力把草鞋绳拉直、绷紧。

记　者： 爷爷您坐这儿，然后您看着我编。这块先拧，然后返回去。要穿过每一根绳子，是吧，所以我的腰现在也要发力了，脚也要发力了，那脚往前蹬，腰往后撤，对不对？所以说是个力气活，也是个技术活。我这手忙脚乱的。

旁　白： 不试不知道，编草鞋不是那么容易的，爷爷接过草鞋继续编，经过一个多小时的等待，这草鞋终于编好了。其实，随着时代的发展，很多像这样的传统手工艺正面临失传，而沙溪村对他们进行了挖掘和开发，既保护了遗产，又为游客体验开辟了新的项目。完成了编草鞋的任务。徐永卫决定给我一个奖励，是什么奖励呢？

徐永卫：我们村里有 18 家民宿，我带你去看一下，你看上哪一家你就住哪一家。

记　者：真的吗？那就先从您家开始吧。

徐永卫：好，走，到我家看看。

记　者：您当时怎么舍得花这么多钱做民宿？

徐永卫：其实我们这个小山村之前非常贫穷。这里原来零星有几家做农家乐的，是那种粗放型的农家乐，也有房间。但那时候的价格基本上都在 100 元左右 1 个房间。我当时想，这种具有旅游资源的小山村，完全可以发展民宿，而且收费的价格完全可以比 100 元高。当时我就下决心了，我说我要建一家民宿。从我这家民宿开始，村里陆续开了 18 家民宿，而且每一家民宿都有他的故事，每一家都比我精彩。

记　者：你起了个头，然后他们都超越了你。

从徐永卫家出来，我又进了另外一家很有畲族特色的民俗。这家畲族传统民居是泥木结构的瓦房，上下两层，内有天井，经过修旧如旧的装修改造之后，显得既古朴又现代。

记　者：大姐，您这楼上楼下一共几个房间？

张明丽：楼上楼下一共 6 个房间。楼上的话，刚才我们看的都是大床房，楼下是两个榻榻米式的标间。

记　者：那一个房间大概是多少钱？

张明丽：像我们现在看的这间是 480 元，前面那个小间的话是 380 元。

记　者：平均下来你大概 1 个月会有多少的收入？

张明丽：我是去年 6 月开业的，到年底有二十几万元的收入。

记　者：半年时间，二十几万元！……转来转去，我还是喜欢这间。人们喜欢怀念小时候的感觉，我觉得这个能让我想起小时候睡的那种老粗布被子、老粗布枕头的感觉，而且它接触皮肤的时候实际上是很舒服的。

张明丽：对，它很透气。

记　者：那我就住这间了，大姐。

张明丽：那我给你收拾收拾你就住下，还好今天空着。

【版块片花】

发展现代农业　走上创富之路

今天演播室邀请到的是中国农业大学经济管理学院朱俊峰教授。

主持人：一个村子如果想要走乡村旅游的路线，它至少应该具备哪些基本要素？

朱俊峰：我想浙江的硬件条件不会太差，硬件没问题，就要看软件了。你一定要有能让游客留下来的文化娱乐活动。在西南地区，有做篝火晚会的，有互相唱歌的，总而言之，与当地民俗相关的晚上的文化娱乐活动一定要有，不然天一黑下来，游客只能屋里看电视，那这个对游客来说吸引力恐怕并不大。乡村旅游不仅要有美食，还要有跟当地民俗相关联的民俗文化，有能让外来的游客能够参与的，例如一两个小时甚至更长时间的参与性活动，那大家就觉得值，而且现在这种旅游不仅仅是年轻人的旅游，也不仅仅是有钱人的旅游，市民有的是呼朋引伴，有的是全家一起，有老有小，你一定要搞这种老少咸宜的活动，或者说做到老人有老人的乐趣，孩子有孩子的乐趣。

主持人：现在外出旅游，很多都是全家出动，所以一定要把老人和孩子考虑在内。

朱俊峰：只有这样，民俗旅游才能坚持下来，一定要考虑到老人和孩子，要兼顾到。有很好看的风景，有民俗，民俗是一种文化，让游客能得到一些新的收获，感受其他地方没有的、特色的。还要有一些特色的美食，晚上特色的观光也好，娱乐活动也好，准备一些参与性比较强的活动，这样至少可以把游客留一晚上，第二天早晨他还要在这里吃饭，他还要继续消费。说不定第二天他高兴了，再玩一天也是有可能的，所以说我觉得一定要有民宿这种让大家住下来的设施，不能留下来住恐怕是很多乡村旅游失败的一个重要因素，风景再好，我看一看，开着车就走了，农民得不到收入，所以要避免这种情况发生。

欢迎扫码收听

脱贫攻坚的“护工路径”

采访嘉宾： 王培安（时任国家卫生和计划生育委员会副主任）
张广勇（山西省吕梁市委副书记，吕梁山护工培训就业领导组组长）
节目嘉宾： 朱俊峰（中国农业大学经济管理学院教授）
责任编辑： 夏羽
记　　者： 夏羽
主 持 人： 王凤婷　殷启德
外采＋录音制作： 王迪
包装配乐： 夏羽
播出日期： 2018 年 10 月 20 日

【栏目片头】

讲小康故事　品农家生活　走创富之路——小康农家

【版块片花】

聆听小康故事　感受农家生活

“吕梁山护工，脱贫靠自强，爱心暖四方，圆我小康梦”，这是从吕梁贫困区走出去的护工们共同的心声。吕梁山护工护理培训就业计划，是山西省委、省政府贯彻落实中央精准扶贫要求，利用国家卫计委在吕梁山片区扶贫的契机，帮助吕梁市量身定制的一项切实可行的精准脱贫举措。

技能培训让吕梁山护工的劳动更有尊严——通过系统的职业技能培训，数以万计的吕梁护工找到了工作，成了家政市场的“香饽饽”。2017 年 12 月 12 日，吕梁市委、市政府在北京召开了“吕梁山护工北京就业推介会”，市委书记李正印亲自带队与北京市家政、医疗、养老陪护机构进行了交流对接，帮 211 名护工在北京找到了“婆家”。

【版块片花】

走进农家小院　品味乡情乡愁

记　者： 吕梁山护工走出去意义重大，不只是为了挣钱，更能提升自己，开阔眼界。目前，吕梁山护工培训就业工作已经走上正轨，一大批吕梁山护工正走出大山，走向城市，走向富裕，成为脱贫致富的先行者，成为宣传推广吕梁和吕梁山护工品牌的重要力量。下面请吕梁市委副书记、吕梁山护工培训就业领导组组长张广勇作介绍。

张广勇： 吕梁是山西脱贫攻坚的主战场，也是全国 14 个集中连片特困区之一，吕梁山护工是吕梁市委、市政府贯彻落实习总书记提出的坚决打赢脱贫攻坚战，坚持精准扶贫精准脱贫，坚持扶贫和扶志、扶智相结合的一项重要举措。护工就业推介会，我们的市委书记也亲自带队来北京推介吕梁山护工，为两百多个吕梁山护工找工作。主要的目的有 3 个，一是要扩大吕梁山护工的影响，打造吕梁山护工的品牌优势，让北京更多的老百姓，也让北京更多的家政公司、医疗机构、养老机构了解吕梁山护工、知道和接纳吕梁山护工，从而为吕梁山护工的转移就业开辟更为广阔的渠道。二是要打造一个平台，通过这个平台使北京的市场需求与转移就业相契合，从而引导和鼓励更多的吕梁山护工解放思想、更新观念，靠自己勤劳的双手，也靠自己一颗真诚善良的心走出大山，走向城市、走向富裕、摆脱贫困。三是发挥好示范引领作用，通过政府的免费培训和帮扶就业，使率先走到北京、走到城市的这些护工成为我们老百姓勤劳致富的先行者，也成为我们吕梁改革发展的宣传员，尤其要成为脱贫攻坚的重要力量。通过这一系列行动，为更多有志于脱贫攻坚的贫困户做出榜样、做出表率，最终为决胜全面建成小康社会、为实现 2020 年吕梁山的脱贫摘帽做出更大的贡献。

记　者： 让吕梁山护工走出去，这是一个脱贫解困的好项目，项目的推进和实施非常有意义，请原国家卫生计生委副主任王培安谈一下他的看法。

王培安： 吕梁山脱贫攻坚，吕梁片区国家卫生和计划生育委员会是牵头单位，在这之前我多次到吕梁山调研，吕梁护工这个项目一头连着贫困群众的增收，一头连着城市的需要，可以说是群众增收、城市解困的一个好项目，这个项目的推进和实施非常有意义。我感受很多，第一是对吕梁市委、市政府抓扶贫的这种精神感到非常敬佩，这个项目吕梁市委、市政府高度重视，一把手亲自抓，亲力亲为，体现了脚踏实地抓扶贫、求真务实抓扶贫，把扶贫落到了实处。再有，作为项目来抓，认真谋划，规范化成体系地推进，这种务实的作风我也感到非常敬佩。照这样抓下去，我们吕梁山脱贫攻坚的目标一定会实现，相信吕梁群众老百姓的好日子、幸福的明天一定会提前到来。

【版块片花】

发展现代农业　走上创富之路

贫困人口脱贫不仅是要走得出，更要走得好。那么到底应该怎样做呢？我们采访了中国农业大学经济管理学院的朱俊峰教授，听听专家怎么说。

主持人：朱教授，山西吕梁走出了一条独具特色的脱贫攻坚“吕梁路径”，您认为他是怎么做到的？

朱俊峰：我认为，当地政府部门找准了市场，而且定位也准确，一方面从供给的角度来说，当地是贫困山区有几十万个贫困户，富余的人非常多，他们都是勤劳的、善良的，这是供给的方面，人数是够的，也有劳动能力；另一方面从需求来看，现在城市老龄化比较严重，城里的节奏快，许多地方需要大量的人来代劳。供给也有了，需求也有了，政府要给这些贫困的山村的农民提供培训，提高他们的技能，搭建一个输送的平台，连接农村的供与城市的需，逐步走通吕梁“护工路径”的道路。

主持人：您觉得吕梁山护工在助力脱贫攻坚以外，还给吕梁带来了哪些改变？

朱俊峰：带来的改变有很多，他不仅仅是挣点钱寄回去，帮助他家脱贫，他可以改变的是什么呢，例如这些护工都是进城去打工的，在一线、二线城市，这类比较发达的城市工作，工作中他要与人有交流，保姆也好、护工也好，他要与他的服务对象进行交流，交流之后就可以得到很多东西，例如可以把城里先进的育儿理念、养老观念、护理观念带回去，还可以把城里其他的一些需求带回去，城里人爱吃什么、爱用什么，哪些是农村能够提供的，相当于建立了一个信息的渠道，各种信息都可以带回去，如果以后他干不动了，或者他自身有创业需求和创业能力的时候，他回去就可以带动一批人，带动一个团队，带动一个企业，这种人多了之后，就可以进一步的带动吕梁地区的发展。它像一个一个的火种，洒到了大城市，大城市有好多先进的理念、先进的技术、先进的观念，等他学会了、吃透了，带回去之后就可以复制这些知识，他就可以带动当地的发展，是一个走出去、引进来的过程。

欢迎扫码收听

小南河村的蝶变之路

采访嘉宾： 董连营（黑龙江省双鸭山市饶河县小南河村党支部书记）
节目嘉宾： 刘雪梅（宁夏回族自治区党校刘雪梅副教授）
责任编辑： 李若男
主 持 人： 王凤婷　张栋
故事播讲： 殷启德
录音制作： 石涛
包装配乐： 王迪
播出日期： 2019 年 11 月 13 日

【栏目片头】

讲小康故事　品农家生活　走创富之路——小康农家

【版块片花】

聆听小康故事　感受农家生活

这是唱响大江南北的《乌苏里船歌》。在乌苏里江畔，大顶子山下，有个村庄叫小南河，曾是喝酒成风、软弱涣散、落后封闭的贫困山村。

近年来，小南河自力更生，激发内生动力，村风民风、基层党组织凝聚力、发展理念都发生了深刻变化，带来发展新动能。

寒冬里，毛志江领着村民洗辣椒、炒辣椒、做辣椒酱……他的棉裤被辣椒水打湿，一股呛人的辣椒味弥漫整个房间，毛志江也没觉得苦。

这几年毛志江像换了个人。过去他几乎天天与酒为伴，是个有名的“酒鬼”“懒汉”，有时一天赶三四个酒场，经常喝到不省人事。

2015 年年底，驻村扶贫工作队来到小南河村。驻村干部整治酒风的同时，还根据村民爱种辣椒的特点，建起辣椒酱厂。毛志江第一个入股。

以前毛志江也想干点事，但村里一没产业，二没领头人，大家整天喝酒、打麻将。现在不一样了，驻村干部带领大家发展产业，有事干了。

小南河村民风的改变，有一个人有很大的功劳，那就是驻村第一书记，冷菊贞。

2015 年，初到小河南村的冷菊贞看到村里民风涣散、村民好逸恶劳，十分痛心，她来到村里的第一件大事，就是改善民风问题。

可冷菊贞初来乍到，村民看她又是个女书记，根本不把她的话放在心上。

尽管如此，冷菊贞并没有灰心，她知道，身为驻村干部，不仅要住在群众身边，更要住进群众心间，她把服务群众作为第一书记的光荣职责，及时为村民排忧解难，以身作则，一点点改变了村里的风气。

当初，冷菊贞决心在小南河村发展乡村旅游，可村民们却没有人响应。为了转变村民们“等靠要”的思想，她带领村两委班子深入村民家中，做思想工作，讲清发展旅游产业将会给村子带来的变化以及可观的经济效益，对于观望户、反复户、懒散户不厌其烦、耐心细致地帮助他们解决疑惑，算好“经济账”。

冷菊贞的付出，最终感动了乡亲们。为了打造干净整洁的环境，村民自觉清理房前屋后垃圾；为了打造民俗旅游景点，村民们顶着 30 多摄氏度的高温，搭建百米长的草棚；发展村内产业没有土地，党员骨干带头拿自己家的土地建厂房……

如今，在小南河，村民不再比“酒桌上谁能喝”，而是比“谁能勤劳致富”。

【版块片花】

走进农家小院　品味乡情乡愁

主持人：董书记，毛志江在您心目当中发生了一个什么样的变化？

董连营：他原来就是喝酒、打麻将，成天懒得干活，在冷书记带领下他就脑袋寻思事儿了，他也想挣钱，人哪有不想挣钱的，他也想挣钱，他就是没有什么地方下手。这不，我们村里搞旅游，他也参与了，二月二开耕节，所有的活动都是他接。从那以后他就很少喝酒了，虽然现在也喝，但喝得很少，去年他又买了一些绵羊，他就是放羊比较忙，现在在村里看不到他喝大酒的形象，就跟变了个人似的。

主持人：那像毛志江这样转变特别大的村民多吗？

董连营：村民现在思想都转变了，原来村民就是喝酒，一年种地时间也就十天半个月，闲的时间多，农民打麻将，哥几个凑一块喝点酒。现在不这样了，现在很多人问我我们村最大的变化是什么，我说我们身体在变化，挣多少钱是次要的，最主要的是思想转变了，怎么转变的呢？原来是喝酒、打麻将，现在村民种完地，在农闲的时候，他想法仨俩伙出去打工，去挣点钱，上山刨点药材，采点山野菜，互相比你今天打工挣多少钱，他挣多少钱，这是最大的变化。

主持人：就是说，最大的变化是大家都在讨论怎么样把生活过得更好了，而不是贪恋娱乐了，对吗？

董连营：对。

主持人：其实在咱们国家像小南河村这样的村子还有很多，走过这个历程之后，您有没有脱贫致富的经验和心得，能够和广大的村党支部书记，或者说和广大的村民去分享？

董连营：这个经验很简单，就是要有一个人给咱指令，比如第一书记，冷书记为小南河付出了很多。我跟老百姓说过，一个外来人为了帮助咱们致富，都能实心实意想干点事，咱们自己为什么不能动起来呢？我说你不能张手就要钱，给你米面油送到家，就跟人似的，你光给他输血是不行的，你得想办法造血。什么叫造血呢？光给你钱，比如给你 100 万，你几天花光了，还不是没有钱嘛，只有让老百姓思想转变了，自己出去挣钱，发挥自己的特长，才能把日子过好，这是根本。

【版块片花】

发展现代农业　走上创富之路

主持人：该怎么去抓乡风文明建设呢？接下来我们一起来听一听宁夏回族自治区党校刘雪梅副教授有哪些好的建议。

刘雪梅：乡风文明建设是一个庞杂浩繁的系统工程，所以必须要有长期作战的思想准备，扎实稳定的推进，要经常抓，长期抓。在推进的过程中，我想基层干部们至少可以从 4 个大方面来找抓手。

第一个重要的抓手是抓乡村环境的治理，乡村环境、卫生综合治理，能有效提升农村群众的精气神、获得感和幸福感，也是提升农村形象，打造农村文化品牌的重要举措。

第二个重要的抓手是抓优良传统的继承，忠孝仁爱，礼义廉耻，都是维系中国乡土社会的最坚固的伦理根基和文化根基。

第三个重要的抓手是抓重修乡规民约。

第四个重要的抓手是定家训，正家风。

我想这 4 个抓手涵盖了外部环境、传统文化、乡规民约以及家庭和个人修养。基层干部们如果从这 4 个方面长期坚持抓下去，一定能做好乡村文明建设。

欢迎扫码收听

班母唱响边疆地区“脱贫歌”

采访嘉宾： 王波（时任云南省普洱市西盟佤族自治县班母村驻村第一书记）
责任编辑： 李若男
主 持 人： 王凤婷　殷启德
故事播讲： 蒋昕臻
录音制作： 石涛
包费配乐： 王迪
播出日期： 2019 年 12 月 5 日

【栏目片头】

讲小康故事　品农家生活　走创富之路——小康农家

【版块片花】

聆听小康故事　感受农家生活

在云南省普洱市西盟佤族自治县勐梭镇有一个小村子——富母乃村，这里有着绵延不绝的森林，林中掩映着崭新的拉祜族民居。再远一些的森林里，一个个蜂箱顺着山势排列，勤劳的小蜜蜂采花酿蜜，给这个在 15 年里历经了 3 次搬迁的拉祜族村寨增添了丝丝甜蜜。

据勐梭镇副镇长孙红武介绍，富母乃村隶属于班母村委会，地处水源地保护区域，2000 年，为了修建富母乃水库，富母乃村的村民搬迁到了班母村委会十组，班母村委会十组的村民让出了 30 多亩土地，给富母乃村村民建房、安家。

2015 年，正值各项扶贫政策落实之际，当地政府安排项目资金，村民根据情况自筹一部分资金，在村里建起了安居房，配套了水、电、路等基础设施。

然而，富母乃村发展底子太薄，全村 47 户村民，除 1 户“五保户”外，46 户都是建档立卡贫困户。村民们想要真正找到发展方向，真正跟上奔小康的步伐，依然离不开政府的扶持。

挂钩班母村委会的扶贫单位中，有云南省委农村工作领导小组办公室（简称农办）、省农业农村厅。班母村的驻村第一书记王波说，根据富母乃村的实际情况，挂钩单位陆续在富母乃村引进了辣椒、肉牛养殖、蜜蜂养殖等种养殖业，整合企业资源一起，从种苗、技术到销售，全方位给予保障。

【版块片花】

走进农家小院　品味乡情乡愁

采访云南省班母村驻村第一书记——王波。

主持人：那您进村之后觉得像这路一样比较陡峭，或者说比较难的事是什么？

王　波：最难的当然是人的内生动力，其实就是人心，就像习总书记说的，怎么让老百姓的心先热起来，然后让老百姓撸起袖子干起来。话是大道易简，但是落实到具体行动当中怎么操作？这就是我面临的问题。

主持人：那看到这个现状之后，您接下来都做了哪些工作呢？

王　波：我先做的是摸底，走访我们的党总支书记，到所有的支部书记家里去，走访了一些老党员，以及大家公认的、比较好的、德高望重的老人家。还有就是最贫困的家庭，比如说有一些家里有无法行动、躺在病床上的，你要去看一下，还有一些是家里穷得四面漏风，什么都没有的，你也得去弄清楚。

当然，还要去拜访镇上的相关部门，县上的相关部门和领导，要找他们去了解。同时也不能忘记周边的来帮助我们发展经济的一些企业，你要去了解一下。

没有调查就没有发言权，一定要深入地调查，而且要深入实际。我开始让他们种辣椒的时候，技术人员手把手、面对面地教，种得挺好的。等我去开个会，回来一看变成什么了？成捆成捆地丢进沟里边，土都不盖一下，这就让人很恼火了。

主持人：咱们就以班母村为例，您到这个村之后是怎么快速地找到了您的着手点，怎么让群众快速地听从您的一些指挥，而且激发了他的内生动力，而且您锁定了养殖蜜蜂，为什么养殖蜜蜂？分享一下您的一些经验。

王　波：首先我通过支部建设这一块，把支部的“领头雁”作用发挥好，确定了方向之后，下一步就像习总书记说的，让老百姓撸起袖子干起来。但是他们是贫困老百姓，贫困群众就是我们短板中的短板，这一部分“艰中艰，硬中硬”，想要把他们带动起来是很难的。

先是干部带着老百姓干，由此我们就产生了一个叫做党员一带一的活动。什么叫党员一带一呢？我把全村，包括我们工作队，总共 81 名党员梳理了一下，将有带动能力的，年龄不是太大的，有一定威望的，自身发展又不错的梳理出来。也就是说把我们的农村党员组织起来，然后给他们分配任务。

要让老百姓获得更多的获得感、幸福感和安全感。首先你要亲近他，你亲近他之后，你还要帮助他，你帮助他之后，你要带动他，带动他之后，你还要夸赞他。你夸赞他之后，他慢慢就会愿意接受你。像与扎莫（村民）熟悉了之后，他说了一句很有名的话，“书记，北京天安门是你们汉族的，也是我们拉祜族的，我们要在天安门上开小卖部。”大家一听到就觉得好笑。

主持人：天安门上开小卖部，为什么有这样的想法？

王　波：我当时一听，我不觉得好笑，我理解他话中的含义。他是想把我们边疆民族地区最好的东西卖给北京人，想把我们最优秀的绿色环保、有机的农产品卖到北京，让大家都能够分享云南的绿色有机蔬菜，享受我们食品的美好、甜美、甘甜。

主持人：其实说到底，他是想把最好的东西和兄弟民族的兄弟姐妹们分享。

欢迎扫码收听

乡村振兴战略的生动实践——韩家洼村

采访嘉宾：刘和宾（河北省定州市韩家洼村村民）
李智勇（河北惜康农业科技有限公司旭业家庭农场总经理）
陈东阳（河北惜康农业科技有限公司旭业家庭农场区域经理）
刘国法（河北省定州市韩家洼村原党支部书记）
责任编辑：田静　夏羽
记　　者：田静
录音制作：王迪（田静外采）
包装配乐：王迪
播出日期：2018 年 1 月 4 日

【栏目片头】

讲小康故事　品农家生活　走创富之路——小康农家

【版块片花】

聆听小康故事　感受农家生活

记　者："产业兴旺、生态宜居、乡风文明、治理有效、生活富裕"，是十九大报告提出的乡村振兴战略的重点任务。其中，产业兴旺是乡村振兴的基础和前提，也是关键和支撑。近年来，韩家洼村跳出单一的农业发展模式，实行多种产业融合发展，培育多种形式的新型农业经营主体，大力发展农业企业，兴办家庭农场、合作社，以此带动农民收入稳定增长。

刘和宾：这是一个北斗导航农机无人驾驶系统，它是一个基站，它辐射直径是 15 千米，在我的拖拉机上装上控制系统，设定好程序之后，就可以控制拖拉机直线行走，误差率不会超过 2 厘米，在它的辐射范围之内，多个拖拉机可以同时共用这一个基站。

记　者：这位语气中略带自豪的人叫刘和宾，是韩家洼村的农民，今年 38 岁，他介绍的是自己家庭农场的先进设备。这个现代化集约型的农场，不仅有大型拖拉机、旋耕机、粉碎机，而且农机具配套齐全。

刘和宾：现在我这大拖拉机、收割机、深松机、旋耕机、植保打药机一共有30多台，都是比较先进的机子，现在主要以植物保护服务为主，有自走式打药机14台，配套的配药罐、拉水车9台，除了自己用，还会给农户、种粮大户提供服务，植物保护服务一天作业量能达到6 000亩。

我这个农场里1 080亩地，全部装上了微喷水肥一体化的灌溉系统，它最大的好处是节水、省工、省时，能提高肥料的利用率。比如小麦中期需要追肥的时候，浇地的同时肥料就随着水施进去了。而且把垄沟和边背儿都去掉了，能省出10%的土地，我这1 000多亩就能省出100亩地。

记　者：随着时代发展，传统农业粗放的生产方式被现代农业高效、低耗的生产方式所取代，农业发展迎来了更加广阔的前景。采访结束时，刘和宾说："我之所以选择做一名职业农民，就是瞅准了农业的未来，这条路我是走对了。"

河北惜康农业科技有限公司旭业家庭农场以绿色环境、绿色技术、绿色产品为主体，主要种植1万多亩富硒谷子，其他经济作物800多亩，蔬菜500多亩，订购合同农户400多户。我们来到农场时，看到总经理李智勇身披绶带，双手捧着奖杯回来了。

李智勇：我把谷种和麦种给了种粮大户、农场或者合作社，他们给我管理、种植，我再回收，比市场价格每千克高两毛钱收购，第一个好处是我的货源充足了，第二我的成本降低了，第三种粮大户得到实惠了，他卖到市场上1斤小麦1.35元，卖给我1.45元，纯利润每亩地增加100块钱。给他们的保护价，一斤不低于1.5元，如果市场价1.5元，我就按1.6元收，如果低于1.5元我就按1.5元，现在市场价1.2元左右，我就按1.5元收，保证他们的收益，让订单农业越做越大。

记　者：现年49岁的李智勇脑瓜子灵、有经济头脑，他抓住人们健康理念提升，对食品绿色、营养的需求，决定利用老家马庄村传统谷子种植区的优势，以"真正的马庄小米"为卖点，走高端路线。2013年6月，李智勇流转了500亩土地，成立了旭业农场，开始种植谷子、生产小米，并注册了商标。为了实现"高端路线"的目标，他聘请专业团队研发机器石碾，使小米的味道更加醇香。为了将产品打入超市，他连续几天在石家庄各大商场门口，现场熬制石碾小米粥，请大家品尝试吃。短短的几天活动，让大量的消费者了解了石碾小米。李智勇趁热打铁，迅速铺货石家庄各大商超，单季销售额就达到了300万元。从种植收获到销售加工，从订单农业到产业整合，李志勇抓住了农业规模化、农产品品牌化、互联网+农业这3个现代农业的发展关键，走出了一条新型职业农民的创富之路。

【版块片花】

走进农家小院　品味乡情乡愁

记　者：煤改气，是近两年韩家洼村的新鲜事，也是改善空气质量、建设生态宜居新农村的重要举措。下面就跟随我们一起，走进老党支部书记刘国法的家。

刘国法：屋里老是保持十八九摄氏度，烧气我觉得挺好的，费用也不高，一天不到 10 米^3，1 米^3 2.4 元，补助 1.4 元，比烧煤便宜。

记　者：采访中，刘国法老人告诉我们通过土地流转，加上各种保险、养老金等收入，他每年有 1.5 万元左右的收入，而且他的孩子们都有稳定的生活、固定的收入，他的晚年生活无忧无虑，现在要做的就是有一个健康的身体，好好享受幸福的生活。

一滴水可以折射出太阳的光辉。看到韩家洼村兴旺的产业发展，村民幸福舒心的日子，洋溢在脸上的笑容，我们相信，在十九大精神指引下，乡村振兴战略一定会深入推进、开花结果，广大乡村一定会焕发新的活力，广大农民的生活一定会越来越好！

欢迎扫码收听

永联乡村振兴启示录

采访嘉宾： 吴栋材（江苏省张家港市南丰镇永联村原党委书记）
张刘瑜（江苏省张家港市南丰镇永联村第一批大学生）
刘忠峰（江苏省张家港市南丰镇永联村第一批大学生）
节目嘉宾： 刘雪梅（宁夏回族自治区党校副教授）
责任编辑： 曹娅晶
主 持 人： 柳斌礼　王凤婷
故事播讲： 蒋龙
录音制作： 石涛
包装配乐： 王迪
播出日期： 2019 年 10 月 3 日

【栏目片头】

讲小康故事　品农家生活　走创富之路——小康农家

自党的十九大报告提出实施乡村振兴战略以来，广大农村干部群众辛勤耕耘，农业发展硕果累累，一幅产业兴旺、生态宜居、乡风文明、治理有效、生活富裕的乡村振兴宏图正在渐次展开。

【版块片花】

聆听小康故事　感受农家生活

故　事： 1970 年，永联由江滩围垦建村，最初只有 254 户人家，由于地势低洼，灾涝连绵，吃饭问题成了村民们的头等难题，饥饿成为他们每天必须经受的磨难。

1978 年 7 月，已过不惑之年的吴栋材被派到永联村任党支部副书记主持工作，一年后晋升为书记。当年，吴栋材做出了一个大胆决定，打破以粮为纲的禁锢，带领农民开挖 50 亩低洼地养鱼，搞起副业，并将鱼塘周边土地垫高种粮。

吴栋材：我到这一看以后，这么多低洼地，低的比长江水位还低1米，你怎么种粮食呢？所以当时我就决定把它挖成鱼池。

故　事：解决村民的吃饭问题，只是吴栋材带领全体村民迈向共同富裕的第一步。他认准了农是一碗饭，副是一桌菜，工业致富来得快。在带领村民挖塘养鱼掘得第一桶金后，开始探索工业化道路。

1980年，苏南的乡镇企业刚刚萌芽，永联一口气办起了8个小工厂。1984年，永联人察觉到农民盖楼房的商机，果断关停8个小工厂，集中精力办轧钢厂。到2018年，永联村销售收入已经达到380亿元，利税超80亿元。取得如此骄人的业绩，人们不禁要问，永联人靠的是什么呢？

张刘瑜，安徽太湖人，1994年毕业于燕山大学冶炼设备专业，毕业后来到永联村工作，是永联村最早的一批大学生之一。让张刘瑜没有想到的是，他这样一个外乡人能在永联村成长为一名集团公司高管。

张刘瑜：刚到永联的时候，基本还是农村的景象，和我们老家的农村相差不是特别大，和想象当中还是有一些落差的，所以我们当时来的有6个人，其他几位因为各种原因都陆续地离开了，当时老吴书记提倡的五湖四海的人才战略，对我们触动还是很大的，应该说当时条件虽然苦，但是干起来还是比较有劲的，所以最终我选择留下来。

故　事：有为有位，无为让位。吴栋材老书记靠着这样的理念，为永联村招来了大批像张刘瑜这样的人才。如今永联村党委班子7个人，只有2个永联人。

办好中国事情，核心在党，关键在人，一个国家如此，一个村庄也是如此。为强化人才队伍建设，永联村每年招收300名以上大学本科生，为留住人才，永联村投资6亿元，专门给外地员工建设2 200多套公寓房，各类生活设施一应俱全，同时各类文体活动丰富多彩，正是这五湖四海的用人理念，让永联村在一次次的危机面前都能屹立不倒。

吴惠芳：产业要兴旺，人是第一因素，人才强调的是素质。同时，人的积极性和聪明才智要得以充分地调动，才能有效地推动发展。如何调动人的积极性？让我们的经营者、管理者和劳动者持有一定的股份是很有效的措施、办法。

“国家级生态村”“国家AAAA级景区”“中国最有魅力休闲乡村”“中国十大最美乡村”“江苏省首批特色风情小镇”“江苏省AAAAA级乡村旅游地”，在一块块金字招牌的映衬下，永联成为乡村旅游的后起之秀。在一张白纸上绘出最美乡村，可以说是无中生有，但他们做到了有的放矢，永联发展旅游紧紧抓住一个“农”字，始终围绕乡村旅游的本质特征和要求做文章。

刘忠峰，山东人，2007年毕业于昆明理工大学，毕业后来到永联村工作，管理着永联的粮食基地、蔬菜基地、养殖基地。2005年开始，永联村以每亩每年1 300元标准，将村民手中的8 000亩耕地集中流转到集体，实行机械化、规模化、市场化经营。近 3 000 亩的粮食基地，由于采用信息化管理，机械化生产，即使在紧张忙碌的收获季节，也只需要 12 个人就能完成。

刘忠峰： 我们永联现在粮食基地 3 000 亩地，实现了稻麦全程机械化，田间管理智能化，只要动动鼠标，就能够实现田间的灌水和排水。另外，我们和高校合作开发的三精农业管理系统，助推我们的生产管理，实现了精细化。

故　事： 不仅如此，永联村还将工业富余的蒸汽通过管道送入粮食基地，为育秧房和烘干粮食提供热源，同时也为永联的蔬菜大棚和水产大棚供暖，既节约了能源消耗，也降低了农业生产成本。永联村能够玩转现代农业，不仅因为有完善的配套设施，还有像刘忠峰这样有经验、有技术的专业人才。在这里，农业不再是劳动密集型的产业，农民也不再是一种身份，而是一种职业。

去过永联村的游客无不惊叹这个长江边上魅力乡村之美，它是乡村，同时也是城市，它是工厂，同时也是田园，它提供产品，同时也提供服务。永联村之美集成了产业、空间、村民、文化、环境、饮食、管理等所有资源优势，盛开出全景化、全覆盖的全域旅游之花。

吴栋材： 现在基本做到现代化，按照我们的情况来看，工业基本上初步形成，当然现代工业还有很长一段路要走，以后要更进一步抓牢高科技、高质量的人才，把永联建设得更好。

【版块片花】

发展现代农业　走上创富之路

主持人： 永联村正是靠着五湖四海的用人理念，务实有效的激励机制和产业融合的发展思路，有效地破解了农村经济发展上的诸多瓶颈问题，才形成了产业兴旺，经济繁荣的大好局面。

宁夏回族自治区党校刘雪梅副教授，介绍了永联村产业发展之路值得借鉴的经验。

刘雪梅： 第一方面是优秀的人才队伍，是永联村乡村振兴成功的关键力量。从永联村的振兴历程，可以总结出有两类人才发挥了重要作用：第一类是驻村工作组和村委发挥了引领作用；第二类是被五湖四海的人才战略吸引来的专业对口的大学生，发挥了重要的骨干作用。

第二方面是抓住机遇、因地制宜，打造特色优势产业，是永联村乡村振兴成功的重要立足点。

第三方面是依靠不断发展和壮大集体经济道路，坚持共建共享、共同富裕的原则，真正让全村的老百姓共享发展成果，是永联村发展的基石。

欢迎扫码收听

老书记付华廷的初心与使命

主 人 公：付华廷（黑龙江省齐齐哈尔市甘南县兴十四镇兴十四村村党委书记）
节目嘉宾：徐海燕（中国社会科学院政治学研究所研究员）
责任编辑：张栋
主 持 人：王凤婷　张栋
录音制作：石涛（张栋外采）
包装配乐：王迪
播出日期：2019 年 12 月 2 日

【栏目片头】

讲小康故事　品农家生活　走创富之路——小康农家

【版块片花】

聆听小康故事　感受农家生活

在兴十四村村史展览馆，一个高 2 米、长 5 米左右的草窝棚立在出口。现年 70 岁的付华廷时不时就会来到这里，看着四面透风的草窝棚，刚到兴十四村的情景又浮现在他的眼前，仿佛就在昨天。

1956 年，年幼的付华廷攥着妈妈的手从山东临沂老家出发，坐独轮车、敞篷车、绿皮火车，辗转十几天来到甘南县，几辆马车又把他们拉到了 6 个用玉米秸秆搭成的草窝棚前。

1958 年起，“北大荒”进入大规模开发时期。人们用“捏把黑土冒油花，插根筷子能发芽”来形容这片土地的神奇。可是在兴十四村，一铁锹下去只有草根子和石头。付华廷回忆说：“全都是荒草，马都拉不动，100 个人拉 1 个铧也拉不动。”

垦荒不易。1970 年，时任兴十四村党支部副书记的付华廷带领大伙动手组装了一台拖拉机。

自己组装的拖拉机轰隆隆开动了，兴十四村人开始了没日没夜地开垦荒地。1972 年，全村共生产粮食 300 万斤，村民们再也不用饿肚子了，付华廷向父老乡亲们许下的誓言也实现了，那就是让大伙早晨吃面条，中午吃馒头，晚上吃顿大米饭！也是在那一年，村民们推选付华廷为村党支部书记。

到了 20 世纪 80 年代，兴十四村结合本村实际情况，开始走上发展集体经济、共同富裕的道路。

在付华廷和村民们的努力下，兴十四村由过去的“沙包地、破皮黄、跑风漏水不打粮”，发展到耕地机械化作业、农田节水化喷灌、作物良种化种植、土地集约化经营、牧业标准化养殖。建成了 2.4 万亩的现代农业示范园区、万米智能温室、实验控制中心、万吨有机果蔬保鲜库以及智能程控水稻催芽车间。同时完善了园区水、电、路等基础设施，先后购置大型喷灌设备 100 多台（套），耕地实现 100%高效、节水喷灌。

位于嫩江平原的兴十四村素有“黑风口”之称。为了防风护苗，从 1972 年开始，付华廷带领村民们植树造林。可种树并不是一帆风顺。头一年试种的小树苗刚刚长起来，就有一大部分烂根、枯死了。第二年再种时，先对土壤进行消毒灭菌，再长起来的小树苗就绿油油的。随后，大批植树开始了。

不过当时村民听说要种树，很多人并不理解。付华廷就开会对大家说：“前人种树后人乘凉，为了子孙后代，为了我们兴十四村的未来，树必须种！”村民们受到感召，纷纷加入了这场植树造林的“马拉松战役”，这一种就是 47 年。

如今，兴十四村已累积造林 1.5 万亩，森林覆盖率达到 40%，不仅实现了防风固沙，保护了田地和村庄，还调节了小气候。

这些成绩的取得，不仅因为兴十四村人始终坚持植树造林，还得益于他们日常的严格管护。他们的林区管理制度特别严格，专职护林员时刻在树林四周巡逻，为林区安全保驾护航。这里流传着“爷爷树”的故事，体现了村里人人都珍爱树林。

当兴十四村农业基本实现了机械化之后，就出现了一部分剩余劳动力，针对这一情况村党支部及时做出决策，稳定农业，发展“五小工业”，他们先后建起了罐头厂、酒厂、榨油厂、木器加工厂和小修理厂，利用这“五小工业”赚的钱，盖起了第一批二层小楼，在 1981 年全村实现了砖瓦化，成为黑龙江省第一个砖瓦化村。

无工不富，农村要想真正富裕起来，必须走工业化道路。虽然兴十四村通过“五小工业”赚到了钱，可是村民们觉得还不解渴，想干更大的。

1985 年，村里建起日处理鲜奶 10 吨的乳品厂，成为当时全国唯一一家村办乳品厂。1989 年，村里又投资 400 多万元，建起一座科技含量较高、年产量 600 吨的甜蜜素厂。1994 年，兴十四村建起了年产 3 000 吨的柠檬酸厂，先后开发生产出柠檬酸、黄原胶、麦芽低聚糖等被国家科学技术委员会（简称科委）认可的农产品深加工产品。

兴十四村开办柠檬酸厂，最初是为了消化本地生产的大量玉米。可是，以玉米为原料生产柠檬酸，这在当时全世界都没有先例。付华廷打听到，上海有位老专家已经成功培育出以玉米为原料生产柠檬酸的菌种，于是请他为柠檬酸厂进行技术指导。

就在柠檬酸厂建成的当年，兴十四村人均纯收入超过 5 000 元。到了 1997 年，村民人均年收入达到 1.3 万元。在产业化、工业化道路上，兴十四村人就像垦荒时期一样，肩膀挎绳、铆足劲，拼命向前拉！

【版块片花】

发展现代农业　走上创富之路

我们邀请中国社会科学院政治学研究所研究员徐海燕结合兴十四村党员带领村民脱贫致富的实践，讲一讲农村党员们应该如何更好地发挥作用。

主持人：建设好农村基层党组织的意义是什么？

徐海燕：第一，推动和保障党的中心工作与整体的社会经济发展相适应，从而保证基层群众自治能够沿着党指引的正确路线前进。

第二，保证农村群众在党的领导下，对农村公共事务和公益事业直接行使当家做主的民主权利。

第三，基层群众自治的实践，是在基层党组织领导下和基层党员干部的示范下带动的，保证了基层群众自治有活力、有秩序。

主持人：农村党员该如何更好发挥作用？

徐海燕：要找准定位，坚持为民宗旨。联系岗位职责，发挥先锋作用。坚持实干创新，保持精益求精。

老书记付华廷只是黑土地上党员群英谱中的杰出代表。相关精彩故事，请听下集分解。

欢迎扫码收听

时尚体育小镇百丈

节目嘉宾： 田帅（国家知识产权局中国体育知识产权论坛智库秘书长，团中央“青年之声”体育服务联盟副主席，乡村体育观察员）
责任编辑： 夏羽
主 持 人： 王凤婷　张栋
故事播讲： 殷启德
录音制作： 石涛
包装配乐： 王迪
播出日期： 2020 年 2 月 1 日

【栏目片头】

讲小康故事　品农家生活　走创富之路——小康农家

【版块片花】

聆听小康故事　感受农家生活

一湾碧水绕着背靠青山的古朴村落淌过……这句话描述的是 1996 年 6 月的老百丈。

1997 年，珊溪水库正式启动建设，百丈老街连同老百丈淹没水底。当时，1.5 万名库区移民有机会进城安置，但柳仙花一家和 400 多户村民选择了离家园最近的地方——从山脚下搬迁到半山腰，在一处平坦开阔之地共同组建飞云湖村，也就是如今百丈镇建成区所在地。

柳仙花的新家在江园路上。这一条只有 800 多米长的路，是进镇的主干道，从黄泥路到水泥路，从一片破败到一路风景，它见证了老百丈的转身，也承载着新百丈的愿景。

2000 年，珊溪水库开始下闸蓄水时，同步启动新镇建设。

彼时，面对这座百废待兴的新镇，相较提升路容、路貌，更为迫切的是找出一条适合水源地的发展新路。

在那个陆域交通不发达的年代，飞云江上游的百丈镇曾是重要的水运埠头。新中国成立前后一度贡献着全县90%的财政收入，被称为“小上海”。后来，水运渐渐式微，尤其在20世纪90年代末，为保护大水缸，百丈人口大量外迁，镇区加工业、养殖业纷纷关停，经济渐趋衰败，新百丈只能空守着眼前的一湖碧水。

留在家乡没有出路，超过2/3的村民沿着这条土路离开了，或外出打工就业，或创业谋生。据统计，留在当地的常住人口仅300多人，且多是老人、孩子。

2012年冬，世界冠军王铁鑫随浙江省皮划艇队到飞云湖畔驻扎训练，他说：“刚来镇里的时候，路还是石子路，楼房多是红砖墙。”同时迎接他们的是淳朴的村民与落后的镇貌。

当时，由奥运冠军孟关良等专家组成的考察团，对百丈水上运动基地优越的生态气候条件给出了极高的评价。百丈镇开始酝酿借水打造“时尚体育小镇”，并委托专业公司编制专项规划，走上了体旅融合新路子。

为更好地服务运动员，百丈镇先后投入5 000多万元，以国际标准打造体育训练基地。先后落地水上运动训练基地等3个旗舰型基地项目，成功申报国家体育训练基地等2个国家级基地。2016年，百丈镇“时尚体育小镇”列入首批温州市级特色小镇创建培育名单。

如今，每年都有国家赛艇二队、浙江皮划艇队、辽宁曲棍球队等500多名运动员进驻百丈训练。原有的农房集聚点、镇中心学校操场和临湖空地，悄然变身成运动员公寓、体能训练房，可举办国际赛事的曲棍球场等体育基础设施。与此同时，该镇还先后布局了环湖彩绘大道、海棠景观绿化工程、望湖广场、湖畔露营基地等观光路线。

【版块片花】

走进农家小院　品味乡情乡愁

村　民：我从小在泰顺县百丈镇长大，陪我长大的是百丈的两岸青山，一湖碧水，陪我长大的是百丈的清风明月，蛙声蝉鸣。陪我长大的是百丈沧海桑田的故事，还有我的爷爷。我的爷爷是一位老造船工匠，爷爷造船的手艺远近闻名。20多年前，泰顺县百丈水路优势明显，当时是物资吞吐口岸和集散地。老百丈因为珊溪水库枢纽工程建设而沉入水底，从此泰顺县百丈掩去昔日繁华光辉，开始孕育新的生机。我是幸运的，在我最美好的年纪遇到了现在的泰顺百丈，在经历了十几年的磨砺，百丈终于脱胎换骨，孕出了如今时尚体育小镇的金名片。国家赛艇高水平后备人才基地——百丈飞云湖水上运动训练基地，为国家培养了众多体育人才。

我的梦想是加入国家赛艇队，成为一名真正的赛艇运动员，有朝一日在赛场上乘风破浪，为国争光。然而这是一条不容易走的路，每前进1米，背后需要付出的是10倍甚至100倍的汗水。人生有梦想是一件幸福的事，我们有中国梦，我的家乡有时尚体育梦，在我们家乡训练的热血青年们，都怀着各自领域的冠军梦，挥洒汗水，青春无悔。

我在百丈出生，我在百丈长大，我在百丈追求梦想。我和我的家乡欢迎越来越多的人来泰顺县百丈做客。

【版块片花】

发展现代农业　走上创富之路

主持人：百丈镇能取得如此大的发展变化，一定有很多值得我们学习借鉴的地方，下面我们邀请国家知识产权局中国体育知识产权论坛智库秘书长，乡村体育观察员田帅来分享百丈镇成功的经验做法。

田　帅：2011年以来，当地充分挖掘百丈境内飞云湖这一宝贵资源，借助国家推进体育产业发展的重大战略机遇，以引进国家青年赛艇队入驻为突破口，推出系列组合拳，建设百丈时尚体育小镇。百丈时尚体育小镇也于2016年被列入温州市第一批市级特色小镇创建名单和《浙江省体育产业发展十三五规划》，从而走上以体育为主业推进“两山”理论实践的新路子。

主持人：规划固然重要，但更重要的是，能够实施下去。很多时候人们在选择一个地方游玩总会看看周围的配套设施，或者说有没有其他可以供游玩的项目，那百丈镇在这方面是怎么做的呢？

田　帅：以强项目拉开时尚体育小镇框架。累计投入2.1亿元，除国家青年赛艇基地、辽宁省军事体育航海运动学校运动员公寓、曲棍球场等体育基础设施之外，完成时尚体育小镇客厅、旅游集散中心、小镇书屋、朱岭湾主题公园、望湖广场、直升机停机坪、皮划艇赛艇下水码头、休闲驿站、湖畔露营基地、游人码头、星级旅游公厕、停车场、民房外立面改造工程、农贸市场、民宿酒店等30个项目建设，时尚体育小镇框架全面拉开。

做大做强体育旅游。以“时尚”为主题，除发展曲棍球、赛艇、皮划艇、湖畔露营、骑行等时尚体育运动之外，按照国家AAAA级旅游景区建设标准，开展全镇域海棠主题绿化。借鉴奥地利哈斯塔特滨湖小镇风格实施镇域外立面改造，全域范围指示牌、提醒牌等标识、标牌进行统一设计，规范旅游标识、标牌系统建设。设置雕塑等景观小品，交通主干道添置各类体育标识和体育文化元素路灯，营造出浓厚的时尚体育小镇氛围。特别是加大对环湖绿道慢行系统这一关键性项目的推进力度（总投资约 1.2 亿元，长 28 千米），通过环湖绿道慢行系统这“一环”，串联综合服务区、奥体核心区、农业拓展区、时尚体育体验区、洪口旅游服务区、叶岸山旅游综合体、户外运动拓展区、商业生活服务区这“八组团”，努力打造处处有景、景景有异的体育旅游体验圈。届时，以此为基础，拟引进和培育打造环湖马拉松、环湖骑行、铁人三项等国际国内品牌赛事。同时，开展时尚体育小镇 LOGO 标识的征集，举办时尚体育小镇征文比赛，营造时尚体育小镇的良好氛围。

欢迎扫码收听

用艺术助推乡村振兴

主 人 公： 李跃亮（浙江省丽水职业技术学院副教授、画家，丽水市农村工作指导员）
节目嘉宾： 刘雪梅（宁夏回族自治区党校副教授）
责任编辑： 曹娅晶
主 持 人： 王凤婷　张栋
故事播讲： 殷启德
录音制作： 石涛
包装配乐： 王迪
播出日期： 2019 年 12 月 24 日

【栏目片头】

讲小康故事　品农家生活　走创富之路——小康农家

【版块片花】

聆听小康故事　感受农家生活

近年来，“乡贤还乡”自觉担负起乡村振兴、乡村建设的历史使命，文人、学者、艺术家们用最自然、最环保的方式保留了乡村原有的文化形态和传统人文。下面介绍一位乡贤，他是一名艺术家，介绍一下他是如何使一个即将消失的村庄重新焕发活力的。

这个乡村叫沿坑岭头村，位于浙江松阳县的枫坪乡，距县城 70 多千米，交通极其不便，资源欠缺。由于农业收入甚微，又没有其他收入，有知识、有头脑、有劲头的年轻人纷纷外出打工或另谋生路，全村 107 户 370 多口人，只剩下 80 多名老人和孩子留守在家。村民的房子零星散落在 200 多米落差的山坳里，包含建村 300 年以来各时期的民舍。空空的房子日益破旧，有些仅剩一副摇摇欲坠的烂屋架在风雨中飘摇。为了让村民尽快脱贫，政府规划整体搬迁，让村民们离开家园搬迁到山下安置到更好的环境生活。

正是在这个时候，村里来了一个叫李跃亮的人。李跃亮是丽水职业技术学院副教授、画家，2012 年，作为市派农村工作指导员来到枫坪乡。他用两个多月时间跑遍全乡方圆 98 千米^2 的 17 个行政村、54 个自然村之后，被全乡最穷最困难的沿坑岭头村吸引了。他以艺术家特有的眼光，发现这个具有 300 年历史的山村房舍，完好保留着黄泥黑瓦的古朴特色，并且呈现出别具一格的排列形式。同时，村子房前屋后的数百株野生金枣柿古树，在深秋季节，金灿灿的果实挂满枝头，呈现出独特的自然之美，那美感让李跃亮迷恋不已。

在他的眼里，这个村子依山而建形成错落有致的格局，以及院落前后树木果蔬之间的间隔和连接，无不体现着古人的生存智慧、村民的勤劳以及村落和自然山水之间的和谐依存关系。如果村落从此消失，实在太可惜了。然而，用什么力量才能拯救这个村庄，让它继续存在下去？

复杂的情感触动了李跃亮身上“乡村指导员”身份的责任意识。改革开放 40 年了，可村里 100 多户人家守着自然赋予的美丽景色过着贫穷的日子。难道除了撤村下山，再没有别的办法了吗？他脑中诞生了一个设想：让沿坑岭头村成为画家们都爱来写生的“画家村”！

说干就干！李跃亮充分发挥指导员以及画家的专业优势，创作了 100 余幅以沿坑岭头村风土人情为题材的油画作品，出版油画专集，举办画展，还邀请了中国美术学院、列宾美术学院、柏林艺术学院教授等国内外知名画家前来写生，组织画家团体写生、采风活动，通过媒体宣传、互联网画展等多维方式传播，还成立“沿坑岭头画家村合作社”，建起了“乡村美术馆”，打响了沿坑岭头村的名气。

一个本不为人所知并即将消失的小村，很快成了“网红村”。一批外出打工的青年看到山村的希望，开始返回家乡经营民宿和休闲旅游业，村里曾经无人问津的“金枣柿”也成了“网红果”，小村庄由此开始走上一条艺术带动休闲产业的复兴之路。如今，村庄每年吸引画家、高校艺术生、游客近 3 万人次，村民年收入增收 300 余万元。

用艺术文化振兴一座村庄，这是李跃亮的努力，而在我国越来越多像李跃亮这样带动家乡发展的乡贤，正在用自己的方式为家乡的建设做出自己的努力，我们也相信，随着越来越多乡贤的加入，将打开乡村振兴的新局面。

【版块片花】

发展现代农业　走上创富之路

主持人：请宁夏回族自治区党校刘雪梅副教授介绍在乡村振兴过程中如何发挥新乡贤的作用。

刘雪梅：第一，从制度上来看，形成组织推动、社会发动、上下联动的制度，吸引或者培养一批新乡贤。

第二，出台相应的政策保障，特别是要有激励机制和保障机制。

第三，成立一些组织，如乡贤文化研究会、乡贤联谊会、乡贤参事会等组织，挖掘整理乡贤资源，影响更多的乡贤回归故里。

第四，针对乡贤不同的特长，让乡贤各尽所长，即划定不同的乡贤类别和职责，成立不同的乡贤组织，完善这些组织的工作运行机制和作用发挥机制。

第五，大力弘扬乡贤文化，做好宣传工作。

欢迎扫码收听

陶老的春节记忆

节目嘉宾： 陶立播（中央民族大学民俗学资深教授，国家非遗保护专家委员会委员，国际亚细亚民俗学会会长）
责任编辑： 夏羽
记　　者： 王凤婷
主 持 人： 王凤婷　殷启德
录音制作： 石涛（王迪外采）
包装配乐： 夏羽
播出日期： 2019 年 2 月 7 日

【栏目片头】

讲小康故事　品农家生活　走创富之路——小康农家

【版块片花】

聆听小康故事　感受农家生活

记　者： 过年好！陶老，您今年过年是在家过的，还是在外地过的？

陶立璠： 主要在家过。按照我们传统的习俗来讲，一般过年特别是过大年的时候，一般不怎么出去，都是在家里面，一家人要团圆、团聚，所以这年节是很重要的。

记　者： 每年您家里面过年有哪些讲究，或者说有没有自己家族的一些风俗？

陶立璠： 我们现在因为在大都市里生活，特别是在北京这样的都市生活了很长时间，大概半个多世纪都是离开家乡，在大城市里生活。现在的城市过年和我们过去也不一样了，因为时代变化了，今天我们是在一个新的时代里。

因为我的老家在甘肃的一个偏僻的村落里，虽然村落很偏僻，但是年节的气氛是一点不减的。所以我们以前过年，特别是小的时候盼着过年，有好吃的，有新衣服穿，有很多的节目要看，大家的心情都不一样。特别是过了腊八，过了腊八就是年。过了腊八以后，年的气氛一天比一天浓。这个时期，过去，我们叫他忙年，忙着置办年货，准备吃的、穿的等各种各样的事情。一直到了腊月二十三过小年祭灶，祭灶后我们可以吃到糖瓜，那时候一年里也没见过甜味，就是吃点甜味。过完小年还有 7 天就过春节了，春节我们过去叫新年，是新的一年的开始。以往我们不叫春节，春节是我们现在的新词。过去就是年。除夕晚上这是大家盼着过的，就是一家人的团聚。吃年夜饭、祭祖先、请神，过年的时候要把各路神仙请到家里来过年的，也要把祖先请来过年，所以年节的气氛非常浓，特别是大家在春节这一天新旧交接的时段，过去，特别是在农业社会，大家形成的观念，年节是非常重要的节点，它是新与旧的交替。

旧的一年就让它过去，新的一年要新的气象。所以过年在我小的时候是非常有意义的。那时候没觉得年味有什么，但就是沉浸在这个气氛里，迎接新的一年到来，一家团圆。另外村落里活动也很多，互相之间还有拜年，迎接喜神。

记　者：就像陶老说的，这也是我小时候的记忆，很多都在慢慢流逝。您刚才说的是您小时候的记忆，那您觉得过年从小到大的这种习惯、习俗是从什么时候开始扭转的呢？

陶立璠：这和我们农村社会的变化有关系。特别是年节里很重要的一个内容——信仰的习俗。比如说过去，年节要把各种神仙，特别是灶王爷，腊月二十三要送他上天，大年三十晚上子时交界的时候为什么要放鞭炮？就是为了接灶王爷回家，他要在家里住一年呢，监督我们家里面的大小事情。大概从 20 世纪 50 年代以后，信仰的活动少了，逐渐的大家觉得年味越来越淡了。另外，人口的流动比过去大。农村里很多年轻人都外出工作，有时候过年时无法返乡，这些都影响到年节习俗，所以大家感觉这个年味不如过去浓了。但这种看法有点偏见，实际上，我们的年味还是很浓的，大家看春运就可以看出来。因为时代发展，我们的习俗也随着时代的发展而变化。

【节目片花】

农历年根儿，身在异乡的人，会忽然像候鸟一样感觉到时序变迁，准备开始面向故乡飞翔。家，也开始向远方的游子招手。凛冽的寒风，遥远的距离，挡不住回家的脚步。最平常的思念，就是天下最浓的情感。一句“回家过年”，牵动着亿万中国人最温馨的情愫。《小康农家》特别节目，陪您一起过大年。

记　者：陶老，春节的时候还有一个非常重要的活动就是贴春联，咱们春联是自己写还是从集上购买？

陶立璠：春联自己写。小时候，我们家写春联是我大哥的事情，他的毛笔字好，所以他写。写完了邻居也会拿着红纸来请他帮着写。一般我们小时候的对联是自己写，因为它是需要亲力亲为的一件事情，你对年节的寄托，通过你的春联，可以表现出来你对一年的期望。另外，家里边要布置一新，要按照你的想法来进行过春节的准备，特别是贴春联。过去一般的家庭门都不少，除了大门以外，各个房间的门上都要贴。

记　者：其实我们对于年的这种感受是在我们准备的每一项活动中。

陶立播：每一项活动都会体现出你过年时候的态度。

【节目片花】

儿女的回家日，就是父母过年时。回家过年是给父母最好的礼物。我是中央民族大学民俗学教授陶立播，给大家拜年了！

欢迎扫码收听

我的春节故事

节目嘉宾： 柏芸（中国农业博物馆研究馆员）
责任编辑： 张倩
主 持 人： 王凤婷 张栋
录音制作： 石涛
包装配乐： 张倩
播出日期： 2020 年 1 月 28 日

【栏目片头】

讲小康故事　品农家生活　走创富之路——小康农家

【版块片花】

聆听小康故事　感受农家生活

柏　芸： 离开魂牵梦绕的出生地——平林镇，已有 40 多年了。那是一个四面环山的小镇，镇里总共也就几十户人家。镇的东头有一条清澈见底、供全镇人饮用的河；镇的西头是一片农田，再往山坡上走一段路，就是我们的学校了。那里的一山一水、一草一木；那里的街坊邻居、发小同学；那里发生的一切的一切，至今依然那么清晰地刻在脑海中。

儿时的记忆总是让人难以忘怀，而最让人记忆深刻的，便是那盼了一年的“过年”和那其乐融融的年夜饭了。

印象中，我家的灶台上方从年头到年尾都是挂着各种熏肉的，有鸡、有鸭、有牛肉，还有兔肉和驴肉。最让人垂涎欲滴的是那熏得外黑里红的牛肉，煮熟后切出的薄薄肉片能够透出光亮来，如果再沾上自制的香味辣椒油，那种感觉，用现在年轻人的话说，就是“醉了”。

酒菜上齐、碗筷摆好，姥姥和姥爷很自然地坐在了上席。平时姥姥当家，一般都是她老人家发话后，我们才能动筷。爸爸陪姥姥和姥爷喝白酒，妈妈喝红酒，我和两个哥哥喝米酒。等小辈们依次给长辈们敬完酒后，爸爸会先跟姥爷划几圈拳。只见他们一边快速地变换着手指，一边与变换的手指同步喊出“五魁首啊”“六六顺啊”“八八发啊”的。每个吉祥的句子都代表着一个数字，猜中两人伸出来的手指数之和的人是赢家，不用喝酒；猜错的是输家，要一口干掉杯中的酒。这个时候，胜利者就会得意地监督着输者喝酒，输者喝的也是心甘情愿。几轮划下来，平时少言寡语的姥爷就喝得差不多了，话开始多起来。接下来，爸爸开始跟我们兄妹三人玩，我们一边互相敲碰着筷子，一边观察着对方的表情，一边机智地喊出“老虎、杠子、虫和鸡”。这个游戏是专门给小孩子们设计的，规则比较简单：老虎吃鸡、鸡吃虫、虫拱杠子、杠子打老虎，如果正好喊出相克的一对，被吃、被打的一方就输了，就得喝饮料了。

岁月如水，几十年一晃就这么过去了，儿时的梦也渐行渐远了。勤劳的姥姥、姥爷，还有慈祥的爸爸都先后离我们而去；再没有了儿时的无忧无虑，也再没有了儿时的炊烟和儿时的年夜饭，留在记忆里的，只有那年夜饭时阖家团圆、温馨无比的定格画面……

主持人：每到这个时候，说春节、品年味，总会成为老百姓最爱谈论，也是最为关注的一个话题。

作家冰心的《童年的春节》有这样的描写：记得我们初一早起，换上新衣新鞋，先拜祖宗，我们家不供神佛，供桌上只有祖宗牌位、香、烛和祭品，这一桌酒菜就是我们新年的午餐，然后给父母亲和长辈拜年。

冰心笔下的春节描绘的是20世纪初胶东半岛过年时祭祀祖先的情景。关于祭祖，请柏芸老师来简单介绍一下。

柏　芸：说起祭祀，谁祭神、谁祭祖、谁祭土地爷，也都有讲究的。封建王朝时期，在重大节日期间，只有皇帝才有权带着大臣举办盛大的祭拜天地神灵仪式；而祭祖仪式，家族中有威望的长者才有资格带着族人在宗祠里进行；一般老百姓最多只能跪拜一下土地爷神，求他保佑自己的一亩三分地来年风调雨顺，交够租子，吃饱肚子。

主持人：说完祭祖，是不是该聊聊年夜饭了？中国人过春节，家家户户都要进行贺年活动，饮食是其中的重要内容。

柏　芸：年夜饭，我们又叫团圆饭。对于漂泊在外的游子而言，年夜饭意味着家乡的滋味，也意味着故土的情怀。一年一次的年夜饭，是我们汉民族过春节最大的习俗。中国人的年夜饭是家人的团圆聚餐，也是年尾最丰盛、最重要的一顿晚餐。除夕这天晚上，家家户户都会摆上满满一桌平日里舍不得吃的，或是有寓意的菜品。除夕之夜，一家老小围坐一起互敬互爱、共叙天伦；吃的是喜悦，品的是亲情，缕缕饭香中闻到的是家的味道。对独在异乡为异客的各位游子而言，他们回乡最大的诱惑应该就是这顿年夜饭了。

主持人：我记得您曾经介绍过，春节的众多习俗都源于传统农耕文明，带有浓郁的民族特色。但随着社会的整体变革和快速发展，有一些传统民俗文化活动正在发生着改变，或者逐渐被现代社会所淘汰。所以我们总能听到“年味渐淡”的说法。您是怎么看待的？

柏　芸：我们知道，变是绝对的，不变是相对的。但是，优秀的传统文化一定会得到很好的继承和发扬。

春节习俗是中华民族传统文化的重要组成部分，也是传承中华文化的重要基石和中国人民的共同财富。它承载着厚重的中华民族的历史和文化记忆，并且已经成为广大民众生活方式的重要的一部分。

我们今天在这里讲春节习俗，目的就是要告诉我们的年轻人，要记住我们的传统文化，守住我们民族的魂。我们要通过春节文化的传承，表达我们对大自然的敬畏之心，呈现我们对父母的孝敬之意，传递我们对亲朋好友们的友爱之情，激发我们努力工作、认真学习的动力。

春节习俗，讲的就是一个“敬”，一个“德”，还有一个“和”。家和万事兴，团结力量大。这些理念与我们现代提倡的社会主义价值观也是高度一致的。

欢迎扫码收听

重阳节的情感密码

节目嘉宾： 肖波（武汉轻工大学二级教授、硕士生导师，中华炎黄文化研究会理事，湖北孝文化研究会副会长）
责任编辑： 夏羽
主 持 人： 王凤婷 张栋
录音制作： 石涛
包装配乐： 夏羽
播出日期： 2019 年 10 月 7 日

【栏目片头】
讲小康故事　品农家生活　走创富之路——小康农家

【版块片花】
聆听小康故事　感受农家生活

【节目片花】
独在异乡为异客，每逢佳节倍思亲。
遥知兄弟登高处，遍插茱萸少一人。
饮酒赏菊，登高祭祖，感恩敬老。
《小康农家》特别节目，与您共度安康重阳。

九九登高歌嘹亮，岁岁唱响艳阳天。重阳节和春节、端午节、中秋节等节日一样，都是我们中华民族的传统节日。可以说，重阳节既有着深厚的文化内涵和情感，又有很强的现实意义。那么，重阳节蕴含了怎样的情感？为什么它会如此的牵动人心？我们采访了中华炎黄文化研究会理事、湖北孝文化研究会副会长肖波。

【版块片花】

走进农家小院　品味乡情乡愁

王凤婷：肖老师，您看我们之前做过那么多期特别节目，您每次来都会带一些和节日有关的物品，难道说您这次也带了什么有趣的与大家分享？

肖　波：你还真猜对了，我今天从湖北麻城带来了菊花茶和菊花酒。

张　栋：菊花是我国“十大名花”之一，这菊花茶也很常见，但是菊花酒我还真没有喝过，我只听说过《白蛇传》里的雄黄酒。主持人你喝过菊花酒吗？

王凤婷：我喝过菊花茶，但没喝过菊花酒。

张　栋：我现在已经非常迫不及待，肖老师让我们看一下这菊花酒长什么样子？

王凤婷：咱们先做好心理准备，一会张栋喝了菊花酒可别像白娘子一样现原形了。肖老师，我们先看看。

肖　波：好啊，那我就打开菊花酒让你们看一看。

（开酒瓶声）

王凤婷：包装好漂亮啊，这个菊花酒也像菊花茶一样是淡黄色。

肖　波：对。

王凤婷：会有菊花香味吗？

肖　波：有。

王凤婷：上次您带的桂花酒我印象深刻，特别香。

（倒酒声）

王凤婷：哇，大家听到这个声音了吗？

肖　波：我们请张栋来尝尝。

王凤婷：你先来现原形，你先闻一下。上次的桂花酒就是先晃一晃，然后一闻就特别香。

张　栋：哇，闻起来特别香，这属于米酒吗？

肖　波：有米酒的成分。

张　栋：我现在尝一尝。

王凤婷：他不敢喝，哈哈。

张　栋：万一现了原形怎么办？主持人你做好准备，一定要把我降住。

（主持人品酒、互动）

王凤婷：怎么样，表情为什么会那么痛苦？

张　栋：表情痛苦吗？但是很好喝。

王凤婷：我也想尝。

张　栋：我觉得度数应该不会很高，感觉口感很绵软。

王凤婷：肖老师，您经常喝吗？

肖　波：喝得也不多。

王凤婷：能不能给我尝一下啊，怎么自己饮酒没完了。

张　栋：我没喝够呢，再尝一口。

（主持人品酒、互动）

王凤婷：这个酒味还是很浓的，我觉得第一口喝下去酒味还是很重的，但回味的时候是有淡淡菊花香的。

肖　波：有菊花提取的成分。

王凤婷：你还行吗？（看向张栋）

张　栋：尾巴露出来了。

肖　波：哈哈哈……

王凤婷：肖老师，菊花酒和重阳节有什么关系呢？

肖　波：可是大有关系的。农历九月九日重阳这一天被我国政府定为“中国老人节”是 1989 年的事，距今只有 30 年；但重阳节的“岁数”、它的由来，可以上溯到 2 000 多年前的春秋战国时期。

王凤婷：2000 多年前？在两千多年前我们就有重阳节了吗？

张　栋：是的。重阳节是在每年农历的九月九日，双九重叠，所以也称“重九”。

王凤婷：“重九”，可今天我们管它叫“重阳”啊？

肖　波：我来解释一下你就知道了。古时候，以二、四、六、八、十为阴数，以一、三、五、七、九为阳数，九为阳数中最大。中国传统文化中，“九”是一个极为重要的数字。

张　栋：肖老师，刚才听您这么一说，我想起了在很多成语中都有“九”字。

王凤婷：没错。

张　栋：比如九五之尊、一言九鼎、十拿九稳。那为什么说“九”是一个极为重要的数字呢？

肖　波：因为“九”在古数中既是“阳数”，又是“极数”。你看，我们指天之高为“九重”，指地之极为“九泉”。古代典籍《易经》上讲“以阳爻为九。”两阳相重，故而称为“重阳”。

王凤婷：九与长长久久的“久”字同音，其实现在很多人也取这个字的谐音，对吗？

肖　波：是的。长久的“久”寓意健康长久。故而九九重阳，标志着天时宿运，代表着天长地久。所以，古往今来，人们就对重阳节怀着特殊的感情。

【节目片花】

3～5 岁的孩子：我来到这个世界时，你风华正茂。

10 岁的孩子：我茁壮成长时，你意气风发。

成人：我成家立业时，你渐入沧桑。

一家人：我有能力回报时，你白发苍苍。

你陪我长大，我伴你变老。《小康农家》重阳特别节目。

欢迎扫码收听

佳节民俗话丰收

节目嘉宾： 曹幸穗（中国农业博物馆研究员）
责任编辑： 王凤婷
记　　者： 王凤婷
主 持 人： 柳斌礼　王凤婷
故事播讲： 田静
录音制作： 石涛
包装配乐： 王迪
播出日期： 2019 年 9 月 23 日

【栏目片头】

讲小康故事　品农家生活　走创富之路——小康农家

【版块片花】

聆听小康故事　感受农家生活

9 月底至 11 月初都是巢湖大闸蟹的捕捞旺季，秋高气爽，又是蟹满膏肥时，蟹农们也迎来了螃蟹大丰收。

记　者： 王师傅，您好。

王师傅（渔民）：您好。

记　者： 你看我们这一来，您还鞭炮齐鸣的迎接我们，我们都不好意思了。

王师傅（渔民）：我们放这些鞭炮，主要是为了庆祝今年一个好的收成，马上我们就要下塘捕蟹了。

记　者： 原来是要下塘捕蟹，为庆祝丰收放鞭炮，不是为了迎接我们，会错意了。

每年巢湖螃蟹成熟之际，蟹农们都会在收获螃蟹的第一天放鞭炮，预祝和祈福今年有个好收成。

沿着蟹塘边下地笼，在笼底石子的重力作用下，地笼很快沉到水底，接下来，万事俱备只欠收笼了。

我们已经收获了今年的第一批螃蟹，接下来就是对这些螃蟹进行捆绑。上螃蟹了各位。

螃蟹成熟之际，蟹农们要将螃蟹捆绑好，才能上市销售，绑螃蟹看起来简单，操作起来却很困难，绑螃蟹要眼疾手快，一只只螃蟹从他们手中走向了百姓的餐桌，新上市的巢湖大闸蟹，也无需复杂的烹饪方法，清蒸螃蟹最简单也是最保鲜的做法，将螃蟹在蒸锅中蒸制 10 分钟即可食用。

记　者：红蟹出锅，香飘十里。我们的大闸蟹已经新鲜出炉了，不过在吃螃蟹之前，我们还有一样事情必须要做，那就是学吃螃蟹。这吃螃蟹还用学吗？要的，我们平时吃螃蟹这桌上是吃得一片狼藉，不过接下来的这位朋友，他不仅吃得好，吃得干净，而且还能吃出花样。他到底是怎么吃的呢？我们一起去了解一下。韩大哥您好，你看我们这个螃蟹漂亮吧？红彤彤的。我们听说您特别会吃蟹，想跟您学习学习。

韩大哥（市民）：早在明朝，宫廷当中就有一套叫蟹八件的工具，专门吃蟹用的。

记　者：吃螃蟹要用到的工具？您刚才称它为蟹八件，它是有八样工具吗？

韩大哥（市民）：对，八样工具。

记　者：剪刀。

韩大哥（市民）：剪刀。

记　者：这是一个小勺。

韩大哥（市民）：勺是挖蟹黄蟹膏的。

记　者：还有个小锤子。

韩大哥（市民）：小锤子是敲蟹盖的。

记　者：小锤子好精致，咱别光说了，咱们开始实际操作一下好不好？来。

韩大哥（市民）：先把这个打开。

记　者：把这个打开，把它的 8 个脚先全部剪掉。

旁　白：剪掉蟹腿之后，用小锤砸蟹壳使蟹肉与蟹壳分离。

记　者：您别说，没有一点残留，很干净的就把外壳给敲下来了。

巢湖大闸蟹膏肥黄满之际，也是巢湖的鱼汛期，经历了漫长的封湖禁渔之后，巢湖迎来了开湖捕鱼的盛况。10 月前后是休渔期后的开湖季节，我们的渔船即将在月色中出发。

记　者：今天天气好。这个船后面怎么还跟了两只小船？

渔　民：小船是倒鱼用的。起网后倒鱼方便。

记　者：倒鱼方便，这个船是不是应该就是渔船了？

渔　民：对，是渔船。

记　者：这个就是渔船了。

渔　民：捕捉银鱼的船。

记　者：捕什么鱼？

渔　民：捕银鱼。

旁　白：天刚蒙蒙亮，巢湖渔民即将开启丰收银鱼的序幕，我们将跟随一条渔船，体验一番别有趣味的渔家生活。

记　者：你看这上面有一个大姐正忙活着，大姐，你好！

大姐（渔民）：你好。

记　者：正晾鱼呢？

大姐（渔民）：对。

记　者：这新鲜的吧？我看还滴水，刚捞上来的吗？

大姐（渔民）：对。

记　者：这就是毛鱼，是吧？

大姐（渔民）：对。

记　者：我上去看看行不行？

大姐（渔民）：行。

记　者：走，上去看一下。已经这么多了，大姐，您今天收获挺多，这些有多重？

大姐（渔民）：有 1 000 多斤。

主持人：1 000 多斤，晒成那个样子需要多久？

大姐（渔民）：得一天。

记　者：得一天的时间，大姐，这种鱼是怎么打捞的？

大姐（渔民）：用网拉的，两艘船一起拉。

旁　白：两艘渔船，拉动一张大鱼网的两端，一起往前行驶。这样毛鱼就会源源不断地进入一张倒三角形的大网中。

巢湖丰富的水产资源给了渔民们颇多的收获，但这样的劳作也很艰辛，渔民们每隔 10 分钟就要收 1 次网。

临近中午，为了招待我们的记者，大姐特意拿出了平常舍不得吃的青菜，各种各样的食材，在大姐手里很快变成了一道道美味的佳肴。

记　者：大自然厚爱勤劳的人们，你看这一桌鱼宴全部都是大自然的馈赠。当然呢，我们也付出了辛勤的劳动，我认识这个，这个是我们说的银鱼，这个是毛鱼。除了这几道鱼菜之外，我们桌上还有两道青菜和一道烧鸡。您知道吗？咱们渔民的生活特别艰苦，他们一旦到巢湖里打鱼，就不能够轻易地靠岸了，所以说除了鱼肉之外的其他菜，对他们来说都是非常的珍贵。但是大姐非常热情，为了招待我们，特意杀了一只鸡，还把家里仅存的几样蔬菜都给我们呈上来了。这鱼很鲜，我从来没吃过这么新鲜的鱼。真的就是刚从水里捞上来，然后大姐立马做的。其实我们的摄制组去过很多地方，也拍过很多的美食。但是今天的这顿饭最让我难忘，虽然简单朴素，但是却包裹了我们渔民生活的酸甜苦辣。我祝愿你们的生活能够年年有余，日子越过越红火。

【版块片花】

发展现代农业　走上创富之路

金秋十月是一个丰收的季节，丰收对于亿万农民来说，是件大事，自古各地的农民朋友就有庆祝丰收的传统，在很多少数民族地区还有专门的丰收节，比如苗族的新米节、藏族的旺果节，等等，但国家层面的丰收节一直没有。去年，经党中央批准、国务院批复，将每年秋分日设立为“中国农民丰收节”。今天我们的演播室特意请到了中国农业博物馆的研究员曹幸穗老师，来聊一聊有关中国农民丰收节的相关话题。

主持人：曹老师，中国农民丰收节它的时代意义究竟体现在哪里？

曹幸穗：它的时代意义主要有几个方面。一是我们国家是农业大国，中华农耕文化博大精深，源远流长。中国农民丰收节作为一个鲜明的文化符号，它被赋予了新的时代内涵，有助于宣传中华农耕文化的悠久历史，推动传统文化和现代文明的有机融合，增强文化自信和民族自豪感。二是农民是中国共产党的执政基础，广大农民在革命、建设、改革等不同的历史时期，都为国家强盛、民族振兴作出了重要的贡献。习近平总书记多次强调，任何时候都不能忽视农业，忘记农民，淡漠农村，中央在脱贫攻坚的关键时刻，全面建成小康社会的决胜阶段，实施乡村振兴战略的开局之年，决定设立中国农民丰收节，顺应了新时代的新要求、新期待，极大地调动了亿万农民的积极性、主动性、创造性，提升了亿万农民的荣誉感、幸福感、获得感。汇聚起脱贫攻坚，全面建成小康社会，实施乡村振兴战略，加快推进农业农村现代化的磅礴力量。

主持人：要坚持节俭热烈办节日，您是怎么理解这个节俭？

曹幸穗：节俭就是不要过多的增加地方的负担，不要增加农民的负担，热烈是要开展地方群众喜闻乐见的活动，不要搞形象工程。不要过于铺张，这样就能够减轻农民的负担，因为是农民的节日，一定要节俭。

欢迎扫码收听

《乡村讲堂》

（2012.9.26 至今）

栏目主编：曹娅晶

欢迎扫码收听

中央农业广播电视学校常务副校长
胡永万
寄语《乡村讲堂》

数看 70 年农业发展

节目嘉宾：杨雄年（农业农村部科技发展中心主任）
策　　划：陈艳红
责任编辑：曹娅晶
主 持 人：蒋昕臻
录音制作：石涛
播出日期：2019 年 10 月 1 日

【栏目片头】

知识传递力量——乡村讲堂

农为邦本，本固邦宁。1949 年新中国成立，开启中华民族崭新的历史征程，源远流长的中华农耕文明从此焕发出勃勃生机，我国农业在实现“一方水土养一方人”的使命追求中奋勇前行，终于创造出以有限资源确保世界最大规模人口粮食安全的世界奇迹，为共和国的巍然屹立、繁荣昌盛做出了不可替代的巨大贡献。70 年的变革、探索、创新、发展，我国农业彻底改变了面貌，在多姿多彩的世界农业大花园中开出耀眼的花朵，这种变迁与成就值得记录，值得讴歌，值得总结！在新中国成立 70 周年之际，专门制作了“数看 70 年农业发展”系列节目，特别介绍新中国农业科技 70 年发展的辉煌成就。

主持人： 我国农业科技经过 70 年的发展都有哪些辉煌历程？

杨雄年： 70 年来，我们从几个农业试验场，发展成全球最完整的农业科技创新体系；从“靠天吃饭”的传统生产，发展成良种良法配套、农机农艺融合的现代农业技术体系；从依靠“一把尺子一杆秤”的科研手段，发展成设施完备、装备精良的科技创新条件平台体系。

主持人： 我国农业科技经过 70 年的发展取得了哪些重大历史性成就？

杨雄年： 一是保障稳产增产，解决了十几亿中国人的吃饭问题。二是支撑结构调整，促进了农业产业链延伸和功能拓展。三是革新生产手段，转变了中国农业的发展方式。四是助力环境改善，提升了美丽宜居乡村建设水平。五是强化国际合作，融入了全球农业科技创新网络。

主持人：70 年来，我国在推进农业科技事业发展中，继承、发扬和积累了哪些宝贵经验？

杨雄年：一是始终坚持党对农业科技工作的领导。70 年来，历代中央领导集体在不同时期根据实际发展需要提出了符合时代要求的科技发展路线、方针和政策，为农业科技发展提供坚强有力的政治保证。

二是始终遵循农业和农业科技发展自身规律。70 年来，始终准确把握农业科技工作的公共性、基础性、社会性以及长期性、系统性、区域性等特征，在农产品质量安全、动植物防疫、面源污染防治、耕地和草原保护利用、水土保持等事关人与自然和谐发展的农业科技领域，切实加大政府财政投入力度，为农业科技发展提供有力保障；始终把握农业科技易受生物特性、自然环境和气候条件等制约的特点，遵循农业科技创新周期长、成果产出慢、风险挑战大的科研规律，切实加大农业科技长期性稳定性投入，确保一批优良品种的推广应用。

三是始终坚持走中国特色农业科技自主创新道路。70 年来，面对农业发展的国内需求和复杂多变的国际形势，我国始终把提高自主创新能力摆在农业科技工作的突出位置，坚持“独立自主、自力更生”，始终坚信先进农业技术是买不来的，始终把提高科技人员自主创新能力作为农业科技工作的战略重点，走出具有中国特色的农业科技自主创新道路。

四是始终坚持推进农业科技体制机制改革创新。70 年来，针对制约农业科技发展的体制、机制问题，我国开展了一系列农业科研体制改革与探索。党的十八大以来，中央全面深化改革向纵深推进，新一轮科技体制改革全面开启，整合国家科技项目，放活科研机构、放活科技成果、放活科研人才的法律法规取得了重大历史性突破，农业科技发展正在迎来又一个春天。

五是始终坚持集中力量办大事的制度优势。70 年来，始终坚持社会主义集中力量办大事的制度优势，探索跨区域、跨学科、跨部门的协同攻关模式，有效解决了不同时期制约农业农村发展的重大关键技术难题。

六是始终坚持规划引领和法制保障。70 年来，我国先后制定了一系列重大发展规划，引领农业科技发展。1963 年，制定了 1963—1972 年农业科学技术发展规划；2001 年，讨论制定了《农业科技发展纲要（2001—2010 年）》；2006 年，制定了《国家中长期科学和技术发展规划纲要（2006—2020 年）》。农业农村部先后印发了“十五”“十一五”“十二五”“十三五”全国农业科技发展规划；2016 年，制定了《国家创新驱动发展战略纲要》。

70 年来，国家相继出台了《中华人民共和国农业法》《中华人民共和国农业技术推广法》《中华人民共和国科学进步法》等重要法律，保障和促进了我国农业和农业科技的快速发展。

主持人：我国农业科技 70 年发展取得了哪些重大历史性成就？

杨雄年：一是保障稳产增产，解决了十几亿中国人的吃饭问题。70 年来，面对日益严峻的人多、地少、水缺等资源约束，科技对粮棉油、肉蛋奶、果菜茶等主要农产品生产供给能力的大幅度提高作出了重大贡献。在品种供给方面，我国先后育成农作物新品种 20 000 余个，推动实现了农作物矮秆化、杂交化、优质化的 3 次跨越，培育推广了超级稻、转基因抗虫棉、双低油菜、节水抗旱小麦等一大批新品种，品种对提高单产的贡献率在 43%以上，畜禽水产品种良种化、国产化比重逐年提升，奶牛良种覆盖率达 60%。在农田改良方面，系统开展了黄淮海地区旱涝盐碱综合治理、南方丘陵区红（黄）壤改良、中低产田改良、污染土壤修复与安全利用、土壤有机质提升、高标准农田创建等科技攻关与成果应用，土壤的大幅改良促进实现单位面积耕地增产 100 千克/亩以上，农业综合生产能力大幅提升。在灾害防控方面，农作物重大病虫流行迁飞规律、重要疫病流行病学、致病与传播机制等基础研究全面进步，监测预警与诊断防控技术不断完善，农药兽药创制能力迅速提升，有效防控了蝗灾、小麦条锈病、稻飞虱、棉铃虫、稻瘟病等农作物重大病虫害，控制和消灭了牛瘟、马传贫等重大疾病，成功控制了禽流感、猪蓝耳病等重要疫病的流行与发生。

二是支撑结构调整，促进了农业产业链延伸和功能拓展。70 年来，伴随着不同时期农业农村经济发展的阶段性需求，农业科技在农产品生产结构调整、产业布局优化、市场需求扩展等方面，均发挥了积极的支撑和引领作用。在以粮为纲的发展阶段，适应几大粮食作物稳产增产的科技需求，各级农业科研机构的设立、学科和人才队伍的培养引进，大多聚焦于这几大粮食作物来设置；国家各类科技计划和项目大都也围绕几大粮食作物育种及技术攻关来设立，这些都大幅提升了我国主要粮食作物的育种和技术创新水平。在农林牧副渔全面发展阶段，为了适应我国城乡居民对农产品消费不断增长和日益丰富的需求，从中央到地方，各级农业科研教学机构及时调整学科布局和专业方向，不断优化调整科技力量布局，大大充实和强化了果蔬、畜禽、水产等优质农产品生产和精深加工方面的科技力量与科技成果供给。在农业一二三产业融合发展阶段，适应由单一、低端的传统产品结构向多元化、高值化、功能化转变的需求，适应国民饮食消费从“吃得饱”向“吃得好”“吃得安全”“吃得营养”转变的需求，农产品产地初加工、高值化精深加工、保鲜储运、营养强化、康养休闲、创意文化等方面的科技创新、人才培养得到不断加强，成果供给能力显著增强。目前，我国农产品加工业与农业产值之比达到 2.2∶1，全国休闲农业和乡村旅游快速发展，农民收入得到大幅增长。

三是革新生产手段，转变了中国农业的发展方式。70 年来，我国农业生产实现了从以人力畜力为主要特征的传统农业，向以机械化、设施化、信息化为主要特征的现代农业的历史性转变。农业机械化加速推进，在主要粮食作物、主要生产环节初步实现了“机器换人”，农业机械向着高效智能、节约环保、舒适便捷和个性化、专业化方向不断发展。农业工程化加快推进。目前我国设施农业面积已位居世界第一，设施农业产值占农林牧渔业总产值的44%，有力保障了我国蔬菜、肉蛋奶和水产品周年生产、长期供应。农业信息化加快推进，农业信息获取、分析决策、智能控制、信息服务等关键核心技术研发与应用不断加快，农业生产智能化、经营网络化、管理数据化、服务便捷化等方面取得明显进展，对农业生产、经营、管理、服务等各方面产生革命性影响。

四是助力环境改善，提升了美丽宜居乡村建设水平。在支撑引领清洁生产方面，研发和创制了一批生物农药、降解地膜、农用纳米材料等农业绿色投入品，研发与示范推广了一批果菜茶有机肥替代化肥、奶牛生猪健康养殖、稻鱼综合种养等绿色技术和模式，农业面源治理、农业废弃物综合利用、农村环境综合治理等技术创新和示范应用不断加强，化肥、农药利用率显著提升并实现施用负增长。在支撑引领农村能源替代方面，农村生物质能源等可再生能源开发利用取得新进展，农村清洁能源替代工程的实施，大大推进煤改气、煤改电和新能源利用进程。沼气发酵功能微生物强化等新型技术推广应用，实现了节能减排，有效改善了生态环境。在支撑引领农村环境整治方面，形成了一批适合我国干旱、寒冷地区的新型厕所产品，构建了单户、整村改厕的技术模式，有力推进了农村“厕所革命”。研发了一批农村污水垃圾处理技术与装备，形成了农村生活污水和垃圾处理的不同技术路线与治理模式。

五是强化国际合作，融入了全球农业科技创新网络。70年来特别是改革开放以来，通过加强技术引进、人才交流、平台布局等模式，农业领域国际科技合作与交流日益活跃，我国农业科技在全球的话语权和影响力日益增强。在先进农业技术“引进来”方面，实施了引进国际先进农业技术计划项目（“948”计划），先后从46个国家和地区引进各类先进技术2 500多项，产生了巨大的经济社会效益。在农业科技“走出去”方面，通过多双边合作渠道或援助项目，我国在100多个国家和地区参与援建270多个农业项目，对外派遣农业专家2 000多人，帮助培训培养农业人才18万名，在亚洲、非洲、美洲、欧洲地区约30个国家推广了杂交水稻、杂交玉米和蔬菜等农作物品种与栽培技术，输出了动物疫病防控与疫苗生产、农作物病虫害综合治理、设施园艺、饲料生产、农业机械及沼气等技术，为发展中国家粮食安全和减贫事业做出了积极贡献。在国际协作平台共建方面，先后与有关国家、国外农业机构和国际组织建立了60多个联合实验室和国际科技合作中心，吸引了一批国际农业科研机构在我国建立研发中心。

欢迎扫码收听

草原补奖政策解读

节目嘉宾： 杨振海（时任农业部畜牧业司副司长）
责任编辑： 夏羽
主 持 人： 李庆
录音制作： 石涛
播出日期： 2015 年 7 月 4 日

【栏目片头】

知识传递力量——乡村讲堂

主持人： 草原补奖政策是在什么样的背景下启动实施的？

杨振海： 草原补奖政策有两大取向，保护草原生态和促进牧民增收。

首先，看一下草原生态的基本情况。草原是我国面积最大的陆地生态系统，是畜牧业发展的重要资源，是少数民族的主要聚居区。加强草原保护建设、发展草原畜牧业，事关畜产品供应和农牧民增收，事关生态环境保护与建设，事关民族团结和边疆稳定。我国有近 60 亿亩草原，是耕地的 3.2 倍，森林的 2.3 倍，这么大面积的草原，显然是生态建设的主战场，也是草原畜牧业生产的主阵地。但在 2010 年以前，我国还没有系统的、科学的扶持草原全面发展的政策措施，不仅国家生态安全得不到保障，而且牧区经济社会持续健康发展也将受到严重制约。

其次，再看一下牧民收入。牧民就业渠道比较窄，生产、生活成本高，财富积累缓慢。由于语言、生活习惯等因素影响，牧民转移就业难度较大，收入主要来源于草原畜牧业。但牧业生产成本较高，牧民依靠畜牧业增收乏力。2008 年，全国牧区和半农半牧区、县，牧民人均纯收入只有 3 714 元，不到同期全国农民平均收入的 80%。同时，牧区生活消费成本较高，牧民家庭消费支出大。29%的牧业县和 33%的半农半牧业县是国家扶贫开发工作重点县。

最后，再看一下投入。新世纪前十年，我国用于草原保护建设的总投入仅占全国生态建设投入的 2.4%；2007 年国务院批准实施的《全国草原保护建设利用总体规划》中规划的九大工程，也仅有退牧还草和沙化草原治理等生态保护工程部分启动实施。可以说，长期以来，我国草原发展始终未能完满破题，与草原大国的地位极不相称，与建设生态文明、实现美丽中国的要求也不协调。

基于以上客观情况，迫切需要出台兼顾草原生态、畜牧业发展和牧民增收的政策措施。而此时，我们国家综合国力显著增强，财政收入连年较高速度增长，也具备了大力支持草原生态保护建设的能力，草原生态保护补助奖励政策正是在这一大背景下应运而生的。2010 年 10 月 12 日，国务院第 128 次常务会议决定，从 2011 年起，在内蒙古等 8 个主要草原牧区省份全面建立草原生态保护补助奖励机制，保护草原生态环境，促进草原畜牧业转型发展和牧民持续稳定增收。

主持人：草原补奖政策的基本思路是什么？

杨振海：草原补奖政策设计和建立的基本思路是，贯彻“生产生态有机结合、生态优先”的基本方针，坚持以人为本、统筹兼顾的原则，通过在全国可利用天然草原范围内，实施禁牧补助和草畜平衡奖励，对牧民给予生产性补贴等一整套支持政策，划定禁牧区和草畜平衡区，推进草原畜牧业转变发展方式，实现草原生态保护和牧民增收。在政策设计方面，补奖政策既考虑了草原生态保护，又兼顾了生产发展和牧区民生改善。在补奖标准方面，既考虑了补偿牧民损失的合理性，又兼顾了调动牧业生产的必要性。在任务落实方面，创造性地提出了 3 年完成近 8 000 万头羊单位减畜任务，5 年完成 9 000 万亩人工种草任务，既考虑了政策实施的复杂性，又兼顾了任务落实的可行性。政策的各项内容和各个环节实现了相互补充和相互衔接，取向明确，既反映了牧区与牧民的意愿，符合各地的探索与实践，又抓住了草原保护与建设的关键。可以说，草原补奖政策不仅是牧区政策的重大突破，也是强农惠农政策的丰富和完善。

主持人：政策内容主要包括哪些方面？

杨振海：草原补奖政策主要包括禁牧补助、草畜平衡奖励、牧草良种补贴、牧民生产资料综合补贴和绩效考核奖励等。

1. 禁牧补助。对生存环境非常恶劣、退化严重、不宜放牧以及位于大江大河水源涵养区的草原实行禁牧封育，中央财政按照每年每亩 6 元的测算标准给予牧民禁牧补助。每年安排草原生态补奖政策禁牧面积 123 264.5 万亩，禁牧补助资金 739 587 万元。

2. 草畜平衡奖励。对禁牧区域以外的可利用草原，根据草原载畜能力核定合理的载畜量，实施草畜平衡管理，中央财政对履行超载牲畜减畜计划的牧民按照每年每亩 1.5 元的测算标准给予草畜平衡奖励。每年安排草原生态补奖政策草畜平衡草原面积 260 501 万亩，草畜平衡奖励资金 390 752 万元。

3. 牧草良种补贴。鼓励牧区有条件的地方开展人工种草，增强饲草补充供应能力，中央财政按照每年每亩 10 元的标准给予牧草良种补贴。每年实施牧草良种补贴草原面积 12 068.7 万亩，补贴资金 120 687 万元。

4. 牧民生产资料综合补贴。中央财政按照每年每户 500 元的标准，给予牧民生产资料综合补贴。每年安排草原生态补奖政策涉及牧户 2 840 492 户，牧民生产资料综合补贴资金每年 142 028 万元。

5. 绩效考核奖励。中央财政每年安排绩效考核奖励资金，对工作突出、成效显著的省份给予资金奖励，由地方政府统筹用于草原生态保护和草原畜牧业发展。

欢迎扫码收听

“3·15”农资打假与监管特别节目

节目嘉宾： 广德福（时任农业农村部农产品质量安全监管局局长）
责任编辑： 夏羽
主 持 人： 殷启德
录音制作： 石涛
播出日期： 2018 年 3 月 15 日

【栏目片头】

知识传递力量——乡村讲堂

主持人： 农资领域法治建设进展如何？

广德福： 党的十八大以来，特别是党的十九大报告，在全面推进法治政府的号角声中，依法行政按下了“快进键”，农资领域法治建设更是换挡提速，驶入快车道。对《中华人民共和国食品安全法》《中华人民共和国种子法》《农药管理条例》《兽药管理条例》《饲料和饲料添加剂管理条例》等一大批法律法规和配套规章，或进行了全面修订，或对部分条款修改，以适应不断变化的执法监管新要求。比如，2017 年新修订的《农药管理条例》，针对农药经营主体规模小、布局散、秩序乱，以及制假售假甚至销售禁用农药等问题，增设了农药经营许可制度，对高毒等限制使用农药实行定点经营制度，要求农药经营者建立两个台账，一是采购台账，不得向未取得农药生产许可证的农药生产企业或者未取得农药经营许可证的其他农药经营者采购农药；二是销售台账，要向购买农药者正确说明农药的使用范围、使用方法和剂量、使用技术要求和注意事项。同时还规定农药经营者不得加工、分装农药，不得在农药中添加其他物质。

再比如，《中华人民共和国食品安全法》遵循源头管控、风险防范的原则，规定食用农产品生产者应当按照食品安全标准和国家有关规定使用农药、肥料、兽药、饲料和饲料添加剂等农业投入品，严格执行农业投入品使用安全间隔期或者休药期的规定，不得使用国家明令禁止的农业投入品。禁止将剧毒、高毒农药用于蔬菜、瓜果、茶叶和中草药材等国家规定的农作物。要求食用农产品的生产企业和农民专业合作经济组织应当建立农业投入品使用记录制度。可以说，我国已经基本建成职能科学、权责法定、执法严明、公开公正的农资监管格局。

主持人：目前农资打假与监管工作有哪些亟待解决的问题？

广德福：虽然近些年来，我国农资打假与监管工作取得了较大进展，但与构建新型市场监管机制，满足人民美好生活期待的要求相比，还存在一定的差距。一是基层执法体系建设存在困难。虽然我国已基本建立了省、市、县三级农业执法机构，但市、县两级农业执法机构还普遍存在队伍不稳定、执法服装不统一、装备陈旧等问题。二是农资打假与监管的法律法规有待进一步完善。当前，我国《中华人民共和国农产品质量安全法》亟待修订，《中华人民共和国种子法》实施细则尚未出台。特别是肥料登记管理办法属于部门规章，农业部门的管理职责有限，对假劣肥料的处罚手段乏力。另外，农业执法规范化制度还不健全，农资打假与监管工作被诉风险大，执法人员需承担很大的责任和压力。三是监管手段有待加强。目前农业系统中有资质的农资检测单位和农作物损失鉴定机构分布不平衡，检测慢、鉴定难等问题仍客观存在。另外，地方自主开发的监管网络平台成本高、作用范围小，难以实现信息共享，迫切需要建立全国统一的农资打假和监管平台。

主持人：农业部门进行了哪些农资打假与监管的宣传服务工作？

广德福：农业部门一直围绕农资打假和监管，积极开展宣传培训，引起了全社会的关注，形成了良好的舆论氛围。每年“3·15”期间，制作农资打假系列广播节目，并在中央人民广播电台“三农早报”栏目播出，宣传打假维权知识。组织举办“加强农机质量监管，保障用户合法权益”主题活动，发放农机质量安全宣传资料。已连续举办了多场“全国放心农资下乡进村宣传周”现场咨询活动。宣传周期间，各地农业部门共出动执法和科技人员 23.7 万人次，发放宣传资料 3 864 万份，举办培训 1.32 万场，接待咨询群众 656 万人，受理投诉举报 2 477 起，展销放心农资货值 2.9 亿元。配合相关法律法规的修订和实施，我们举办了新《中华人民共和国种子法》座谈会和相关培训，营造依法治种的良好环境。

主持人：您对农民朋友选购农资有哪些建议？

广德福：农民朋友购买农资时要注意以下 4 个方面。一是慎重选择购买场所，不贪图小便宜，不买流动商贩的农资产品，不要轻信“农资忽悠团”的技术培训宣传，要到有固定销售门店、证照齐全的农资经营单位购买。二是购买正规生产企业生产的农资产品，认真查验包装标识，仔细查看包装是否规范，标签是否完整，有无合格证、厂名厂址、商标标识、生产日期、保质期及使用说明等。三是仔细阅读商品使用说明，搞清楚种子的适用区域、农兽药的适用农作物和养殖动物禁忌事项，严格按照说明书要求科学使用，避免产生不必要的损失；四是购买农资时要向销售者索要票据，并完好保存购物凭证，不要接收个人签名的字据或收条，使用后要留存好种子、农药、化肥的外包装及少量农资样品。

欢迎扫码收听

农产品质量安全形势与任务

节目嘉宾： 朱彧（农业农村部农产品质量安全中心首席专家，国务院特殊津贴专家）
责任编辑： 夏羽
主 持 人： 王凤婷
录音制作： 石涛
播出日期： 2019 年 11 月 2 日

【栏目片头】

知识传递力量——乡村讲堂

主持人：“农产品质量安全”指的是什么？

朱　彧： 根据《中华人民共和国农产品质量安全法》第二条规定，“农产品质量安全”中的农产品，是指来源于农业的初级产品，即在农业活动中获得的植物、动物、微生物及其产品。农产品质量安全，是指农产品质量符合保障人的健康、安全的要求。什么是符合人的健康、安全的农产品呢？就是符合我国食品安全国家标准的农产品，就是符合保障人的健康、安全的要求的农产品。

主持人： 什么是食品安全国家标准？

朱　彧： 食品安全国家标准，是由国家颁布的强制性标准，这个标准规定了所有的安全指标，那么，只要产品符合这个安全指标，就符合人的健康、安全的要求。

主持人： 新时代，我国农产品质量安全工作面临着什么样的新形势？

朱　彧： 一句话，任重道远。

一是中央要求越来越严。以习近平同志为核心的党中央高度重视农产品质量安全工作。习近平总书记作出“产出来”“管出来”“四个最严”（最严谨的标准、最严格的监管、最严厉的处罚、最严肃的问责）、“走质量兴农之路”等重要指示，强调“农产品和食品安全问题，是底线要求”，要保证让老百姓吃上安全放心的农产品。今年，中共中央、国务院下发了《关于深化改革加强食品安全工作的意见》，中共中央办公厅、国务院办公厅印发了《地方党政领导干部食品安全责任制规定》，国务院食品安全委员会连续多次召开会议研究部署食品安全工作。我认为，中央对食品安全问题零容忍的态度，会让工作要求越来越严格。

二是人民群众期待越来越高。农产品质量安全关系公众身体健康和生命安全，是老百姓非常关心的民生问题。当前我国农产品供求关系发生深刻变化，城乡居民消费需求快速升级，正在从“吃饱”向“吃好”“吃得绿色优质、营养健康”转变，关注点越来越多，要求越来越高。这些年我国农产品质量安全水平不断提升，但仍有2%～3%不合格产品，老百姓对食品安全的要求是零风险。对农产品质量安全问题，从农业主管部门来讲，态度是非常明确的，就是虽然不能做到零发生，但要坚持零容忍，哪怕是1%的问题，也要尽100%的努力去解决。

三是乡村振兴战略提出了新任务。实施乡村振兴战略是新时代做好“三农”工作的总抓手。在推进乡村振兴中，农产品质量安全工作与乡村振兴5句话20个字的总要求密切相关，而且被赋予了新的价值和内涵。产业兴旺，质量先行，安全是基础。质量安全是产业兴旺的第一兴、第一旺。海南豇豆、三鹿奶粉、多宝鱼等历史事件告诉我们，一旦发生重大农产品质量安全问题，可能会对产业造成毁灭性打击。生态宜居，农业是生态环境问题的受害者，但也是生态环境问题的制造者，如化肥、农药的不规范、过量使用，畜禽排泄物，等等。绿色发展是重要引领，要加快健全农业绿色发展的标准体系。乡风文明，需要传承农耕文明，与培育地理标志农产品密切相关。治理有效，与农产品质量安全信用体系建设密不可分。生活富裕，不仅要“有得吃”“吃得饱”，还要“吃得好、吃得营养健康”。要提高农产品市场竞争力，发展绿色优质品牌农产品是关键。我们要将农产品质量安全融入乡村振兴战略中谋划和推动，以乡村振兴战略为统领，抓好农产品质量安全工作。

四是农业绿色发展有了新要求。推进农业绿色发展是农业发展观的一场深刻革命。要求农业生产过程要符合绿色发展要求，农业生产的环境也要符合绿色发展要求，不能在生产绿色产品的同时，产生污染环境的问题。这就要求我们转变农业发展方式，大力推广农药化肥减量使用、病虫害绿色防控统防统治、种养结合综合利用等科学技术，综合利用畜禽粪便，防治农业面源污染。我们要抓住机遇，顺势而上，积极引导人才、科技、项目、资金、装备等各方面力量都聚合到质量兴农、绿色兴农、品牌强农上来，推动实现生产、生活、生态“三生共赢”，既产出数量充足、质量安全的产品，又留住干净的水源、肥沃的耕地、美丽的田园。

欢迎扫码收听

迈向乡村振兴新时代

节目嘉宾：刘年艳（农业农村部农村经济研究中心产业与技术室研究员）
责任编辑：殷启德
主 持 人：殷启德
录音制作：石涛
播出日期：2020年4月18日

【栏目片头】

知识传递力量——乡村讲堂

主持人： 乡村振兴的基本内容有哪些？

刘年艳： 党的十九大上提出乡村振兴战略，既是贯彻新发展理念，建设现代化经济体系中的基本内容，也是建立现代经济体系的重大决策。十九大报告提出，农业农村农民问题是关系国计民生的根本性问题，必须始终把解决好“三农”问题作为全党工作重中之重。要坚持农业农村优先发展，按照产业兴旺、生态宜居、乡风文明、治理有效、生活富裕的总要求，建立健全城乡融合发展体制机制和政策体系，加快推进农业农村现代化。巩固和完善农村基本经营制度，深化农村土地制度改革，完善承包地“三权”分置制度。保持土地承包关系稳定并长久不变，第二轮土地承包到期后再延长三十年。深化农村集体产权制度改革，保障农民财产权益，壮大集体经济。确保国家粮食安全，把中国人的饭碗牢牢端在自己手中。构建现代农业产业体系、生产体系、经营体系，完善农业支持保护制度，发展多种形式适度规模经营，培育新型农业经营主体，健全农业社会化服务体系，实现小农户和现代农业发展有机衔接。促进农村一二三产业融合发展，支持和鼓励农民就业创业，拓宽增收渠道。加强农村基层基础工作，健全自治、法治、德治相结合的乡村治理体系。培养造就一支懂农业、爱农村、爱农民的“三农”工作队伍。

主持人： 乡村振兴战略的总体要求有哪些？

刘年艳： 总目标是实现农业农村现代化。

总方针是坚持农业农村优先发展。

总要求是“产业兴旺、生态宜居、乡风文明、治理有效、生活富裕”。其制度保障是建立健全城乡融合发展体制机制和政策体系；优先任务是打好脱贫攻坚战。

主持人：乡村振兴面临怎样的全新局势？

刘年艳：新的奋斗目标已经确立，实现“两个一百年”奋斗目标，实现中华民族伟大复兴的中国梦，不断提高人民生活水平，必须坚定不移把发展作为党执政兴国的第一要务，坚持解放和发展社会生产力，坚持社会主义市场经济改革方向，推动经济持续健康发展。我国经济已由高速增长阶段转向高质量发展阶段，正处在转变发展方式、优化经济结构、转换增长动力的攻关期，建设现代化经济体系是跨越关口的迫切要求和我国发展的战略目标。

农村发展转型。从传统农村向未来新乡村转型。主要通过传统农业转变成现代乡村产业，传统社会型农民向现代产业型农民转变，传统村庄向现代乡村社区发展的整体转型来实现。

社会形态转型。当今时代正处于由传统的后工业文明社会向未来生态文明社会转型发展的重要时期。应当遵从“创新、协调、绿色、开放、共享”的发展理念，走生态绿色循环发展、区域化融合发展和市场化发展之路。

社会生活向时代化转型。全球化、市场化、智能化、人本化正在深刻改变人的观念，变革人的生活方式，从而推动人类社会整体变革。全球化与市场化，极大推动生产要素的全球性流动，乡村新型产业不断创新发展。重构新型城乡、工农、区域发展关系，以此推动我国传统农村向未来新乡村发展的历史性整体转型。

欢迎扫码收听

乡村振兴大家谈
——如何凝聚乡村百姓激活村内资源

节目嘉宾： 仝志辉（中国人民大学农业与农村发展学院教授，中国人民大学乡村治理研究中心主任）
王龙泉（北京开元传媒总经理，乡村振兴观察员）
采访嘉宾： 叶松华（浙江省丽水市遂昌县组织部副部长）
责任编辑： 夏羽
主 持 人： 殷启德
录音制作： 石涛
播出日期： 2020 年 4 月 12 日

【栏目片头】

知识传递力量——乡村讲堂

主持人： 在乡村振兴战略的 20 字总要求中，“治理有效”在诸因素之中是基础，起着举足轻重的作用。那么，提升乡村治理功能与加强基层党建之间是一种什么样的关系？

仝志辉： 现在中央对乡村振兴提出治理有效的要求，是针对当前乡村治理领域里面存在着一些突出问题提出来的，所以从解决问题的角度特别强调治理有效，也就是说要切实提升乡村治理的效能。从解决问题的角度来说，我们在每个村庄都建有村党支部，基层党组织在提升乡村治理效能当中，从它的职责来说，身先士卒。从它可以发挥的潜力来讲，它也是大有潜力可挖。可以说今天从治理有效角度提出加强基层党建应该是一个关键性的措施，它可以带动其他乡村治理方面的努力。

主持人： 如何理解“在乡村振兴中加强基层党建”？

王龙泉： 为什么要强调基层党建呢？目前乡村治理存在治理上的一些困惑或阻挠，比如说从乡村的人员组成上来看，从某种意义来说，乡村的人员组成在分级化。一部分村民，他们其实大部分时间在城市居住，已经成为了某种意义上的市民，只是时间长短不同而已。还有一部分村民，大部分时间在外务工，少部分时间回家务农，或者回家过节。还有一部分是暂时走不出去的，或者是需要坚守在乡村的村民。在这种状态之下，可能在目前情况下，要想实现乡村的有效治理，更好地对人进行资源统合，还是得充分发挥党员对相关国家乡村振兴政策的深度理解以及带头性作用，为乡村治理带来更多的示范效果。

主持人：浙江省丽水市遂昌县是中国乡村电商起步最早、发展最快的龙头县，同时在乡村有效治理方面也走在了前列。下面我们连线浙江省丽水市遂昌县组织部的副部长叶松华，请他来分享一下在乡村治理过程当中，遂昌县在提高基层组织效率和提升乡村治理效能的经验和做法。

（连线叶松华……）

仝志辉：我感觉遂昌县县委和组织部做的工作非常重要。基层党组织建设本身也是上级党委的职责，要指导基层党组织加强自身建设。同时在遂昌进行的工作也是针对当前农村基层党建存在的突出问题而规划的。我觉得他们做了 3 个方面工作。

第一，是村庄的发展方向，帮助基层党组织定向。因为农村党员、基层干部的能力素质在不同的村庄是不一样的。由于现在农村的发展受外界的影响非常大，比如像电商这种趋势，基层党组织能不能抓住这种发展的机遇，完全靠他自己去解决这个问题呢？是不能完全解决的。他们通过从县委、乡镇党委，包括通过从县委、乡镇抽调年轻干部下村，帮助村子的党支部，这些年轻干部更有针对性地对这个村子的发展方向定向。这个定向作用对党员的发挥作用很重要。

第二，组织基层党组织开展竞赛。将一个村子在地方上打出名头，也是对基层党组织的激励。如果成功组织了竞赛，制定了符合当地实际的标准，党组织就能得到四邻八乡的认可。实际上也巩固了基层党组织带头人服务乡村的意愿。把自己的才干服务于老百姓、服务于乡亲们，这是中国农村社会普遍认可的一种价值观。党委组织竞赛，实际上和这种价值观是契合的。

第三，帮助村党支部进行具体的工作。比如刚才主持人讲的产业工作，一方面在帮他们定向的同时，帮他们引进资源、考察具体的项目。另一方面，为了动员本村党员，让他们把能力发挥出来。抽调一些年轻干部到村里工作，在群众最关心的事情上直接帮助基层党组织开展工作。基层党组织本身能力参差不齐，基层干部的视野在回应当代的发展机遇上有差距，再加上每个村的党员队伍状况不一，原来党支部的群众工作基础不一，这个时候，这些年轻干部在定向组织竞争和具体帮助开展工作等方面有针对性的开展工作，就可以提升基层党建，使基层党支部真正发挥作用。农村党组织的工作效率提高了，乡村治理效能就得到改善了。

欢迎扫码收听

设施蔬菜软体集雨节水技术

主讲嘉宾：张庚（全国农业技术推广服务中心节水农业技术处高级农艺师）
责任编辑：曹娅晶
主 持 人：王凤婷
录音制作：石　涛
播出日期：2020 年 8 月 11 日

主持人：以前我们见到的水窖都是用水泥、砖石材料做的，软体水窖是什么样的？它与传统集雨窖有哪些不同？

张　庚：软体集水窖（池）采用新型环保材料聚氯乙烯糊树脂（EPVC）膜材，一体化塑型而成。这种新型软体水窖在性能上全面超越砖石水泥集雨窖。首先它强度高、抗拉伸、抗撕裂，在 5 厘米的长度上能够承受 400 千克，相当于 5 个成年人重量的拉力；其次耐高温耐严寒，可在－30～70℃范围内正常使用；耐酸碱盐、阻燃性好，可在 pH1～12 范围中使用，耐火烧。在北方地区冻融和干湿交替情况下，砖石水泥窖很容易出现裂缝渗漏，新型软体窖则不受影响，使用寿命15～20年。

主持人：软体水窖安装、使用方便吗？

张庚：相对传统水窖，软体水窖应用起来十分方便。总体安装步骤为，第一步，测量棚间空地实际宽度和土壤结构，确定窖体宽度和深度。如土壤质地较硬、地下水位较低可增加水窖深度。第二步，开挖水窖放置坑，一般深 1.0～1.5 米。第三步，将软体水窖放入放置坑中，利用小型鼓风机将水窖吹胀。第四步，使用钢钎，将水窖进行固定。第五步，连接棚面和窖面，清扫窖面后，揭开渗水孔后便可实现集雨。

主持人：软体水窖和设施大棚的结合，是不是只要把大棚前的空地完全用上就可以了？是不是集的越多越好？

张　庚：只说对了一半。缺水地区集雨肯定是越多越好。但是也要考虑作物的实际情况和棚间土地的受力情况。总的来说，为高效利用土地和降水资源，需要充分考虑华北设施蔬菜种植条件。华北地区设施大棚一般为圆—抛物面复合型或拱圆形设计，主要目的是为了提高大棚承载能力，尤其是对风、雪的载荷。在出现降雨时，雨水可以顺着棚面向棚前水窖汇集。北方地区设施大棚一般棚间间隔为 4～6 米。这些间隔空地可用于安装水窖。在安装软体集雨窖时，将水窖窖面一侧与棚面下端衔接，保证雨水通过集雨面，并由窖面渗水孔全部汇入水窖之内。华北地区年均降水量在 500～600 毫米，华北地区大棚之间南北向间隔在 4～6米，有 3～5 米的空间可用于安装水窖，集雨面可按照窖面宽 3 米，长度与大棚长度相同，每个设施大棚集水量 280～500 $米^3$。

与其他农作物相比，设施作物对水分的反应尤为敏感。生长期间灌水较为频繁，灌水及时与否对产量有明显影响，与大田作物相比，设施作物的灌溉更为现代化与科学化。根据蔬菜对水分的需要程度不同，可把蔬菜分以下几类：黄瓜、白菜、芥菜和许多绿叶菜类等湿润性蔬菜，这类蔬菜叶面积大，组织柔嫩，叶的蒸腾面积大，消耗水分多，但株群小，而且密集在浅土层，吸收能力弱。在栽培上要选择保水力强的土壤，并重视浇灌工作。茄果类、豆类、根菜类为半湿润性蔬菜，这类蔬菜叶面积较小，组织粗硬，叶面常有茸毛，水分蒸腾量较少，对空气湿度和土壤湿度要求不高；根系较为发达，有一定的抗旱能力。在栽培中要适当灌溉，以满足其对水分的要求。葱蒜类为半耐旱性蔬菜，这类蔬菜的叶片呈管状或带状，叶面积小，且叶表面常覆有蜡质，蒸腾作用缓慢，所以水分消耗少，能忍耐较低的空气湿度。但根系分布范围小，入土浅，几乎没有根毛，所以吸收水分的能力弱，对土壤湿度要求较高。西瓜、甜瓜、南瓜、胡萝卜等耐旱性蔬菜，这类蔬菜叶子虽然很大，但叶上有裂刻及茸毛，能减少水分的蒸腾，而且都有强大的根系，根系分布既深又广，能吸收土壤深层水分，故而抗旱能力强。

主持人：水窖的规格设置好了，也有雨水了。后期使用怎样实现高效节水？

张　庚：设施蔬菜软体集雨节水技术是一项集成技术，将设施棚面和软体窖集雨面有效结合，为设施农业收集提供良好有限的雨水资源，并与水肥一体化节水节肥技术结合，最大限度利用雨水资源。滴灌水肥一体化是发挥软体集雨水窖的关键环节，其系统一般由水源、首部、管网和灌水器 4 个部分组成，其中设施作物灌溉水源多为地下水，首部包括过滤器和施肥器，管网包括棚内支管和毛管，灌水器为毛管上的滴头。滴灌水肥一体化技术要点有 4 个：设施设备，综合分析土壤、作物布局和水源等因素，专业人员设计系统，布置毛管和灌水器，安装灌溉、施肥设备，进行水压试验、系统试运行。水分管理，根据作物需水规律、土壤墒情、根系分布、土壤性状和设施条件，制定灌溉制度（灌水量、灌水次数、灌溉时间和每次灌水量）。湿润深度，蔬菜 0.2～0.3 米，果树 0.3～0.8 米。养分管理，按照作物目标产量、需肥规律、土壤养分含量和灌溉制定施肥制度（施肥次数、时间、养分配比和施肥量）。选择溶解度高、腐蚀性小的肥料，优先施用配比适宜的水溶性肥料。水肥耦合，按照肥随水走、少量多次的原则，将作物总灌溉水量和施肥量在不同的生育阶段分配，制定灌溉施肥制度（基肥与追肥比例，灌溉施肥的次数、时间、灌水量、施肥量等等）。

欢迎扫码收听

我国农业绿色防控的应用与前景

节目嘉宾：王孟卿（中国农业科学院植物保护研究所副研究员）
责任编辑：殷启德
主 持 人：殷启德
录音制作：石涛　王迪
播出日期：2020 年 6 月 15 日

【栏目片头】

知识传递力量——乡村讲堂

主持人：什么是绿色防控技术？

王孟卿：绿色防控的目的是确保农业生产的可持续发展，保证农产品的质量，同时加强生态环境的安全，减少化学农药的使用。在农业生产过程中优先采用生态防控，如生物防治、物理防治和科学用药等环境友好型技术措施，这类控制农作物病虫害的举措统称为绿色防控。绿色防控技术已经取得了明显的进步，比如生态调控，使用植物免疫诱剂抗、天敌保护微生物农药，开发植物源农药等。这一系列绿色防控技术已逐步应用在不同作物和不同地区了。

主持人：与传统农药相比，绿色防控的优势在哪里？为什么要大力发展绿色防控？

王孟卿：首先是环境需要绿色防控，其次是顺应时代的要求，党的十九大中明确提出要建立生态文明建设和绿色发展的理念。同时国务院也提出了农业化学零增长的要求，到 2020 年实现农药使用量不超过上年的水平，这一点其实大部分地区都已经实现了。再者，农产品质量的安全不只是吃东西这么简单的事情，也是一件考验执政党能力的大事。各级政府都非常重视，可以说减少农药的使用是提高农产品质量和环境安全的重要途径。对于农业生产而言，要想生产出高质量农产品，首先必须从保护生态环境入手，这一点是绿色防控的基本要求，要全面综合防控病虫害，除了应急之外，不使用化学农药，这是绿色防控总体要求。当然广大消费者也有这个需求，他们对一些比较独特的、安全的、高质量产品非常追捧，这样自然会推动农民朋友选用绿色防控技术。可以说绿色防控是大势所趋，势在必行。

主持人： 治理病虫害，绿色防控技术有哪些种类方法?

王孟卿： 在绿色防控理念之下，它主要的方法可以分为几大类。第一类以植物健康生长为目标，包括培养健康的土壤生态环境，选用抗性比较好的品种，以及在种苗期进行恰当的处理，如采取晒种、浸种等手段。还有就是在生产过程中平衡施肥，以及良好的田间管理。第二类为虫害防控技术，一是诱杀技术，通过投射灯光、色板，同时运用昆虫信息素、气味剂等诱击害虫，或使它们回避。二是传统的生物防治，生物防治其实有两个概念。狭义地讲，生物防治最初说的是以虫治虫，以蛮治蛮。第三类是生态调控，通过调整作物的布局，改变植物的植被的构成，在这个基础上调整作物生长的微气候、小气候。第四类就是我们回避不开的农药的使用，随着生物医药的开发，我们将会有更多高效低毒农药可以选择。

主持人： 绿色防控的应用前景怎样?

王孟卿： 绿色防控是新形势下的重要病虫防治技术，是“科学植保、公共植保、绿色植保”理念的具体化，随着技术的进步，市场需求的不断增加，应用前景十分广阔！主要有以下几个方面。

1. 从当前绿色防控比例来看，它还有很大的发展空间。

2. 从绿色防控市场需求来看，绿色防控技术目前主要应用于高端农产品生产单位，如有机蔬菜的生产基地。

3. 与过去比，我国绿色防控技术取得显著进展，但与发达国家以及生产需要比，还有很大发展空间。

4. 绿色防控技术应用潜力也十分巨大。在我国种植业生产中，粮食作物，特别是口粮作物水稻、小麦的绿色防控技术覆盖率较蔬菜、果树低；作物生长全程多种病、虫混合重叠发生，需多种技术配套使用，此时，绿色防控技术就尤为重要了。

欢迎扫码收听

科学选购蜂蜜

节目嘉宾： 陈兰珍（中国农业科学院蜜蜂研究所研究员、博士生导师，农业农村部蜂产品质量监督与检验测试中心专家）
责任编辑： 李若男
主 持 人： 王凤婷
录音制作： 石涛
播出日期： 2019年3月28日

【栏目片头】

知识传递力量——乡村讲堂

主持人： 蜂蜜究竟是怎么来的？

陈兰珍： 俗话说“蜜蜂采得百花酿成蜜”，就是说蜜蜂采集蜜源植物的花蜜，装入体内的蜜囊，飞回蜂箱后，将花蜜吐入蜂巢中，再通过蜜蜂反复吸入、吐出，将混有转化酶的花蜜储藏在巢中，在酶的作用下花蜜中的多糖被分解为单糖、低聚糖，经过5～7天，水分减少到20%左右，封上蜡，蜂蜜就基本形成了，将巢脾上封的蜡盖割开，进行离心或压榨，过滤，罐装成品。据统计，在盛花期，一只蜜蜂一天会访问3 000朵左右的花。酿造1千克的成熟蜜，需要蜜蜂采集200万～500万朵鲜花，可见，每一滴蜂蜜都来之不易。

主持人： 蜂蜜如何分类？

陈兰珍： 关于蜂蜜的分类其实有很多种，但是我们最常见的就是按照蜜源植物的种类划分，如市场上常见的刺槐蜜（洋槐蜜）、椴树蜜、荆条蜜、紫云英蜜、蜜柑橘蜜、荔枝蜜、野桂花蜜、枣花蜜、油菜蜜、向日葵蜜。

主持人： 消费者如何去鉴别蜂蜜的真假？又如何去鉴别它的好与坏？

陈兰珍： 蜂蜜作为一种保健食品，深受人们青睐，但是市场上的蜂蜜中有一些可能掺假，掺假的物质可能有糖浆、香精、色素、黏稠剂，等等。其实每一种蜂蜜都有独特的色、香、味，我们可以通过看、闻、尝来识别蜂蜜真假。

第一，看蜂蜜的颜色跟状态，虽然同一花种的蜂蜜颜色可能有深有浅，但颜色有一个大体的范围。掺入其他物质的蜂蜜颜色会很异常，而且光泽较差。光泽较差什么意思？真蜂蜜里因为有花粉，它的颜色不是特别透亮，但是状态特别好。

第二，百花蜜或者杂花蜜这类通过颜色不好判定的蜂蜜，可以通过闻气味判断，纯正的蜂蜜有蜜特有的清香味，因为它是来源于植物的花蜜，假蜂蜜的气味就很淡薄。比如说单花种蜂蜜应该具有蜜源植物花种本身特有的气味，混合蜜（百花蜜）也应该有纯正良好的气味。掺假的蜂蜜花香味比较淡。可能有人会问，我们在市场上买蜂蜜时为什么闻不太出来？蜂蜜刚生产时，味道比较明显能闻出来。如果蜂蜜放的时间比较长，或者经过加工浓缩以后，它的气味就变淡了，但是掺假的蜂蜜它不仅香味淡，有些假蜂蜜味道，尤其是掺了香精的那种，能闻出不是很天然的味道。

第三，尝味道，咱们俗话说蜜有蜜味，糖有糖味，纯正的蜜味道是甜，不是那种甜腻的味道，且口感比较绵软，余味清幽长久。假蜜就是蜜味淡，余味淡薄短促。

主持人：如何选购蜂蜜？

陈兰珍：关于如何选购蜂蜜，我想是大家最关心的。在选购的时候，一方面，是从外观上看颜色和状态，优质蜂蜜一般具有蜂蜜应有的颜色。因为里头有花粉的成分，颜色不是很清亮，假的颜色就特别透亮。另一方面，是蜂蜜的浓度，专业上叫含水量，浓度越高，它的含水量越低，越不容易发酵。如果在买蜂蜜，尤其是在旅游地点或者山里买蜂蜜时，要注意以下几点。

第一，看它黏稠不黏稠。这是最直观的现象。一般情况下，水分越低越好，低于20%最好，因为它会影响储存的时间。

第二，闻气味。优质的蜂蜜，它有一些品种蜜源植物的花香味，而且香气纯正清香，没有任何异味。刚采集的蜂蜜的气味就比较明显，时间放长了，气味比较淡一点。劣质的蜜，香气很薄或者没有香气，有的还有发酵味和酒味，或者其他不良的气味。

第三，尝味道。好的蜂蜜，它入口以后喉感略带麻辣，不是吃辣椒的那种麻辣，而是略带辣感。一般的蜂蜜，它的喉感比较弱，而且味道淡薄短促。而且掺假的蜜，它没有花香味，假蜜它甚至有熬糖的味道。

蜂蜜的质量以及消费者的喜好、市场需求，决定了不同种类的蜂蜜价格有差异。所以，购买哪一种蜂蜜，应该由消费者根据个人的爱好和需求决定。

欢迎扫码收听

小岗村的大幸福

节目嘉宾： 李锦柱（安徽省滁州市凤阳县小岗村党委第一书记）
责任编辑： 王凤婷
主 持 人： 王凤婷
录音制作： 石涛
播出日期： 2018 年 12 月 13 日

【栏目片头】

知识传递力量——乡村讲堂

说到小岗村，大家立马想到另一个词汇“大包干”。1978 年的冬天，小岗村 18 位农民在包干到户的契约书上按下了红手印，实施了“大包干”。这一份契约书是小岗村 18 位农民以“托孤”的方式，用最传统的按手印的形式发出的对未来美好生活向往。如今，改革开放走过了 40 个年头，小岗人始终以“大包干”精神作为自己的动力，不断地向前进步。

主持人： 李书记，9 月 23 日秋分是首个中国农民丰收节，我知道这一天小岗村也是热闹非凡，能不能先给大家介绍一下，小岗村关于中国农民丰收节的一些情况？

李锦柱： 好的。首届中国农民丰收节，是以习近平总书记为核心的中共中央对亿万农民的关切，那么作为中国农村改革发源地的小岗村，也是“1＋6＋N”庆祝活动当中的 6 个分会场之一，也是第七届农民歌会的分会场，10 位健在的“大包干”带头人也都到了现场，还给我们组织了一个 100 人的方阵，我们还和主持人互动，齐唱《在希望的田野上》。在小岗村，我们也举办了农民丰收节系列活动。我们和中国社会科学院农村发展研究所共同举办了农村改革 40 年及中国小岗乡村振兴高层论坛，邀请了一批专家齐聚小岗，对小岗村以及中国乡村在未来如何推进乡村振兴，如何在新时代弘扬小岗精神，加速乡村振兴等方面进行了广泛深入的探讨。我们有一个梦想，就是以这个论坛为契机，要把小岗村打造成中国农村改革论坛的永久会址，中国农村改革的达沃斯，把小岗品牌真正变成金牌，带动经济发展，促进村民致富。

主持人：中国农民丰收节，您觉得小岗村办出了怎样的特色？

李锦柱：农民丰收节本身就是农民的节日，表达农民丰收的喜悦。所以我们的主题是“希望田野，丰收金秋”。首先要让百姓参与，不论是品鉴，还是采摘，还是论坛，让群众代表、村民代表、党员都参与进来，愿意参与的老百姓也都可以参加进来，突出农民这一主体。另外，我们想展望未来。小岗村是一个希望的田野，它是中国大多数乡村的代表。在未来的发展上，我们要把现代农业作为一个基础产业，这需要小岗村民的主动参与，所以我们想通过这些活动调动农民的积极性和主动性。

主持人：你们的讲习所是不是每间隔一段时间会传达一些中央的精神文件？

李锦柱：一是召集村民传达一些政策、文件，二是组织群众讨论，我们发展中需要解决哪些问题，对照政策我们还有哪些需要落实的。在这个基础上，用案例，对各类人群进行培训。我们设定了一些课程，有乡村建设的实践，有一些国学经典，还有小岗村 40 年来的一些发展案例，等等。无论是“大包干”带头人，还是本地的农民致富带头人，都走上讲台给大家当老师，当然也不局限于此，还有外聘的教授、专家，等等，各个层面的都有。

主持人：李书记，你们把 5 个博士引进到小岗村，会不会大材小用了？

李锦柱：引智上岗，才能推动小岗的发展。小岗不小，这几位博士都对小岗非常有认同感，因为通过一些项目建设，或者一些其他的事情，我们有过接触，他们对小岗的认同感很强。事业留人，他们都想在小岗这个大舞台上，做一番事业。人生都是有追求的，人对自己内心的期许并不仅仅是金钱，他们对小岗这个舞台上的事业是非常看重的。可能从物质待遇上讲，不如大城市，但是对人生价值，他们都有自己的认同感。

主持人：您觉得小岗村一代一代的干部做得这么好，是有一种什么样的精神一直在流传？

李锦柱：这就说到源头了，因为小岗村以“大包干”出名、起家，实施“大包干”，开启了中国农村改革的序幕，后来建立了以家庭联产承包责任制为基础的统分双层结合的农村基本经营制度。为我们后来的改革开放奠定了坚实的物质基础。同时也提供了一个动力源泉，探索了一些改革的经验。时任省委第一书记的万里同志先后 5 次深入凤阳，都是为了小岗。当他听地方干部给他汇报，“大包干，大包干，直来直去不拐弯，交够国家的，留足集体的，剩下都是自己的。”他非常开心，把这种方式和分配关系都理得很顺。邓小平同志在 1980 年 5 月 31 日说，凤阳花鼓中唱的那个凤阳县，绝大多数生产队搞了大包干，也是一年翻身，改变面貌。一锤定音，最后上升为党的意志和国家的政策。后来的沈浩精神，也是忠诚信仰，一心为民，扎根基层，勇于探索。从这个角度来看，大包干精神和沈浩精神是一脉相承的。都是把坚持党的领导，遵循党的实事求是的思想路线和尊重农民的意愿，发挥农民的主体作用结合在一起的。从源头上来看，它是一个历史发展的进程。在今后小岗村的这种发展历程当中，仍然要坚持党对农村的领导，要坚持发挥农民的主体作用，这也是我们乡村振兴的政治保障。

欢迎扫码收听

乡村体育冠军说

——专访花样游泳世界冠军陈晓君

节目嘉宾： 陈晓君（中国国家花样游泳队运动员花样游泳世界冠军）
田帅（时任国家知识产权局中国体育知识产权论坛智库秘书长）
责任编辑： 夏羽
主 持 人： 王凤婷
录音制作： 石涛
播出日期： 2020 年 2 月 3 日

【栏目片头】

知识传递力量——乡村讲堂

她从农村走出来，对乡村有着浓浓的眷恋，她号召农民朋友在富起来的同时，动起来、美起来、亮出不一样的精彩。她就是中国国家花样游泳队运动员，花样游泳世界冠军——陈晓君。

【自我介绍】

一开始其实我是练习舞蹈的。那时候我的老师推荐我去，是因为他认为我是一个非常具有舞蹈天赋的小孩。我在练习舞蹈的时候，同时也在练习游泳，因为那时候我的身体不是特别好。我妈妈认为，我多参加一点体育活动，会让我的身体更加棒。我第一次知道花样游泳的时候，它让我非常的震撼。除了游泳以外，它还要结合舞蹈，我觉得它具有挑战性，所以我坚持了 18 年。

我一直坚信，只要我想做的，我一定会做到，我的选择是对的。可能我以后更想做的一件事情就是推广花样游泳。因为我觉得它是一个很美的体育项目，我希望有更多的人去接触、去了解、去尝试。18 年的努力都是为了在台上的那一分钟，我们每一天的努力，都是为了在那一刻绽放给大家。我是陈晓君，对美的执著成就这样的我。

主持人： 其实我印象当中的女运动员们一般都是像男士一样比较硬朗的。但是晓君给人的感觉，就是硬朗挺拔当中带着一种柔美，可能跟花样游泳的训练有关系。

陈晓君：其实一般像花样游泳的练习，除了外表上的柔美，教练会更加重视对我们内心的培养。因为只有你的内心强大了，你才有可能站在冠军的奖台上。如果你内心也不认可自己，内心是薄弱、脆弱的，通过你的神态表现出来，可能大家会认为这不是一个冠军相，他会认为你没有能力去夺冠，教练也会放弃你。所以基础教练会在启蒙、启发的过程中，不断给你灌输，你要坚持，你要咬牙的观念。

主持人：你印象最深刻的，觉得自己迈不过去了，我就是克服不了了，有没有一些这样的经历？

陈晓君：有。我在 2010 年的时候，广州亚运会，当时几乎没被选拔上，但是我当时是有非常大的潜力的。后来我就给我当时的启蒙教练打电话。我说我真的受不了了，我觉得所有的训练和一些安排对我很不公平，我觉得我再这么努力下去也看不到希望，我干脆放弃吧，我不想再挣扎了，内心太痛苦了，我觉得天每天都是黑的。当时教练就跟我说了一句，即使不公平，你也要咬牙走下去，谁知道明天会怎么样。

主持人：其实我们听过很多运动员分享他们的经历，好像都有过这样的一个坎。队友鼓励也好，教练的训导也好，最后还是要靠自己的意志力撑下去。你说那个时候，天每天都是黑的，是一种什么样的心理阴影？或者说你自己内心有一个什么样的渴望没有达到，或目标没有达到，让你有了这样的一种心理状态。

陈晓君：因为你知道目标就在前方，但是你感觉自己好像永远都碰不到它，你触碰不到它，可是你又很渴望去触碰它。凭着这种渴望，才让我坚持下去。但是当我觉得，我差一点点就碰到了，它就离我远了，我又差一点点能碰到了，它又离我远了。可是也就是因为这样的过程，让我最后走到了奥运会。因为很多时候，教练都会跟我说，机会永远是留给有准备的人的，而不是说机会摆在你面前，你才会去努力。我相信在生活上也是一样的，你只有提前做好准备，当机会来了，你才能抓住它。

田　帅：是的，其实在听晓君说她努力奋斗的过程中，你能从她的眼神当中看出她坚定的想法，好像让我们回到了当初，她遇到困难，在教练跟她一番对话以后，她重新燃起了信心。所以我们说任何一个人的成功，都不是随随便便的成功。可能在你奋斗的过程当中会遇到各种各样的困难，但是重点是像晓君所说，你要知道你的目标是什么，即使再困难，你都渴望去触碰你的目标。最终通过自己的努力，实现自己最终的理想，我觉得这就是体育精神最重要的一个内涵。

主持人：当你达到你的目标，也就是说，当你获得冠军的那一刻，第一次拿冠军的时候，是一个什么样的心情？我想你的心情肯定是非常激动。

陈晓君： 对，当时哭了。其实我觉得最主要的是，当我最后走到那一刻的时候，内心有很多感受，有难过，也有喜悦，就是很复杂的心情。但是我觉得我把这段路走完了，最终走到了我想要的一个点，这可能是我近期的一个目标。我通过这一段过程，最后站在了这里，我觉得所有一切都是值得的。但这只是人生中的一小部分，因为人生还很长，你还有很多事情要去做，所以这段过程可以说是一段历练，也可以说是一个很好的经历。

欢迎扫码收听

2018年首届全国新型职业农民发展论坛
——走进直播间（学员专场）

节目嘉宾： 王飞（河南省夏邑县新型职业农民代表）
倪林娟（上海市新型职业农民代表）
阳岳球（湖南省岳阳市屈原管理区新型职业农民代表）
责任编辑： 王凤婷
主 持 人： 王凤婷
录音制作： 石涛
播出日期： 2018年11月27日

【栏目片头】

知识传递力量——乡村讲堂

自2012年中央一号文件提出大力培育新型职业农民以来，各地按照党中央、国务院的决策部署和农业农村部的工作要求，高度重视新型职业农民培育工作，创新形式、丰富内涵，每年培育工作都有新进展新成效，新型职业农民综合素质和发展能力得到全面提升，队伍发展初具规模，新型职业农民正在成为发展现代农业的重要力量。

主持人： 你们怎样认识自己新型职业农民的身份?

王　飞： 我是一位地地道道的农民的儿子，是一位新农民，初中毕业以后外出打工，后来返乡创业，跟着我父亲学种大棚蔬菜，然后又在我们夏邑县农广校举办的中专班学习，还参加了新型职业农民培训班，把我从一个普普通通的农民培养成新型职业农民，然后又成长为现在的河南省商丘市两级人大代表，也是咱们全国的农村青年致富带头人。而且我现在也成了一名农民培育老师。我没有上过大学，但是我受邀到河南省农业大学为那些青年农场主授课。中共中央组织部、农业农村部在新乡市刘庄组织的培训班，每年都有几期这类培训，每一期都要求我去给他们分享经验，得到广大学员的一致好评，也得到了领导们的一致认可，这也给我带来了诸多的荣誉，我觉得最多的应该是一种荣誉感。

倪林娟：我是一个农民的孩子，我是我们村里面第一个考上大学的人。在2001年的时候我顺利地留在了上海工作，进入外企工作。2010年的时候，因为亲情的呼唤，我回到家乡——崇明岛，然后流转了土地，组建了合作社。最初因为自己不是农业科班出身的，很多农业方面的知识不是很清楚，走了很多弯路。2013年，有幸参加了第一期新型职业农民培训，随后我有幸加入了上海青年农场主的队伍。培训课让我看到田间的课堂，流动的课堂，固定的课堂，还有空中的课堂。有政策的完全解读，也让我们学会自己梳理商业模式。最初我不知道成本怎么降，收入怎么提高，客户怎么来，这几年读书让我觉得农业是一个非常包容的行业。

阳岳球：2009年，我们5个农民组织了一个合作社，当年承包了200多亩田地，因为之前没种过田，我虽然知道用什么种子好，什么农药好，但是对于田里的管理却不太懂，当年我们就亏了点小本，一直到第二年，通过到外面学习，当地农业局、农业广播学校来给我们指导工作，指导我们怎么管理田块，怎么用新技术，通过一年多时间，到了2011年，我们200多亩田地扩大到2 000多亩。我们原来采用老百姓自己插秧的模式。打个比方，一个老百姓抛秧一天最多抛两三亩地，这样下去，我们跟机械化根本就谈不上边，但是我们当地的农广校、农业局跟我说，岳球你可以机插，就是机械插秧。我现在种这么多面积，如果全靠手工，那么我根本就没钱赚。他说两个部门都来支持我，打个比方，你现在买机械要10万元，但是每个部门都补助1万～2万元，那么就可以少出点钱了。

主持人：王老师，你刚才说你的理念就是一年四季有活干，一年四季有钱赚，这一年四季你都种了些啥呀？给大家介绍一下。

王　飞：目前我的农场里主要种植大棚果蔬和陆地果树。我的经营理念是人无我有，人有我优，人优我转，我的经营模式是一年四季有活干，一年四季有钱赚，从“五一”上市的大棚杏到“六一”上市的大棚葡萄，到7月的早梨，10月的晚梨，全年不断有鲜果，不断有收入。

主持人：倪老师，给我们分享一下你的农场是什么情况？

倪林娟：我做的是“农业＋N”模式，首先我们在用农业＋物联网的技术打造“科技农业让生活更美好”。目前，我们已经做到了控制、监控、大数据采集，包括追溯，不是人工智能，而是利用物联网技术，我们也采用“农业＋物流”。我已经从一个农业的生产者转变成了一个农业的服务者，我拿下了中国邮政EMS冷链中心的代理权，更拿到了定价权。我们还加上了社区支持农业（CSA）模式，带动老百姓，社区支持农业。

主持人：阳老师，您怎么理解农业＋心理学？

阳岳球：在去浙江、日本学习后，我们决定自己开农庄，我们的餐厅是一个智能化大棚，餐厅里面是花草流水。来我们餐厅的客人常沉浸于其中，流连忘返。因为餐厅里四季如春，树木花草，流水潺潺，客房全部是木结构的，我们主要提供几种绿色食品，如小黄瓜（水果黄瓜）、香瓜，还有草莓。草莓从 12 月就可以采摘，一直可以采到明年 4 月。而小黄瓜一年四季都可采摘，香瓜一年可采摘两季。我们运用心理营销，打个比方说你来餐厅，我们把黄瓜、香瓜洗干净，让你免费品尝，试了以后认为可以再买。就是说你不试是你的错，但是你试了不买就是我的错。

欢迎扫码收听

现代农业创业创新

节目嘉宾： 王志勇（中共中央组织部、农业农村部农村实用人才带头人和大学生村官示范培训班培训导师）
责任编辑： 曹娅晶
主 持 人： 王凤婷
录音制作： 石涛
播出日期： 2018 年 11 月 2 日

【栏目片头】

知识传递力量——乡村讲堂

党的十九大提出实施乡村振兴战略，并将其写入党章，这是以习近平同志为核心的党中央，对“三农”工作作出的新的战略部署、提出的新的目标要求。全面促进乡村振兴，既是一个大战略，也是一项新课题，需要树立新思路、拓展新途径、增进新动能。大力推进农村创业创新，充分调动亿万农民群众以及方方面面的积极性和创造力，对于实施乡村振兴战略具有重要意义。

党中央、国务院高度重视农业农村创业创新工作。习近平总书记在十九大报告中强调，要促进农村一二三产业融合发展，支持和鼓励农民就业创业，拓宽增收渠道。李克强总理强调，要健全农村双创促进机制，支持返乡下乡人员到农村创业创新。2016 年 11 月，国务院办公厅印发《关于支持返乡下乡人员创业创新促进农村一二三产业融合发展的意见》，送出了政策大礼包，为农村双创创造了良好环境。当前，农村双创已成为农业供给侧结构性改革的强大动力，成为大众创业万众创新的重要组成部分。

主持人： 创业之前，我们需要做好哪些准备？

王志勇： 第一，先了解自己有哪些资源。我有足够的土地资源，我能流转很多的土地，还是说我掌握了很多很好的品种，这都是属于自己的资源。

第二，组建团队。

第三，了解农业政策，了解政策对自己创业项目有哪些支持。

第四，要有创新思维。

主持人：创业之前，我们需要了解什么？

王志勇：创业之前必须了解 4 个体系。

第一，商业模式。怎么把东西卖出去、卖什么价、卖给谁，这是商业模式要解决的问题。

第二，营销体系。设计出商业模式后，实际卖的过程叫营销体系。

第三，团队建设。

第四，财务体系。作为创业者，要懂得最基础的现金流问题，怎么进钱，怎么出钱。还要了解成本，便于发展壮大。

主持人：什么是商业模式？

王志勇：目前国际上通用的、比较认可的是商业模式画布。

它类似一个九宫格，它有 9 个方面，这九个方面又相互有关系。我们通常在一张白纸上画九宫格，一项一项地去填，所以形象地把它叫做画布。

填的内容主要是你的产品、你的项目的定位，让消费者对你有什么样的印象，也叫价值主张；还有就是你卖给谁，客户是谁；通过什么渠道卖，通常把这 3 点当成最重要的。具体怎么挣钱，即关键业务，设定自己卖法，它也是一个独立项，还有上下游的各种关系、成本、收入，等等，这一系列的要素构成了商业画布。

欢迎扫码收听

如何打造农产品差异化

节目嘉宾：臧日宏（中国农业大学经济管理学院教授、博士生导师）
责任编辑：李若男
主 持 人：王凤婷
录音制作：石涛
播出日期：2019 年 10 月 5 日

【栏目片头】

知识传递力量——乡村讲堂

主持人：我们说，整体产品的每一个方面都将是经营者的某种策略的根源所在。那么，什么叫整体产品呢？

臧日宏：说到产品，通常的理解是只有看得见、摸得到的物体才是产品，比如说，杯子、服装、食品等实物。而事实上，顾客购买一种产品不是只要得到产品的有形物体就满足了，还想要从这个产品得到一些其他的利益和欲望的满足。

从市场营销观点来说，完整的产品是指能够提供给市场从而引起人们的注意，供人取得使用或消费，并能够满足某种欲望或需要的任何东西。产品不仅仅是指有形商品。

主持人：整体产品，这个说法意义何在？

臧日宏：产品不单单是指一组有形的商品。消费者倾向于把产品看做是满足他们需要的复杂利益集合。在开发产品时，营销人员首先必须找出产品将要满足的核心消费者的需要，然后设计出实际产品并找到扩大产品外延的方法，以便创造出能最大满足消费者要求的一系列利益组合。掌握整体产品概念对生产者市场营销活动有重要意义。

主持人：简单介绍差异化农产品的竞争力问题？

臧日宏：我国农产品结构与市场需求结构还不相适应，表现在大宗传统产品多，名特新产品少；低档产品多，高档产品少；普通品种多，专用品种少。一句话，我国农产品生产的同质化现象严重，影响生产者的竞争力，这也是屡次出现农产品难卖的重要原因。

因此，残酷的现实要求生产者要改变思维，不再跟风盲从，要在打造差异化农产品上做文章，采取差异化战略。

主持人：差异化农产品的差异化体现在哪些方面？

臧日宏：这个差异化，一般来说有4点：品类品种差异化、农产品质量差异化、产品特色差异化、消费需求差异化。

主持人：如何理解品类、品种差异化？

臧日宏：1. 品类的差异化。这是农产品差异化的核心要素，也就是首先要决定生产什么农产品，是大田作物还是动物生产？是小麦还是玉米生产？是蔬菜还是粮食生产？等等。要做到品类的差异化首先要充分考虑当地的自然地理条件，是不是适合动植物的生长。接着就要考虑全国与当地的农业区域规划的情况，看看自己处于哪些优势动植物的规划带上。

2. 品种的差异化。同一品类又分为很多品种，不同品种的生产条件可能相同，但经济效益却会有差异。当然，品种的差异化选择，还要充分考虑市场需求和竞争状况，尤其是随着物流的极大发展，现在许多农产品可以行销全国甚至全世界，如果对市场了解不到位，又会出现因产品同质而卖难的问题。

主持人：什么是农产品质量差异化？

臧日宏：质量是营销人员的主要产品定位工具之一。产品质量有两个尺度——级别和一致性。在开发产品时，营销人员必须选择一个质量级别。这里，产品质量指性能质量，即产品发挥作用的能力。它包括农产品的适口性、安全性、耐储性、加工性以及其他有价值的属性。事实上，大多数生产者、经营者选择的质量级别往往和目标市场的需要以及竞争产品的质量级别相一致。

主持人：什么是产品特色差异化？

臧日宏：特色是使自家农产品区别于竞争产品的竞争性工具。抢先推出一种有用并有价值的新特色给顾客，是最有效的竞争方法之一。

为了发现新特色，并将这些新特色增添到原有产品上去，经营者应定期调查产品使用者并向他们提出如下问题：您对产品的喜爱程度如何？该产品的哪一点是您最喜欢的？我们可以增加哪些特色来改进产品？您愿意为每种特色支付多少钱？

这些调查问卷为经营者带来丰富的有关特色的建议。然后，经营者就能够估计每一种特色对顾客的价值与它对经营者的成本之比。

主持人：什么是消费需求的差异化？

臧日宏：一方水土养一方人，不同地域的消费者的消费习惯有着明显差异。不同地域有差别，同一个地域也有差别，总的来说消费者的需求差异是普遍存在的。问题是我们要知道消费者的消费需求到底是什么，如果不知道，我们就很难做出决策，所以有时候，满足、发现需求很难。发现需求之后，有时候也很难说服消费者购买，因为消费者的需求是在不断变化的。怎么办呢？除了调查之外，我们还必须自己想办法，自己创造出可行的方案。

欢迎扫码收听

让手机成为新农具

节目嘉宾： 翟文波（陕西省职业农民协会副会长，陕西省农村致富青年带头人，中国农业＋新媒体短视频开拓者，快手上人称“翟会长”）
责任编辑： 王凤婷
主 持 人： 王凤婷
录音制作： 石涛
播出日期： 2019 年 5 月 24 日

【栏目片头】

知识传递力量——乡村讲堂

主持人： 手机是从什么时候开始真正成为了新农具，成为了我们农业生产的重要工具？

翟文波： 从传统的意义上来讲，很多人听到农具，就会认为是镢头、耙子、犁头，认为这些是我们的传统农具。而随着互联网的发展，在农民的生产当中，销售也起到很大的作用。手机不光是一个娱乐工具、休闲工具，更多的是一个销售工具。现在很多农民，尤其是年轻人，把手机运用到农产品销售当中，而且确实是事半功倍的。

主持人： 您说的是销售环节，其实在生产过程当中手机也扮演着重要的角色。

翟文波： 现在蔬菜大棚很多时候传统的农民还是根据经验，判断里边的湿度、温度。包括肥效的情况、土地的酸碱度情况，都是凭经验把握的。智能农业发展以后，很多智能的微设备，可以跟手机进行连线。连线以后，就可以通过手机智能地去操作一些农业生产步骤。其次再说新媒体营销，我认为从农业来讲，目前通过像抖音、快手、今日头条这样的短视频平台，与农业种植，与农产品销售相结合，我个人来讲还是做得比较成功的，也算是走在全国的前列。因为在这些平台，我的粉丝总共加起来有 300 多万人。

主持人： 您给大家介绍一条您策划最成功的短视频，是以什么样的方式来吸引粉丝的？

翟文波： 我有一条视频在抖音上有 6 700 万次的点击量。让我一天涨了 32 万名粉丝。我把西瓜种植与消费者喜欢的东西相结合，你不能光拍西瓜，光拍西瓜就没有意义，因为西瓜太平常了。所以我们把西瓜这种单一的农作物与搞笑相结合，与娱乐相结合。于是我就给西瓜套了个瓶子，西瓜套了矿泉水瓶子以后，就会按照矿泉水瓶子的形状去长。

主持人： 也就是说我们要不断地去了解现在消费者的一些消费心理，设置兴趣点博取他们的注意。

翟文波： 现在的抖音用户，他看的越来越多，欣赏水平也会越来越高，那这种传统的表现就会显得乏味无力，这时候我们就要想着将其与其他的不相干的东西进行结合，或者与搞笑的形式相结合，等等。

主持人： 其实本质还是在创意，考验我们农民朋友的创意水平。

翟文波： 比方说，老太太都没牙了，然后你让她咬核桃，很多人说怎么可能呢？就是让你看这些不可能的东西。其实在现在这个时代，粉丝就是传统电商讲的流量，所谓的流量就是人，只要有人的地方，他就有购买力。所以说粉丝就是流量，流量就是经济，经济其实就是钱，大家把这个关系弄清楚，就了解什么叫新媒体了。有人的地方他就要买东西，就跟朋友圈一样，您的朋友圈有5 000人，也就是说你的农产品只有 5 000 人能看得到，但是像抖音这种全国性的平台，它目前的注册用户有 8 亿多人，你把一个有趣的东西发出去以后，可能有几千万甚至上亿的人能看到你的视频。这样的话对你的农产品销售是很有帮助的，再加上抖音现在有“我的橱窗”，具备电商功能，就是不需要再在淘宝上开店，直接在抖音上上架你的农产品就可以了。

主持人： 借助新媒体的形式，您刚才也举了很多实际的例子，这其中有没有规律可循？

翟文波： 有。比方说，我是搞种植的，我在短视频平台上发布的肯定是以农业为主。比方说您在抖音上注册用户，用户名是什么合作社、什么家庭农场、什么村、什么镇、什么基地，或者你的头像是花也好，是草也好，是树也好，是苗也好。现在这些平台的数据分析能力是非常厉害的，它会根据这些信息分析出你跟农业有关，跟“三农”有关，或者是农村的，或者是搞农业的，或者是农民群体。我们发布的一些视频，如果品质好、质量高，就会推送给这部分群体。比方说，我发的是树苗，它不可能推给美妆的，不是一个群体。

主持人： 手机作为新农具，未来的方向在哪？或者说它更大的发展空间是什么？

翟文波： 手机发展的两个方向是农民的生活和农业的生产。第一，随着智能化的发展，我相信随着未来农业的集约化发展，包括规模化发展、工厂化发展，等等，到时候手机就相当于遥控器了，就跟我们看电视一样，我们想要什么样的节目，我们就按什么样的按钮，这是必然的发展趋势。第二，销售环节。我坚信更多的农民会越来越熟悉手机，不光是把手机作为看电影、拍照、打游戏的工具。更多时候，我们要看清楚手机对于我们未来生活、未来生产的指导性意义。万事开头难，开起头来没有完。所谓成功的路上不一定拥挤，是因为坚持的人不多，你拍俩视频就不拍了，那能行吗？所以我建议大家一天拍一个视频，把我们的生活、生产方式上传到短视频平台上。

欢迎扫码收听

农业的多功能性

节目嘉宾： 邓蓉（北京农学院管理学博士，农业经济学教授）
责任编辑： 王凤婷
主 持 人： 王凤婷
录音制作： 石涛
播出日期： 2020 年 4 月 15 日

【栏目片头】

知识传递力量——乡村讲堂

主持人： 什么是农业的多功能性？

邓　蓉： 农业的多功能性是伴随着农业的产生和发展而存在的，在 1999 年 9 月，联合国粮农组织在马斯特里赫特召开了国际农业和土地多功能性会议，会上提出，所有人类活动均具有多功能性，即除了履行其基本职能外，还可以满足社会的多种需要和价值，农业也是如此。在全球范围内提出了“农业多功能性”的话题。农业的基本职能是为社会提供粮食和原料，这是农民谋生的基础。在可持续发展的范畴内，农业经营具有多重目标和多种功能，主要包括经济功能、环境功能、社会功能、文化功能等几个方面。这就是农业多功能性的概念。

主持人： 每个功能怎么理解？

邓　蓉： 以教育功能为例，乡村的农田是天然的农耕植物园，乡村的荒地和山场就是野生植物园。青少年常去乡村走一走，或是做一些力所能及的农活，就可认识许多植物，了解农耕历史，听一听村庄的历史故事和传说，了解乡土文化。这样就可以在学识上、文化上、社会知识上、体力锻炼上都有所收获。现在日本和中国台湾地区都在倡导青少年的“食农教育”，食品的“食”，农业的“农”。目的就是让青少年，尤其是城市里的青少年，懂得食品从哪里来，懂得农业的重要性，体味耕作的不易，学会珍惜食品，尊重食物。

主持人： 在实际的生产生活中农业的多功能有哪些价值？

邓　蓉： 挖掘农业的多功能性，有些可以实现其经济价值（直接增加农民收入），有些只有社会效益，这需要政府提供补贴（其价值由全社会共享，但却无法确认由谁来付费）。

对于那些非基本需求类的农副产品，比如价格较高的有机食品类农副产品、地域特色农产品加工品，由于其市场价格远远高于大众日常消费的农产品，因而其经营获利水平较高，具有依靠自身经营而稳定获利的能力，这类农产品主要依靠市场来调节。

对于满足社会大众基本需求的农产品，也就是广大民众日常所需的基本食品（粮、菜、肉、奶等），在风调雨顺的年景下，在市场稳定的情况下，农民可以获得一定的利润。但是其利润水平往往会低于社会平均获利水平。这时农民作为理性人就会做出选择，是继续从事农业经营，还是弃农从工或是弃农从商。如果大量的农民放弃农业经营，那全社会的食品供给就会出现缺口。当农业不被重视、农民不被尊重、农民收入低下时，就无法在数量上保障食品安全，更无法从源头上实现食品安全。

中国是位居全球第一的人口大国，“民以食为天”，食品的供给不充分会影响到社会的和谐发展和国家的长治久安。因此，为了维系全社会食品供给的稳定，就必须为从事农业经营的农民提供各种类型的经营补贴，要使他们能够通过从事农业经营稳定获得社会平均的利润水平。只有这样，才能使全社会可以持续获得稳定而安全的食用农产品，并由此保障社会的和谐发展和国家的长治久安。

主持人：对于农业所承担的生态保护、传承文化、稳定社会等其他功能也是如此吗？

邓　蓉：对于农业所承担的避免风沙、改善环境、生态保护、传承文化、稳定社会等功能，由于其只能获得社会效益而无法获得经济效益，因而农业这部分功能，只能依靠各级政府所提供的政策性补贴来实现。比如为了节约和涵养水源，农民必须改变以往种水稻的习俗而改种玉米，节水的效益全社会分享了，而农民由此减少的经营收益就需要通过政府提供的节水补贴来补足。再比如，农民原本可以在山区经营农田和果树，但是出于生态保护的需要，政府决定封山育林了（生态环境变好，全民受益），可农民却由此失去了其固有的农业经营场所。这时，就需要政府补贴农民所损失的收益，并引导农民由经营农业向守护山林转换角色。我国的传统文化大多源自于乡村，而保护传统文化就要从源头保护，也就是说，要在乡村保护和传承传统文化。文化的保护，获益的是全社会，当要求农业和农民承担起这一职责的时候，同样需要政府提供补贴来推动农业和乡村的文化传承与发展。总之，当农业的一部分功能无法通过市场而获得经营利润时，只有通过各级政府提供各类补贴，才能使农业的这些功能得以正常发挥。

欢迎扫码收听

农教融合

——为教育助力　为农业赋能

节目嘉宾： 李敏（北京市农村经济研究中心资源区划处农业经济师）
责任编辑： 张栋
主 持 人： 张栋
录音制作： 石涛
播出日期： 2019年10月20日

【栏目片头】

知识传递力量——乡村讲堂

农业教育是现代农业的应有之义。开展农教融合，是增强农业教育功能，推动农业和教育相辅相成、互利共赢的一项重要举措。农业和教育都是国家的根本所在。农业与教育的深度融合，是开发农业多种功能，促进一二三产业融合发展，推动农业供给侧结构性改革的具体要求。

主持人： 什么是“农教融合”？

李　敏：“农教融合”，顾名思义，就是农业与教育的融合。我们知道，农业具有生产功能和经济功能，其实农业还具有教育、社会、文化传承等多种功能。农业多功能是农教融合的理论基础。

主持人：“农业多功能”指的什么？

李　敏： 农业多功能的概念可以追溯到20世纪80年代末至90年代初日本的稻米文化，农业的功能不仅包含经济功能，持续的食料供给，还包括生态功能（对环境的贡献）、社会功能、文化功能和教育功能。1992年联合国环境与发展大会通过了《21世纪议程》，正式提出“农业多功能性”这一概念。2007年，中央一号文件也提出了农业多功能，明确指出“农业不仅具有食品保障功能，而且具有原料供给、就业增收、生态保护、观光休闲、文化传承等功能。建设现代农业，必须注重开发农业的多种功能，向农业的广度和深度进军，促进农业结构不断优化升级。”这成为农旅结合、农教融合发展的理论支撑。在实践上，农教融合也成为产业。

与此同时，我们还关注到一个现象，学农实践、自然教育得到市民的青睐和认同，农村、农场等涉农资源、空间成为受欢迎的选择。

主持人：农教融合、农学实践活动为孩子们提供了很好的实践机会，这对于提高孩子们的动手操作能力和综合素质是很有意义的。

李　敏：农业、教育以及文化的融合也是休闲农业转型升级、提质增效的一个很好的途径。特别是在“大棚房”整治、用地偏紧的情况下，“多烧脑、少烧钱”“轻建设、重运营”成为园区的选择。比如，在北京有不少农业园区根据教育目标的需求，研究校本教材，从校本教材中提炼主题，设计项目，开展课程，转型教育农园，接待学生体验和实践农学，成为市、区两级社会大课堂资源单位，这些农业园区也获得了很好的经济效益和社会效益。据了解，在上海、江苏、广州、湖南等地，休闲农业园区农学实践活动的开展也如火如荼。

现在一些农业园区，走出了“小而全”“大而全”的老路，开放思维，重视与村庄、村民的连接，突出在地性，建立和形成了融合发展的利益联结机制，能让农民分享到更多产业增值收益，带动地区经济。另一方面，立足农业体验，农园开展各种交流和体验活动，也促进了城市与乡村交流，带动城市人口到乡村消费，为乡村赋能。

主持人：关于农教融合的成功模式或者说是主要形式都有哪些？

李　敏：这方面还没有统一的说法，但从实践来说，呈现出了几种方式。

从与教育部门的合作来看，主要有校外大课堂社会实践基地、农业科普基地、农业研学基地 3 种形式。

从休闲农业产品开发的角度来看呢，大概有 6 种形式：

一是采摘观赏类；二是教育科普类；三是体验 DIY 类；四是休闲娱乐类；五是农业创意玩具类；六是野外拓展类。

从农业园区呈现的形态来看：有观光农园、市民农园、亲子农园、教育农园、综合农园等形式。其中，亲子农园、教育农园是最常见的形式。

主持人：在打造农教融合项目的过程中，我们最应该把握的是什么？

李　敏：一是农业体验活动和项目，要深耕细作；二是农耕文化要提高站位；三是要新在特色，赢在品质。

主持人：打造农教融合项目的过程中如何提高农耕文化站位？

李　敏：具体有几种方法：一是注入文化元素，提升产品附加值。二是借助科技手段，传播农业文化，比如北京农业嘉年华，以特色农业景观满足新需求，展现首都农业科技示范效应。三是融入农耕文化，丰富休闲产品。如举办特色农耕文化节，满足游客回味乡愁的精神诉求。四是特色农耕体验，进一步加强城乡互动。比如：果蔬种植、科普教育、农事体验，增加都市人对农业知识和传统农艺的了解和热爱，进一步加强城乡互动。

主持人：打造农教融合项目如何新在特色，赢在品质？

李　敏：从农教融合项目设计的微观层面看，确实有几个问题应该注意。

一是特色问题。二是体验产品或项目课程的设计问题，这也是关键因素。三是品牌问题，要做好产品，活化品牌，增强品牌知名度和认可度。创意也是品牌的一个展现形式。通过创意，唤醒沉睡的农业资源，发挥“点石成金”的作用，用创意推进产业融合。

欢迎扫码收听

农业文化遗产挖掘与动态保护

节目嘉宾： 闵庆文（农业农村部全球和中国重要农业文化遗产专家委员会副主任委员兼秘书长，联合国粮农组织全球重要农业文化遗产科学委员会轮值主席，中国科学院地理科学与资源研究所资源生态与生物资源研究室主任，自然与文化遗产研究中心副主任）
责任编辑： 王凤婷
主 持 人： 王凤婷
录音制作： 石涛
播出日期： 2019 年 10 月 2 日

【栏目片头】

知识传递力量——乡村讲堂

主持人： 全球重要农业文化遗产有 57 项，我们国家就占到了 15 项，这个数量是全球第一。您觉得是得益于咱们老祖宗的智慧还是我们国家对这项工作的挖掘和保护的力度？

闵庆文： 两者都有，我认为至少有以下几个原因，第一，中国是农业古国。应该说我们的农业文明有上万年的历史，在上万年的时间里，我们的祖先创造了一系列适应于生态变化、气候变化和可持续发展的传统生态农业模式，可以称为农业文化遗产，具有世界影响力。第二，我们国家是农业大国，而且各地的地理、气候类型不一样，经济条件也不一样，所以创造了各种类型的农业文化遗产。第三，是我们的政府，我们的科学家和我们基层的管理人员的共同努力，在申报保护过程中做得非常好。我认为这 3 个方面的原因使得我国在农业文化遗产的发掘保护方面走在了世界的前列。

主持人： 评定评选重要农业文化遗产的标准有哪些？

闵庆文： 有 5 个基本指标，第一，具有重要的经济功能。至今依然在当地居民的生计安全和食品安全中发挥了重要作用，这和评定一般的文化遗产不一样，农业生产功能没有发生改变。第二，有重要的生物多样性和生态系统服务的功能，也就是人与自然和谐、天人合一，等等。第三，是传统的技术，第四，是传统的农耕文化。第五，是景观，有合理的生态景观结构和土地利用方式。这 5 个基本指标是评定标准中最重要的。除了这 5 个基本指标以外，还有 3 个辅助指标。一是历史价值，在历史上具有重要的意义。二是现实价值，也就是对今天和未来的农业农村发展具有重要的启示意义。三是在全球的示范意义，或者说在全球的重要性。所以我们把这个标准称为“5+3”标准，由 5 个基本指标和 3 个辅助指标组成。

主持人：我们国家在挖掘和保护全球重要农业文化遗产这项工作当中发挥了一些什么样的作用？

闵庆文：我们国家是联合国粮农组织全球重要农业文化遗产倡议的最早响应者，是坚定的支持者，是成功的实践者和主要的贡献者。之所以这么说，是因为在 2005 年，联合国粮农组织确定第一批保护试点的时候，当时农业部的国际合作司，和中国科学院的地理资源所联合努力，把浙江青田的有 2 000 多年历史的稻田养鱼，也就是稻鱼共生系统列为中国的第一个，全球的第一批农业文化遗产。使得我们在保护试点可持续利用、管理等方面积累了很好的经验，我认为这对世界做出了很重要的贡献。目前稻田养鱼已经成为稻鱼综合种养技术体系，不仅在中国，而且已经推广到世界上其他的一些国家，甚至是非洲的一些地方。从技术层面，从保护的理念层面，中国做得非常好，这是一方面。另一方面，中国利用南南合作的基金，来推动联合国粮农组织的农业文化遗产保护工作。比如说从 2014 年开始，每年我们都要举办面向世界各地的全球重要农业文化遗产的高级别培训班。每年的 9 月都要办一期。

主持人：农业文化遗产道法自然、和谐共生的这种智慧是一种魅力，它从哪些地方体现？

闵庆文：比如说刚才讲的稻田养鱼（稻鱼共生系统），稻鱼共生系统非常有意思，它是一个非常重要的传统的农业生产技术，在我们国家大概有 2 000 年的历史。它实际上有效地解决了几个方面的问题，在有限的耕地和水资源的情况下，可以达到所谓的收获，就是指不仅收获稻米，还可以收获鱼，这是生产上的一个非常有意思的问题。另外，稻和鱼之间产生了一种互利互惠的一种作用，比如说鱼可以吃一些虫子，有效地减少稻生长过程中病虫害的问题，而水稻又可以通过遮荫有效促进鱼的生长。所以它不仅仅是一个经验的概念，实际上是一个非常好的技术层面的问题。不仅如此，稻鱼共生系统由于有效地控制了病虫害的发生，使得农药的使用量减少，在采用稻田养鱼模式的地方，农田的生态环境都非常好。比如说哈尼族地区对于树的崇拜，它是一种自然崇拜，那么它有效解决了森林、村庄、梯田和水系的整体保护的问题。所以说，任何一个重要的农业文化遗产地，都可以发现它在资源利用、品种资源保护、可持续管理、社会制度，包括人与人之间关系的协调方面，都有很好的引领作用。所以很难说是由哪一个例子来解决哪一个特定的问题，而是农业文化遗产地容纳了自然和文化的多重要素。

欢迎扫码收听

让农村人居环境更优美

节目嘉宾： 张燕（北京市农村经济研究中心资源区划处环境保护高级工程师，中国农业资源与区划学会休闲农业专业委员会秘书长）
责任编辑： 张栋
主 持 人： 张栋
录音制作： 石涛
播出日期： 2019 年 10 月 7 日

【栏目片头】

知识传递力量——乡村讲堂

生态环境是关系党的使命宗旨的重大政治问题，也是关系民生的重大社会问题。改善农村人居环境是以习近平同志为核心的党中央作出的重大决策，是全面建成小康社会的基本要求。

那什么是农村人居环境呢？党中央对农村人居环境提出的工作要求和重点是什么？在农村人居环境整治中，我们目前存在哪些问题，应该注意哪些方面呢？

今天节目分享一下农村人居环境整治的相关知识。

不管是发达地区还是欠发达地区都需要进行农村环境整治，标准可以因地制宜，但最起码要给农民一个干净整洁的生活环境；要结合实施农村人居环境整治三年行动计划和乡村振兴战略，因地制宜，精准施策，不搞政绩工程、形象工程，一件事情接着一件事情办，一年接着一年干，建设好生态宜居的美丽乡村，让广大农民在乡村振兴中有更多获得感、幸福感。

主持人： 什么是“农村人居环境”？

张　燕： “农村人居环境”指的是农村地域内农户生产生活所需物质和非物质的有机结合体，包括两大部分：硬环境和软环境。硬环境指居住条件、基础设施和公共服务设施水平等方面，软环境指生活舒适度、信息交流便捷度、经济发展水平、社会服务水平等方面。

农村人居环境有五大落脚点：农村环境卫生、农村居民住宅、农村基础设施、农村公共服务、农民生活方式。

主持人：国家出台了哪些农村人居环境整治的政策文件？

张　燕：从2014年国务院办公厅出台《关于改善农村人居环境的指导意见》开始，从中央到地方都出台了许多文件，为开展农村人居环境整治明晰了工作重点，指明了努力方向。

2017年10月，习近平总书记在中国共产党第十九次全国代表大会上的总报告《决胜全面建成小康社会 夺取新时代中国特色社会主义伟大胜利》中，提出“开展农村人居环境整治行动”和乡村振兴的20字方针：产业兴旺、生态宜居、乡风文明、治理有效、生活富裕。生态宜居和乡风文明应该说，都是和人居环境密切相关的。

2018年1月，中央一号文件《中共中央国务院关于实施乡村振兴战略的意见》明确了持续改善农村人居环境，提出要加强农村突出环境问题综合治理，包括：农村垃圾治理、污水治理、村容村貌提升、厕所革命。

在2018年2月，中共中央办公厅、国务院办公厅《农村人居环境整治三年行动方案》提出6项重点任务：推进农村生活垃圾治理、开展厕所粪污治理、梯次推进农村生活污水治理、提升村容村貌、加强村庄规划管理、完善建设和管护机制。

2018年12月，十八部委联合下发《农村人居环境整治村庄清洁行动方案》，要求做好“三清一改”，即清理农村生活垃圾、清理村内塘沟、清理畜禽养殖粪污农业生产废弃物，改变影响农村人居环境的不良习惯，包括改变垃圾乱丢乱扔、柴草乱堆乱积、农机具乱停乱放、污水乱泼乱倒等不良习惯。

2018年12月，《中央农办、农业农村部、国家发展改革委关于深入学习浙江“千村示范、万村整治”工程经验 扎实推进农村人居环境整治工作的报告》提出了7个“始终坚持”：始终坚持以绿色发展理念引领农村人居环境综合治理；始终坚持高位推动，党政“一把手”亲自抓；始终坚持因地制宜，分类指导；始终坚持有序改善民生福祉，先易后难；始终坚持系统治理，久久为功；始终坚持真金白银投入，强化要素保障；始终坚持强化政府引导作用，调动农民主体和市场主体力量。

2019年2月，中央一号文件《中共中央　国务院关于坚持农业农村优先发展做好“三农”工作的若干意见》指出，抓好农村人居环境整治三年行动，鼓励社会力量积极参与，将农村人居环境整治与发展乡村休闲旅游等有机结合，通过农村人居环境整治促进产业发展。

主持人：怎样改善农村人居环境呢？

张　燕：总结经验，理顺思路。眼光长远，重面子更要重里子。脚踏实地，久久为功，重建设更重管护，一切都要以农民为核心。扣好乡村振兴第一粒扣子，我们责无旁贷。做好普适性的试验示范。

主持人：未来的乡村是什么样子的?

张　燕：我用4个词来概括对美丽乡村的愿望和愿景，生态、智能、艺术、幸福。

“生态”就是在乡村运用绿色发展的理念发展低碳循环的经济，用生态的方式来解决目前存在的生态环境问题，将可持续发展的理念贯穿其中。“智能”是需要科技含量非常高的技术，给大家带来便捷和享受。“艺术”是我们的乡村和别人不一样，有我们的特色、品位和格调。如果这些都能做到的话，不论是生活在乡村的人，还是去乡村休闲度假的城里人都是觉得“幸福”的。

欢迎扫码收听

我国农村能源建设现状及前景

节目嘉宾： 李景明（农业农村部农业生态与资源保护总站首席专家、研究员，中国沼气学会副理事长，《中国沼气》副主编，全国畜禽废弃物资源化利用科技创新联盟副秘书长）
责任编辑： 王凤婷
主 持 人： 王凤婷
录音制作： 石涛
播出日期： 2020 年 1 月 15 日

【栏目片头】

知识传递力量——乡村讲堂

主持人： 什么是农村能源？

李景明： 农村能源，主要是为解决农村地区能源短缺，为农民提供足额的生活所需的能源种类，同时也为农业生产尽可能地提供丰富的能源。中国的农村能源，要求因地制宜，利用当地的一些资源进行开发，所以我们更多的是开发在农村地区比较丰富、能够长期存在的可再生能源。比如说太阳能、风能、水能，当然还有在农业生产过程当中，产生的大量的农作物秸秆、畜禽粪污，通过一些技术转换都可以产生能源。这是从再生能源，提供一种清洁能源的角度，我们开展的一部分工作。但是农村能源不局限此，毕竟在农村地区，不管是过去化石能源比较紧张的情况，还是现在化石能源通过流通的方式普遍用于农村地区的情况。我们希望这些化石能源能进行高效、清洁的利用，而不是以粗放式的、低效的、高污染的方式应用，所以农村能源实际不是一种能源品种，而是能源的一种管理的方式。

主持人： 对于“因地制宜、多能互补、综合利用、讲究效益”的 16 字方针，怎么理解？

李景明： 因地制宜就是说因为我们国家的地域比较广，资源的禀赋也相对比较复杂。各地的应用习惯，老百姓使用能源的习惯以及生活习惯各不相同，所以对能源的品种，对能源的数量需求是不一样的，因此我们说在开展农村能源的过程当中一定要根据当地的实际情况来有针对性地开展。多能互补，农村地区的资源不像城市，农村利用的资源基本比较单一，用电、用气。综合利用就是说能源不仅仅是一种消费形式，我们还希望通过综合利用能源的方式给农民带来多方面的收益。最后4个字讲求效益，除了社会效益、能源效益、生态效益，还有一个很重要的就是经济效益，这就是16字方针。虽然我们现在经常提到要与时俱进，但是我认为经过40多年的发展，这16字方针仍然管用，仍然可以指导我们今后的工作。

主持人：我国的农村能源大致经历了怎样的发展过程？

李景明：真正出现农村能源的概念，并且将其纳入到国家的社会经济发展规划里，大概是在1965年左右。基本上是在20世纪70年代后期，可以说是跟国家的改革开放一路通行。中国的农村能源的发展道路，应该说也是走了一条具有中国特色的发展道路。

随着整个农村的社会经济的发展，包括农业产业结构的调整，以及全社会对生态环境资源越来越关注，我们现在也认为，农村地区的能源的短缺已经得到了非常大的缓解。现在已经基本上很难再听到哪个地方的农村地区由于缺能，为了日常的生存，大家需要拿着柴刀，背着竹篓去很远的地方砍柴。不能说完全没有，但是这种现象已经大幅减少了。因为化石能源、煤、油、电下乡，包括液化石油气、天然气，等等。在一些发达的农村地区已经得到了比较普遍的使用。但是由于农村产业结构的调整，从过去分散的生产经营的方式，转为企业化的生产方式。在这种过程当中，就出现了一些农业废弃物相对比较集中的问题。农作物的秸秆、畜禽的粪便需要进行处理，处理的方式有很多。例如农作物秸秆有五料化的处理方式，肥料化、饲料化、农业的基料化、工业的原料化，还有一项很重要的内容，就是能源化。

另外还存在畜禽粪污问题，现在每年约产生38亿吨畜禽粪污，但是综合的利用率可能也就70%左右，因此我们希望，到2020年时能达到75%，而且这项工作得到了习近平总书记的特别关注。在2016年12月21日中央的第十四次财经领导小组会议上，习近平总书记特别提出畜禽粪污的处理和资源化利用，要以沼气和生物天然气为主要利用方向，要以就地、就近用于农村能源和农用有机肥为主要使用方向。因此应该说在利用农业废弃物方面，怎么进行能源化利用，尽可能多地把农业废弃物消灭掉、利用好，是我们的方向之一。在整个发展过程当中，应该说中国政府也走出了一条带有自己特色的道路，首先制定了一系列的政策法律，在不同的历史阶段也编制了一些发展规划，相关部门为了实现这些规划目标，也出台了一些鼓励性、激励性的政策，通过资金支持、项目合作的方式，在各地建立了一些试验示范的典型案例。

欢迎扫码收听

秸秆清洁供暖

节目嘉宾： 赵立欣（时任农业农村部规划设计研究院副院长，农业农村部生物质工程中心主任、博士生导师）
责任编辑： 王凤婷
主 持 人： 王凤婷
录音制作： 石涛
播出日期： 2019 年 12 月 31 日

【栏目片头】

知识传递力量——乡村讲堂

我国是农业大国，各类农作物秸秆资源十分丰富，可收集资源量达到 8.37 亿吨。据调查，2017 年我国的秸秆利用率约为 83.68%，其中 47.30%用作还田，19.44%用作饲料，12.71%用作燃料。怎么样将昔日农业副产品的秸秆变废为宝，在节约能源、保护环境方面都具有非常重要的现实意义。在探索秸秆能源化利用的过程当中，秸秆清洁供暖就是一条行之有效的路径。

主持人： 什么是秸秆的清洁供暖技术，它是如何实现变废为宝的？

赵立欣： 秸秆供暖技术比较灵活，布局也比较灵活，适用面非常广，尤其适合在秸秆资源丰富的乡村建设分布式的清洁供暖工程。我现在简单地给大家介绍一下主要的几种技术形式，热电联供，就像以前直燃发电厂用煤来发电，同样也可以用秸秆来热电联供，电的部分直接上网供电，热的部分可以为乡村的居民提供热源。秸秆还可以压缩成成型燃料，供一家一户使用，也可以做锅炉集中供暖。另外还有热解碳气联产、打捆直燃、生物燃气（沼气），这些都可以作为秸秆供暖的形式。

主持人： 不同技术有哪些特点和适用性？

赵立欣： 不同技术区分还是很大的，所以我们也强调要因地制宜，采用一些与当地相适宜的技术。

第一个是秸秆热电联产集中供暖技术，这和咱们过去用煤来热电联产是一样的原理，只是把煤换成秸秆通过直燃的方式生产电能，同时将余热进行回收利用，来生产热水，通过管网输送到附近的乡村，为乡村的居民，一些公共的企业及事业单位，还有一些设施农业供暖。这些技术实现了发电和供热的联产，而且通过能量的梯级利用，使能源的效率提高了20%以上。

第二个技术是秸秆成型燃料供暖技术。什么叫成型燃料呢？就是把秸秆进行粉碎干燥，通过专用的设备压缩成块，或者是颗粒状的燃料。压缩以后，它的体积可以缩小6～8倍，更便于运输和储存。在北欧已经推广得非常广泛了，应用得非常好。

主持人：把它做成块状或者颗粒状的燃料的成本高吗？

赵立欣：经过10多年的研发，目前的技术已经非常成熟。像块状的颗粒燃料，它现在的价格在500～600元/吨。价格主要是按照原料价格200元/吨来计算的。而且如果农民把秸秆拿去焚烧，还会产生大气污染，如果把它卖给成型燃料厂，每吨还能有200元的收入，农民也是增收的。

主持人：秸秆成型燃料的供暖技术在哪里应用得比较好？

赵立欣：黑龙江的海伦西安村的生物质成型燃料单户供暖，他们采用小型的专用生物制锅炉，这种小锅炉每台在2 100～4 800元，价格区间大主要是因为有的有上料系统，有的附件不一样。锅炉的功率大概是在18～23千瓦，主要可以为100～130米^{2}的空间来供暖，每家每户可以采用独立的供暖方式。其实现在随着基础设施的完善，有些地区已经可以铺设公共管网为一家一户供暖，但是大部分农村地区还是采用单户供暖的技术，所以需要这种成型燃料。这种锅炉的系统组成包括一个单户用的锅炉、控制系统、进出水的管网、还有排烟的管道。它用多少燃料呢？在这个项目中，农户每年用的燃料在2～3吨，它每平方米的取暖的价格在15～23元/年。

主持人：整个取暖季大概花费是多少？

赵立欣：如果是100米^{2}的房子，需要1 500～2 300元。这个价格应该是可以被农民接受的，因为前几天我看到一个资料上面写，全世界范围内，特别是在我们国家，农民所能接受的供暖价格应该是他年收入的10%左右，所以应该是在他可接受的范围内的。

主持人：秸秆捆烧锅炉供暖技术在哪些地方试点比较好？

赵立欣：这个技术在东北推广得非常好，我也想给大家分享其中的一个案例，就是在辽宁的铁岭县新台子镇有一个秸秆直燃集中供暖的项目，这个项目是2016年由铁岭顺义热力有限公司建设运营的。这个供暖锅炉是一个10吨位的秸秆直燃锅炉，它的供暖面积在7.3万米^2，它的供暖对象是新台子镇盛世福成居民小区、新台子镇中心小学和镇中学，当地的农业合作社负责秸秆的收、运。我们知道秸秆从一家一户收上来也是比较困难的，所以他们专门成立了合作社来负责秸秆的收、储、运，秸秆的价格是每捆 4 元，每捆大概 30 斤，每吨秸秆大概 260 元。整个供暖期全部费用是 132 万元，秸秆用量在 4 000 吨左右，每年节省了 2 000 吨左右的煤炭。

欢迎扫码收听

农村地区清洁取暖

主讲嘉宾： 刘广青（教授，博士生导师，北京化工大学国际教育学院院长，北京化工大学生物质能与环境工程中心主任）
责任编辑： 张栋
主 持 人： 张栋
录音制作： 石涛
播出日期： 2019 年 12 月 30 日

【栏目片头】

知识传递力量——乡村讲堂

对于在北方农村长大的朋友来说，儿时的记忆中一定有这样一幅画面：眼看就要入冬了，父亲、母亲开始张罗过冬的物资，其中一定少不了生炉子取暖用的煤炭。可是使用散煤取暖，在带来温暖的同时，也会产生大量的污染物，不仅加重雾霾天气，也会危害公众健康。虽然全国多地都开展了“煤改气”“煤改电”项目，但一些地方散煤复燃问题突出。

秦岭—淮河以南地区是没有集中供暖的，居民可以根据实际情况自行取暖。目前，我国北方农村地区取暖现状是怎样的，如何真正让清洁取暖落到实处，让民生工程得民心呢？今天节目分享一下“推进农村地区清洁取暖”的相关知识。

主持人： 目前我国北方农村地区取暖的基本情况是怎样的？

刘广青： 我国北方农村地区取暖使用的能源以燃煤为主，燃煤取暖面积约占总取暖面积的 80%以上，其他取暖方式如“煤改电”“煤改气”以及生物质炉具在部分地区也开始使用，但普及率不高。大量农村地区使用散煤与传统炉灶取暖的情况仍普遍存在，每年取暖散烧煤消耗约两亿吨。

北方农村地区居民冬季典型的散煤取暖方式包括：烤火炉、水暖炉、炕、烤火炉＋炕、水暖炉＋炕。每个地区根据其气候特点、经济条件及农民生活习惯的不同，采用的取暖方式也不尽相同，比如东北农村地区水暖炉＋炕比较普遍，而山西的大部分农村地区烤火炉比较普遍。

主持人：散煤取暖对空气污染的影响有多大，对农民朋友身体健康有什么影响？

刘广青：研究表明，散煤取暖的单位污染排放强度远大于普通燃煤电厂和普通工业锅炉。基于实地烟气排放测试，细颗粒物（PM2.5）一次排放因子在2.19～4.3克/千克，最高时，是普通燃煤电厂排放强度的20多倍。散煤取暖总量大、污染重，对空气质量影响很大。

散煤使用同时会造成严重的室内空气污染，实地检测显示，部分农户室内日均PM2.5浓度为255微克/米^3，是世界卫生组织提出的日均浓度指导值25微克/米^{3}的10倍以上。调研测试中37%的家庭室内日均一氧化碳（浓度）超过了世卫组织提出的日均浓度指导值7毫克/米^3。这两项污染物可能会给农民身体健康带来健康风险。

主持人：各地推广“煤改气”“煤改电”的进展情况如何？

刘广青：在城市及城乡结合部尤其是重点地区的禁煤区以及新村集中楼房住宿区中推广煤改气、煤改电的进展是比较顺利的，成效也很显著。但是在很多农村地区，尤其是不具备天然气与电力基础设施等条件的农村地区，由于居民习惯、经济成本等综合原因，推广的比例不高，效果不是很理想，进入了“瓶颈区”。

主持人：进入“瓶颈区”的原因？

刘广青：随着适合“煤改气”的区域越来越少，并且在“气荒”及高额的燃气使用费用等问题出现后，很难再扩大推广“煤改气”，很多地区即使安装了“煤改气”的供暖设备，也不一定实际使用，出现复煤的现象。

“煤改电”遭遇挑战，最大的问题与挑战是电力基础设施、补贴的可持续性以及居民的支付能力问题。一些农村地区的电力基础设施配套需要大量的投资，地方财政短期内难以支撑，而且电力基础设施完善是需要按照国家有关报批手续与规划循序渐进推进的，很难一蹴而就。此外，一些农村地区收入低的居民很难接受高额的电取暖费用，居民对政府补贴的可持续性存在担忧心理。

主持人：在不具备“煤改气”与“煤改电”条件的农村地区，应该采取哪些清洁取暖方式？

刘广青：可根据当地煤炭资源及生物质资源情况，采取洁净煤配套清洁炉具或生物质燃料配套清洁炉具的清洁取暖方式。目前部分测试研究数据表明，“好煤配好炉”与“生物质燃料适配炉具”在现阶段是比较现实且有效的取暖方式。

主持人：要实现农村地区清洁取暖的目标，应该如何做？

刘广青：一是清洁取暖的技术路径选取需结合实际、循序渐进；

二是清洁取暖可持续，需要“用户用得起、政府补得起”；三是县级政府应掌握更多话语权；四是进一步规范清洁取暖市场；五是加强科技创新；六是加强对清洁取暖可改善室内空气质量的宣传力度。

欢迎扫码收听

大中型沼气工程现状与未来趋势

节目嘉宾： 王登山（农业农村部沼气研究所所长研究员）
责任编辑： 张倩
主 持 人： 殷启德
录音制作： 石涛
播出日期： 2020 年 2 月 13 日

【栏目片头】

知识传递力量——乡村讲堂

主持人： 沼气都有哪些优点？

王登山： 沼气是一种清洁能源，可以做碳交易。因为沼气里的碳来自有机物，植物通过光合作用把自然界中的二氧化碳的碳变成有机物，沼气中的碳并不是新增的碳源，不是从化石能源里新增的碳，所以它是一种清洁能源，可以做碳排放交易。

主持人： 以前我们对于沼气的利用还停留在户用沼气的层面，近几年提出了大中型沼气工程建设，什么是大中型沼气工程？

王登山： 以前大家是一家一户养几头猪，养几十只鸡，它会产生一定量的畜禽粪污，包括现在秸秆禁烧都会产生大量的废弃物。2008 年开始，我们的生产方式发生了变化，养殖业发展成集中、大规模养殖，养几百头猪或者几十头猪的养殖户已经很少了，户用沼气缺少原料来源。同时随着城镇化率的提升，人口逐渐向城市集中，农村就没有劳动力了，一方面自家没有原料，另外缺少劳动力，所以沼气的发展方向出现了改变，倾向建设大中型的沼气工程。

主持人： 户用型的沼气与大中型沼气工程的原理相同吗？

王登山： 原理基本上是一致的。现在说的大中型沼气属于系统科学，生化原理就厌氧微生物把有机物降解，把它变成一个可燃气体，与户用沼气的原理其实是一样的，都是复杂的生化反应的过程，但当它变成一个工程的时候，它就是系统科学的范畴了。

主持人：沼气在新农村建设当中有哪些作用？

王登山：一是增强了能源的安全保障能力。据统计，2018年，我国天然气的对外依存度大概达到了44.3%，说明我们国家还是缺少生物天然气。同时一些农村还没有通天然气，有一些偏远地区的农村可能一时半会也实现不了。通过发展沼气来提纯生物天然气，来补充能源的不足，从总量上看是有这个可能性的。另外，沼气在发展分布式能源方面，它有它独特的优点。

主持人：沼气的应用对于乡村振兴起到哪些积极作用？

王登山：我觉得沼气在产业兴旺和生态宜居当中能发挥很好的作用。一方面，产业兴旺对农村和老百姓来说，无非是希望够获得更高的收入，包括两个方面，一个是增收，一个是节支。利用沼气虽然有一定的成本，但相对便宜。通过使用沼气可以减少能源的支出。另一方面，农业农村部在推广的“一控两减三基本”，就是利用沼渣、沼液替代化肥，减少农业投入品的费用，沼渣、沼液作为有机肥替代化肥以后，品质会更好，获得更好的价格，所以我们认为它能够带来更好的收益，推进农村的产业兴旺。

生态宜居方面，如果不能够对这些废弃的农业生产生活和农村生活废弃物，进行有效的资源化利用或者无害化来处理，就可能变成面源污染，污染乡村环境。通过沼气工程把它变废为宝，把其中有用的东西全部拿出来，变成沼渣、沼肥，对环境是一个非常好的正反馈，所以我觉得应用沼气对产业兴旺和生态宜居非常有意义。

欢迎扫码收听

“农业＋短视频”系列节目

近年来，小而有趣的短视频正在迅速崛起。一大批短视频平台，吸引着老百姓的目光和兴趣，而短视频带来的全新商业模式，也正在逐渐地成为互联网消费的重要一环。如今越来越多的农业从业者也看到了短视频发展的前景，开始积极的进驻短视频行业，寻找农产品新的消费渠道和市场。为此特别制作了系列节目——“农业＋短视频”，内容包括：农业领域的短视频时代、农产品短视频的定位和策划、农产品短视频的拍摄和剪辑、农产品短视频的推广和运营、农产品短视频如何上热门和吸粉、农产品短视频的变现。

农产品短视频的定位和策划

节目嘉宾：庄诚（苏州农业职业技术学院副教授）
责任编辑：曹娅晶
主 持 人：王凤婷
录音制作：石涛
播出日期：2020 年 5 月 7 日

【栏目片头】

知识传递力量——乡村讲堂

主持人：短视频如何定位？

庄　诚：定位包含 4 个因素，分别是用户定位、领域定位、风格定位和内容定位。

用户定位：结合自己的产品特点找到适合的消费人群，然后根据消费人群的特点找到适合的短视频平台。

领域定位：即垂直定位，要专注农产品领域。

风格定位：能够引起自身某些认知共鸣的情感营销和趣味营销。

内容定位：目前农产品类的短视频主要有农业教育类、产品科普类和美食教程类。农业教育类一般是根据每个产品的生产全过程做一个细分拍摄，将每个小过程作为一个知识点做成视频；产品科普类一般是以向大家科普产品辨别知识和产品相关小常识为主；美食教程类通常是详细介绍产品的各种吃法，有口味、有外观、有参与感，这样的内容是非常容易吸引粉丝的，同时转化率也相对较高。所以农业短视频要在多借鉴的基础上创新。

主持人：短视频的拍摄脚本如何策划？

庄　诚：脚本是短视频拍摄的流程策划书。

第一步，明确主题，根据群体需求决定脚本的主题。

第二步，搭建框架，框架包含：角色、场景、事件，也就是什么人在什么地方做什么事。短视频时长通常 1 分钟以内，所以一定需要在有限的时间里，设定类似意外、反转、冲突这样一些有亮点的情节，快速突出主题。

第三步，填充细节，“细节决定成败”，对于短视频也是如此。好视频和坏视频可能有相似的故事，但是评价却相差甚远，他们之间的区别主要在于细节。哪怕一个夸张的表情，一句画龙点睛的台词，一个意想不到的动作，都可以调动观众的情绪，这些就是细节。细节可以增强角色的表现感，使几十秒的短视频变得丰满起来。

第四步，镜头呈现，远景还是特写？是俯拍还是仰拍？等等。

主持人：如何让策划变得与众不同？

庄　诚：首先要以用户体验为首要目标。短视频的目标之一是为用户带来良好的观看体验和实用价值。所以在做策划的时候，就要想好短视频能够为用户带来什么。

另一个是创意，好的短视频的共性：不管是内容还是形式，都十分新颖，有创意，经常让人措手不及，所以在做细节策划时一定要重视新鲜、有创意的元素。创意虽然很重要，但其实也存在着一定的风险，有时候太出人意料的元素可能会适得其反，因此一定要时刻记住创意是给谁看的，千万不要错位，减少试错的成本。有时候为了节约成本，可以找一些旧的创意来翻拍，补充一些延伸元素，也不失为一个方法。还有很多短视频创作者存在一个误区，以为自己把视频做好，就一定会有人来看。这就是缺乏换位思考了，在策划短视频时，一定要围绕观众，比如选择互动性强的话题，或者选择近期比较火的话题。有人表面上在拍摄自己在农庄里劳动，却故意在背景里设置了一只搞怪的狗，目的就是引人讨论，这也是一种策划的技巧。所以说策划，其实就是挖掘观众内心需求，然后用几十秒的时间通过画面和它产生共鸣。

在策划的过程中，有几点需要注意，比如说，避免敏感词汇，无论是短视频的标题还是内容，都要积极、健康。如果辨别困难，可以在平台搜索想要使用的词汇，如果词汇的播放量很低或者干脆没有，就不要使用了。

欢迎扫码收听

“农业保险”系列节目

农业保险是减轻灾害损失、稳定农业生产、保障农民收入的重要举措。2012年10月24日国务院第222次常务会议通过《农业保险条例》，自2013年3月1日起施行。为更好地贯彻落实中央关于政策性农业保险的相关政策，让更多的农民和农村基层干部了解农业保险，让农业保险真正成为农民朋友的定心丸，特别制作了“农业保险”系列节目，希望通过系列节目的介绍，能够帮助更多的农民朋友认识并参加农业保险，使农业保险成为农民朋友减少灾害损失的重要手段，为农业生产保驾护航。

“农业保险”系列节目包括：农业保险的相关政策、农业保险保什么、农业保险合同、农业保险如何索赔、农业保险如何投保等内容。

农业保险保什么
——养殖业保险

节目嘉宾： 何小伟（对外经济贸易大学保险学院风险管理与保险系副教授、副主任）
责任编辑： 曹娅晶
主 持 人： 王凤婷
录音制作： 石涛
播出日期： 2018 年 7 月 18 日

【栏目片头】

知识传递力量——乡村讲堂

主持人： 养殖业保险有哪些种类？

何小伟： 按标的分类养殖业保险包括以下 5 类。

1. 大牲畜保险。主要包括牛、马、驴、骡、骆驼等牲畜。大牲畜用途广泛，有乳用、种用、役用、比赛观赏用等多种用途。由于用途、品种不同，大牲畜的价值有很大的差别。因此，大牲畜保险的保险责任和费率也有很大差别。

2. 小牲畜保险。主要包括猪、羊、兔等中小畜类。在小牲畜保险中，只能按头计收保险费，发生保险责任风险死亡时，按照标的死亡时的体重和保险单价进行赔付。因此，小牲畜保险与大牲畜保险虽然在风险类型上相似，但在保险技术、条款内容上有很大的区别。小牲畜保险中需要特别提到的是能繁殖母猪保险，能繁殖母猪指已经达到生殖年龄、有生殖能力的母猪，一般指年龄在 8 个月至 4 周岁的母猪。

3. 家禽保险。主要包括养鸡保险、养鸭保险、养鹅保险等保险。由于家禽具有品种多、生长速度快、商品率高、用途广泛等特点，所以，保险采用的技术方法也多种多样。在家禽的生长中，受疾病的威胁最大，因此，家禽保险的经营风险以疾病为主，并应根据家禽群养性较强、自然死亡淘汰率较高的特点，在保险技术上制定出一定的免赔比率（或免赔只数），来保证家禽保险的科学经营。

4. 水产养殖保险。分为淡水养殖和海水养殖。利用海水进行滩涂养殖的保险标的，属于海水养殖保险的范畴；利用江、河、湖、泊或池塘、水库养殖的保险标的，属于淡水养殖保险的范畴。

5. 特种养殖保险。主要包括养鹿、养獐、养貂、养鸵鸟、养牛蛙、养蛇等方面。

按补贴类型分，养殖业保险可分为中央财政补贴型保险、地方财政补贴型保险和商业型保险。其中，中央财政补贴型保险是接受中央政府财政补贴政策扶持的保险，例如能繁母猪、奶牛、育肥猪、牦牛、藏系羊等保险；地方财政补贴型保险是仅接受地方政府财政补贴政策扶持的保险；商业型保险可以包括所有养殖品种，如果农民朋友有需求可以跟当地保险公司沟通，开发产品进行承保。

按风险类型分，养殖业保险可分为传统养殖业保险、指数保险等。传统养殖业保险有能繁母猪保险、奶牛保险、肉鸡保险等保险；指数保险有生猪价格指数保险、鸡蛋价格指数保险、水产养殖台风指数保险等保险。

主持人：养殖业保险的财政补贴比例是多少？

何小伟：根据《中央财政农业保险保险费补贴管理办法》（财金〔2016〕123号）文件要求，能繁母猪、奶牛和育肥猪及藏区牦牛和羊作为中央财政补贴范围，在省级及省级以下财政（以下简称地方财政）至少补贴30%的基础上，中央财政对中西部地区补贴50%、对东部地区补贴40%；对中央单位，中央财政补贴80%。藏区品种，在省级财政至少补贴25%的基础上，中央财政补贴40%；对中央单位，中央财政补贴65%。

各地财政政策每年可能有一些调整，农民朋友要关注地方政策的变化。

主持人：如果养殖户参加养殖业保险，遇灾能够获得多少赔偿？

何小伟：根据养殖产品不同，养殖业保险的理赔处理方法有所不同，具体应参照养殖业保险的合同中的具体规定。一般有固定保额、变动保额及疫病捕杀等赔付方式。

一是固定保额理赔。比如奶牛保险、能繁母猪保险均按照约定保额执行。因保险责任范围内的事故造成保险标的死亡的，按相应档次保险金额的100%赔偿（每头赔偿金额=保险金额/标的总头数×100%）。

二是变动保额理赔。主要根据养殖期的变化进行理赔，如育肥猪，禽类保险，等等。

三是疫病扑杀理赔。按照国家有关规定，经畜牧兽医行政管理部门确认为发生疫情，并且经区（县）级以上政府下封锁令，保险人按照国家规定的扑杀定价，按比例给予被保险人赔偿。比如北京肉鸡，市级财政补偿40%，区（县）级财政补偿40%，保险人补偿20%。

欢迎扫码收听

其他视合同约定。

后　　记

广播媒体作为农业广播电视学校最早的媒体教学手段，不仅亲历和见证了农民教育培训的发展历程，自身也得到了跨越式发展，目前正以融合创新的姿态迈入新时代。如今面世的这本《情音万里系“三农”》视听图书，正是学校广播团队和有关专家40年心血的结晶。本书按照栏目，收录了农业广播百集精品节目文稿与音频，呈现给广大读者。出版之时，恰逢中央农业广播电视学校建校40周年，这本书是一份贺礼，同时也是一份答卷。

发奋图强40载，广播媒体谱篇章。回首过去是为了更好地面向未来。广播团队全体创作人员，将不断守正创新，继续以习近平新时代中国特色社会主义思想为指导，以乡村振兴战略实施为抓手，以宣传“三农”工作硬任务为重点，以创新媒体融合传播方式为手段，贴近“三农”需求和栏目定位，创作内容丰富、形式多样、品质优良的广播节目，唱响“主旋律”和“四季歌”，充分发挥新时期广播媒体服务农民教育的积极作用。

在此，向长期爱护和支持广播工作的各位领导和专家致谢。向一直关注我们节目的听众朋友致谢。由于能力和精力有限，难免有错误和遗漏，敬请读者朋友批评指正。

编委会

2020年11月8日

图书在版编目（CIP）数据

情音万里系三农：农业广播百集精品视听 / 汪学军，胡永万主编．—北京：中国农业出版社，2020.10
ISBN 978-7-109-27367-2

Ⅰ．①情… Ⅱ．①汪… ②胡… Ⅲ．①广播节目—作品集—中国—现代 Ⅳ．①G229.2

中国版本图书馆 CIP 数据核字（2020）第 182422 号

中国农业出版社出版
地址：北京市朝阳区麦子店街 18 号楼
邮编：100125
策划编辑：李艳青 刁乾超
责任编辑：刁乾超 李昕昱 文字编辑：黄璟冰
版式设计：李 文 责任校对：吴丽婷
印刷：北京通州皇家印刷厂
版次：2020 年 10 月第 1 版
印次：2020 年 10 月北京第 1 次印刷
发行：新华书店北京发行所
开本：700mm×1000mm 1/16
印张：20.5 插页：10
字数：380 千字
定价：108.00 元